财务分析与决策研究

耿丽君◎著

吉林出版集团股份有限公司

图书在版编目（CIP）数据

财务分析与决策研究 / 耿丽君著 . — 长春 : 吉林
出版集团股份有限公司 , 2020.4
ISBN 978-7-5581-8328-7

Ⅰ . ①财… Ⅱ . ①耿… Ⅲ . ①企业管理—会计分析②
企业管理—经营决策—研究 Ⅳ . ① F275.2 ② F272.3

中国版本图书馆 CIP 数据核字 (2020) 第 047755 号

财务分析与决策研究

著　　者	耿丽君
责任编辑	齐　琳　姚利福
封面设计	李宁宁
开　　本	787mm×1092mm　1/16
字　　数	278 千
印　　张	15
版　　次	2020 年 5 月第 1 版
印　　次	2020 年 5 月第 1 次印刷

出　　版	吉林出版集团股份有限公司
电　　话	010–63109269
印　　刷	炫彩（天津）印刷有限责任公司

ISBN 978-7-5581-8328-7　　　　　　定价：68.00 元

前　言

　　财务分析是通过分析企业经营数据，揭示企业生产经营活动中的利弊得失，评价企业经营效率，同时找出经营管理中存在的问题，查明产生的原因并提出改进的措施，为进一步改善企业经营管理、提高经济效益服务，并在历史的基础上预测未来。

　　随着现代企业制度的逐步完善以及市场竞争的不断加剧，企业管理层以及外部利益相关者越来越需要及时了解和分析企业生产经营和财务状况，并从自身利益出发对企业财务状况进行分析，以便作出正确的判断和决策，财务分析已经成为企业财务管理工作的重要组成部分，对完善企业财务管理制度，提高财务管理水平具有重要意义。

　　财务分析是以企业财务报告及其他相关资料为主要依据。设置专门的方法和手段，对企业的财务状况和经营成果进行评价和分析的财务工作。财务分析在考察、评价、判断企业运营过程中的利弊得失、发展趋势等方面，发挥重要作用。财务分析的内容包括分析资金结构、风险程度、营利能力、经营成果等。报表的不同使用者，对财务分析内容的要求也不完全相同。公司的债权人关注公司的偿债能力，通过流动性分析，可以了解公司清偿短期债务的能力；投资人更加关注公司的发展趋势，更侧重公司营利能力及资本结构的分析；而公司经营者对公司经营活动的各个方面都必须了解。

　　本书在编写过程中，参阅引用了有关专家学者的观点和材料，在此对这些专家学者表示衷心感谢。

　　由于编者水平有限，书中难免存在疏漏和不足之处，恳请广大专家学者批评指正。

编　者

目　录

第一章　财务分析基础 ………………………………………… 1

第一节　财务分析的目的和内容 ………………………… 1

第二节　财务分析的意义及重要性 ……………………… 7

第三节　财务分析的方法 ………………………………… 10

第四节　财务分析的指标 ………………………………… 14

第五节　财务分析的学科定位 …………………………… 20

第二章　企业财务分析的发展 ………………………… 26

第一节　企业财务分析问题与对策 ……………………… 26

第二节　财务分析的发展趋势 …………………………… 29

第三节　企业财务分析的基本程序与方法 ……………… 35

第四节　基于价值链的财务分析研究 …………………… 38

第三章　财务报表分析 ………………………………… 45

第一节　财务报表分析的适应性与局限性 ……………… 45

第二节　财务报表分析方法与应用 ……………………… 50

第三节　企业财务报表体系构建 ………………………… 53

第四节　财务报表分析在企业财务管理中的作用 ……… 57

第四章　中小企业财务管理 …………………………… 63

第一节　财务管理理论的基本特征与方法论 …………… 63

第二节　企业财务管理的特点 …………………………… 72

第三节　企业财务管理的目标 …………………………… 80

第四节　企业财务管理价值观 …………………………… 87

第五节　企业财务管理模式构建 ………………………… 92

第六节 加强企业财务管理的意义与措施 …………………… 100

第五章 财务分析管理 ……………………………………… 104

第一节 财务分析概述 …………………………………… 104

第二节 企业偿债能力分析 ……………………………… 110

第三节 企业营运能力分析 ……………………………… 119

第四节 企业盈利能力分析 ……………………………… 122

第五节 企业财务状况分析 ……………………………… 125

第六章 营运资金管理与决策 …………………………… 133

第一节 营运资金管理概论 ……………………………… 133

第二节 货币资金管理 …………………………………… 138

第三节 其他流动资产管理 ……………………………… 142

第七章 融资管理与决策 ………………………………… 149

第一节 筹资概述 ………………………………………… 149

第二节 企业资金预算管理 ……………………………… 154

第三节 筹资方式 ………………………………………… 158

第四节 资本成本 ………………………………………… 167

第八章 投资管理与决策 ………………………………… 172

第一节 投资概述 ………………………………………… 172

第二节 固定资产投资整体预测 ………………………… 178

第三节 投资决策 ………………………………………… 183

第四节 企业内部长期投资 ……………………………… 191

第五节 证券投资 ………………………………………… 194

第九章 收益决策与分配 ………………………………… 200

第一节 收益与分配概述 ………………………………… 200

第二节 收入管理 ………………………………………… 207

第三节 成本费用管理 …………………………………… 212

第四节 利润分配管理 …………………………………… 220

参考文献 ………………………………………………… 231

第一章 财务分析基础

第一节 财务分析的目的和内容

一、满足经营管理者做出经营决策的需要

企业的经济活动是一种十分复杂的活动，尤其是在竞争激烈的市场经济条件下，挑战和机遇并存，企业要立于不败之地，就必须抓住一切盈利机会，积极地应对一切挑战，避免可能的风险。这就要求经营管理者能够适时地做出正确的决策，而正确的决策来自本企业和同行业的全面的财务分析，只有掌握相关的经营情况，才能知己知彼，百战不殆。

（一）全面评价企业的经营绩效

企业的财务目标是通过一系列的财务指标反映的。企业根据掌握的资料，对财务指标的实现情况进行检查、分析，如企业的资金运用是否合理，企业资产的构成和资金来源是否适当，企业是否达到盈利目标等。如发现差异，应进一步分析差异产生的原因，找出影响财务目标实现的有利和不利因素，扬长避短。充分发挥有利因素，改进不利因素，促使财务目标的实现。

（二）挖掘企业经营潜力，提高经济效益

企业不仅要对过去的财务情况进行分析，而且还要查找企业经营的潜力，如成本能否降低、销售能否扩大、物资资源是否浪费等。我们可以根据财务指标及指标间的相互联系，寻找影响财务指标变动的因素，采取相应的方法计算各指标变动的影响程度，分清主次，总结利弊得失，采取措施，挖掘潜力，对这些潜力充分加以利用，提高经济效益。

（三）预测企业的未来发展趋势

根据财务指标的变化趋势，预测企业的未来状况，为财务预测和经济决

策提供重要的参考资料。

二、满足债权人做出信贷决策的需要

财务分析可以满足债权人关心企业资金的流动状况的需要。短期债权人要决定赊销规模、信用标准和条件等，就要判断企业即期支付能力，可以通过流动比率等指标来判断企业资产的流动性。长期债权人要决定贷款规模、期限和利率等，就要判断企业偿还长期债务本息的能力，可以通过分析企业的资产负债水平、目前的盈利情况以及盈利的稳定性，分析企业的潜在财务风险和长期偿债能力。

三、满足外部投资者做出投资决策的需要

财务分析可以满足企业外部投资者对企业经营、盈利能力了解的需要。投资者一般与企业共存亡。企业的兴衰、成败都将与其密切相关。他们关心的是企业的全面状况，不仅要了解当期的获利能力，更需要了解企业发展的未来潜力。

四、满足政府部门管理和监督企业的需要

国家及有关政府部门具有双重身份：一方面，作为政府，要关心企业在组织财务活动时是否按照国家规定筹集资金，是否按照国家价格政策销售产品、计算收入，是否按照税法规定计算、交纳税金，是否按照规定程序分配股利等。通过分析，对违反政策、法规和制度的现象予以纠正，促使企业遵纪守法；另一方面，作为国家资产所有者，需要对企业国有资产是否保值、增值做出评价。

五、企业内部财务分析的特点及目标

为了更好地发挥会计在企业经营管理中的重要地位和作用，应当把财务分析工作的重点逐渐转向企业内部分析方面。只有这样，才能全面开发和充分利用企业的会计信息及其价值。在现代企业制度条件下，企业内部财务分析不仅是财务分析的一种重要形式，而且是财会部门履行职责、发挥作用的一个重要方面，加强企业内部财务分析理论与实务研究应当成为财务会计和企业管理研究的一个重要课题。

（一）企业内部财务分析的特点

企业内部财务分析是相对于外部财务分析而言的，与外部分析相比，企

业内部财务分析具有以下基本特征：

1. 分析主体具有单一性

在现代企业制度条件下，企业财务分析的主体具有多元性特征，不同的分析主体，其分析目的、侧重点及其对信息的需求也有所差别。而企业内部财务分析主要是指企业经营者以企业会计资料（核算资料和报表资料）及其他相关资料为依据，采用专门的技术和方法，对本企业的盈利、营运、权益、风险状况等进行评价，借以为经营者的决策提供有用信息的一项管理活动或行为。虽然这种分析通常是由负有企业经营责任的人或其授权机构来进行的，但其主体均可概括为企业经营者。因此，企业内部财务分析和外部分析相比较，其分析主体具有单一性特征。

2. 分析资料具有保密性

企业内部财务分析的目的主要是判断和评价企业的生产经营是否正常、顺利，据以揭示企业内部各部门之间的业绩及其差异，为内部管理服务。分析内容除一般指标的分析外，还往往涉及经营谋略、成本构成、财务战略、管理技巧等商业秘密，一般不宜对外公开。即使在企业内部，分析资料公开的范围，也要视管理的需要而定。

3. 分析内容具有广泛性

企业内部财务分析的内容一般根据管理的需要而变更。除对企业的盈利、权益、财务状况等基本内容进行分析外，还往往进行某些内容的专题重点分析。主要包括：（1）拓展性分析。即对企业的开拓经营能力和效益进行的分析；（2）管理绩效分析。即对企业经营管理中的薄弱环节进行分析，以不断提高管理绩效；（3）组织结构效益分析。即对企业由于组织结构的调整而产生的部门效益差异进行排队分析；（4）政策性分析。即对由于宏观政策变动而对企业经济效益的影响及其程度进行分析；（5）经济性分析。即对企业成本费用开支的合理性及其构成情况进行分析。这些分析都具有较强的针对性，是外部分析所难以完成的。

4. 分析组织具有灵活性

企业内部财务分析主要是基于加强企业内部管理的需要，一般不受财会制度的制约，在分析工作的组织方面具有较大的灵活性。主要表现在：（1）在分析内容上侧重于企业成本费用、盈利能力、资产结构、管理水平和发展能力的分析；（2）在分析形式上较多地采用专题式、资料说明式等，不一定要求撰写出完整的财务分析报告；（3）在分析方法上较多地运用统计方法、估计方法、趋势分析等方法；（4）在分析时间上不一定定期进行，而是根据需要随时、经常地进行，既有事后分析，也有事中分析和事前分析，分析资料的取得较为容易。

企业内部财务分析可以使分析与核算、分析与经营、分析与管理更加紧密地结合，是一种包括经济活动分析在内的广泛意义上的财务分析，因而在企业经营管理中发挥着其他分析所不可替代的作用，这对企业经营者来说是十分必要的。

（二）企业内部财务分析的目标

财务分析的目标是指在一定的环境或条件下，财务分析主体通过分析工作所期望达到的目的，它集中而现实地体现了财务分析活动的宗旨，在很大程度上也决定着各种分析方法的产生和发展。由于财务分析的主体具有多元性特征，因而决定了财务分析的目标也不可能是单一的，而是一个由不同层次、不同系列和不同阶段所组成的多元化群体目标。就企业内部财务分析来说，贯穿这一群体目标的两个显著方面就是财务分析的总体目标和具体目标。

企业内部财务分析的总体目标与现代企业制度的建立和发展在历史上、逻辑上都是一致的。现代企业制度的建立和发展，从本质上说，是为了讲求或提高会计主体的经济效益和经营管理水平。企业内部财务分析的一切工作也都是围绕着企业经济效益这个中心进行的。加强企业内部管理，提高经济效益既是企业内部财务分析工作的出发点，又是其归宿点。企业内部财务分析工作的产生和发展，也是基于提高经济效益的客观需要。企业内部财务分析总体目标就是要为加强企业内部经营管理，提高经济效益服务。

企业内部财务分析的具体目标是在总体目标的制约下，体现经营者分析目的的特定目标，它具有一定的直接性和特殊性。由于企业经济管理是一个复杂的系统工程，其供产销经营环节及其管理水平的好坏都会对企业的财务状况和经营成果产生重要影响，进而影响到企业效益。因此，经营者必须在随时掌握企业生产经营及其管理的重要信息的同时，通过内部财务分析及时了解产生差异及其变动的原因，以便采取必要的措施和有效的方法，做出正确的经营决策。企业内部财务分析的具体目标除评价过去绩效、分析现实态势、预测未来趋势等基本方面外，还包括以下方面：（1）向经营者提供一般分析所无法揭示的信息资料；（2）向经营者提供不宜对外公开的有关信息资料；（3）向经营者提供对外分析中偏离企业实际情况的信息资料。

六、财务分析的内容

财务分析的内容从总体上说就是分析企业的财务状况和经营成果。但是对于不同的分析目的，有不同的分析内容。我们从以下几个方面进行分析。

（一）企业偿债能力分析

由于自有资本的有限性，举债经营是企业的必然选择，负债的企业要持续健康地发展，就必须充分考虑企业财务的安全性，也就是偿债能力。偿债能力分析是财务分析的一个重要内容，包括短期偿债能力分析和长期偿债能力分析。具体地说，企业资产的流动性是否良好，资本结构和负债比例是否恰当，现金流量状况是否正常等，对这些方面进行分析，并针对发现的问题采取相应的财务措施，改进企业偿还债务的能力，为企业的正常经营提供一个良好的财务环境。

（二）企业获利能力分析

企业存在的目的就是追求最大的获利，获利是企业生存的前提条件，也是企业经营的最基本的目的。获利能力分析是财务分析的重点，包括盈利能力分析、影响盈利的因素分析、收益与成本费用结构分析等。获利能力是企业经营的综合结果，它受到偿债能力、资本结构、资产营运状况、成本管理等多方面的影响。为了取得一定的收益，就必然耗费一定的人力、物力、财力，生产经营中所发生的成本费用支出按配比原则，由一定的受益对象负担，从其收入中取得补偿，所以成本费用的大小直接影响到企业的盈利。获利能力分析应从整体、部门、不同业务项目各方面对企业一定时期的成本耗用情况和盈利情况做全面的分析和评价，不仅要看绝对数，还要看相对数，不仅要看目前的情况，还要比较过去和预测未来，发现企业各个部门、各项业务对企业整体价值提高的贡献大小，找到成本费用增减变动的原因和利润增长的原因，从而便于管理者采取改进措施，提高企业整体获利能力。

（三）企业资产营运能力分析

资产是企业生产经营活动的经济资源，企业价值创造的源泉就是对这些资源的合理利用，其管理效率的高低直接影响到企业的盈利能力和偿债能力。资产营运能力分析是财务分析的重点，包括人力资源营运能力分析、流动资产管理能力分析、固定资产管理能力分析等。通过分析企业各项资产的占用状况、周转状况、规模变化、结构变化等，发现并改进企业在生产经营过程中对各项资产的利用状况，从而为提高企业盈利能力和核心竞争力打下良好的基础。

（四）企业发展能力分析

如果企业当前的盈利状况不错，但未来盈利前景不好，就必然会对企业的利益相关者（特别是股东和债权人）的决策产生影响，也会影响到企业的当前经营，如前景不好，筹资相对就困难。所以，在企业的财务分析中，还应根据企业偿债能力、获利能力、资产营运能力及其他相关的财务和经营方面的资料，对企业的未来发展趋势做出合理的预测，通过分析企业的成长能力，为企业管理当局和投资者等的决策提供重要的依据。

（五）综合分析

财务分析的最终目的在于全面地、准确地、客观地揭示企业财务状况和经营情况，并对企业经济效益的优劣作出合理的评价。显然，要达到这样的分析目的，仅仅只测算几个简单的财务比率是不够的，有时甚至会得出错误的结论。比如对于一个勇于承担风险的企业，其营运能力及盈利能力各指标都很好，对企业未来充满信心，充满希望，是一个应加以肯定的、趋于合理的、高经济效益的财务状况和经营情况。然而如果我们仅仅看到它很低的偿债能力，可能会做出财务状况在趋于恶化的错误判断。由此可以看出，仅仅分析某些财务指标是达不到理想分析要求的，我们需要将偿债能力、资产营运能力、盈利能力等各个方面的分析纳入一个有机的整体之中，从而全面地、准确地评价企业财务状况、经营状况。

（六）经营管理者为经营决策进行的财务分析

在企业委托代理关系中，经营管理者受托代理企业的生产经营管理，既是企业的组织者，又是企业的经营者，对企业负全面的责任。不仅要了解企业的资产流动性、负债水平、偿债能力等财务状况，而且还要了解企业的资金周转情况、企业的资产管理水平和获利能力等，从而了解企业的经营规划和财务、成本等计划的完成情况。并通过分析各种主、客观原因，及时采取相应的措施，改善各个环节的管理工作，制定重要的发展战略。

（七）债权人为信贷决策进行的财务分析

债权人提供资金给企业，要求企业按期偿还贷款本金和利息，他们关心的是企业的偿债能力、资本结构以及企业长短期负债的比例。一般而言，长期债权人更多地注重企业经营方针、投资方向及项目性质等所包含的企业潜在财务风险和偿债能力。通过分析企业的资产负债水平、目前的盈利情况以及盈利的稳定性，从而决定贷款规模、期限和利率等。短期债权人，如货物赊销者、短期款出借者等，他们最关心的是企业的即期支付能力，也就是企业资产的流动性，通过对流动比率、速动比率、现金比率等的分析，并结合应收账款、存货周转情况来判断企业的财务和信用风险，从而决定赊销规模、信用标准和信用条件等。

第二节　财务分析的意义及重要性

随着近年来我国经济的高速发展，我国企业发展迅猛，企业财务分析也随之得到较为全面的实施与实践，企业财务分析在数量和质量上均不断发展，持续提高，取得了丰硕的成果。笔者在文中结合企业财务分析推广实际情况，从其中的缺陷入手，对企业财务分析发展的问题展开分析，并提出相应的解决策略。

一、对财务分析的研究

我们必须对企业内部的财力状况进行分析，现有的财务状况掌握其中，首先，对企业的经营状况进行了解，对其经营的业绩进行掌握，对企业的管理者的管理水平与其企业经营的性质、营利的能力进行掌握。一个企业不同年度的财务报告，对其过去与现在的财务状况是一个综合性的介绍，对其历史经营活动是一个总体的反映，所以我们对其历年财务的分析，是计算一个企业财务状况指标的重要评价指标，也能更好地反映当前企业的真实的经营状态。对企业过去财务状况进行分析，我们在对企业的经营状况进行综合的掌握后，就可以对其企业的未来的财务状况与经营取得的成果，进行合理的分析得到的结果可以对未来一段时间内企业的经营状况进行分析。对企业内部的核心竞争力与其未来的财务状况进行预测，从而得到其主体经营方面的要求。

二、企业财务分析的重要意义

随着我国社会主义市场经济体制的建立和完善，市场体系的日臻健全，对企业行为的要求也日趋规范、科学。财务分析是企业经营状况的一条重要评价途径，评价、分析企业生存和发展基础的偿债能力、盈利能力及其整体水平，也就显得尤为重要了。财务分析既是已完成的财务活动的总结，又是财务预测的前提，在财务管理的循环中起着承上启下的作用。经常深入地开展财务分析工作，做好财务分析工作具有以下重要意义。

（一）财务分析是企业贯彻国家有关政策，遵纪守法，增收节支，改善经营管理的重要保证

在社会主义市场经济条件下，企业之间的竞争是残酷的。但企业必须遵

纪守法，按照现代企业管理制度的要求，按照市场经济发展的规律，以适应市场为前提，以提高质量为基础，增收节支，改善经济管理来发展企业。财务分析的主要任务之一，就是要分析企业的经营是否贯彻执行国家的有关法律、制度、条例，是否通过正当竞争与增收节支获取收益等，从而促使企业改善经营管理。

（二）财务分析是评价财务状况、衡量经济业绩的重要依据

通过对企业财务报表等核算资料进行分析，可以了解企业偿债能力、营运能力、盈利能力和发展能力，便于企业管理当局及其他报表使用人了解企业财务状况和经营成果，并通过分析将影响财务状况和经营成果的主观因素与客观因素、微观因素与宏观因素区分开来，以划清经济责任，合理评价经营者的工作业绩，并据此奖优罚劣，以促使经营者不断改进工作。

（三）财务分析是挖掘潜力、改进工作、实现理财目标的重要手段

企业理财的根本目标是努力实现企业价值最大化。通过财务指标的计算和分析，了解企业的盈利能力和资金周转状况，不断挖掘企业改善财务状况、扩大财务成果的内部潜力，充分认识未被利用的人力资源和物质资源，寻找利用不当的部分及原因，发现进一步提高利用效率的可能性，以便从各方面揭露矛盾、找出差距、寻求措施，促进企业生产经营活动按照企业价值最大化的目标实现良性运行。

（四）财务分析是财务计划的编制和执行的重要前提

财务计划，是以货币形式事先确定企业的生产经营规模，并据生产经营规模编制企业的资金需要量、劳动的耗费和劳动成果，以及企业与财税、银行之间交拨款关系的书面方案。编制这些以货币形式反映的书面方案，需要大量的资料，而这些资料可以通过财务分析获取。财务计划在执行过程中要经常检查与调整，以便财务计划的切实执行。财务计划的检查与调整，所采用的手段就是日常的财务分析。

（五）财务分析是合理实施投资决策的重要步骤

通过对企业财务报表的分析，可以了解企业获利能力的高低、偿债能力的强弱及营运能力的大小，可以了解投资后的收益水平和风险程度，从而为投资决策提供必需的信息。

随着市场全球化和经济一体化，财务分析在企业管理中的作用愈显重要，这不仅要求企业要定期对公司的日常财务状况做出详尽分析，了解企业的优势，

发现企业的不足，及时改变企业的经营策略。同时对企业随着市场全球化和经济一体化，财务分析在企业管理中的作用愈显重要，这不仅要求企业要定期对公司的日常财务状况做出详尽分析，了解企业的优势，发现企业的不足，及时改变企业的经营策略。同时对企业拟发生的重大事项，如对外投资、企业购并、重组上市等，财务分析的结果将直接影响到管理当局的决策。因此，财务分析正逐渐成为企业经营、持续发展过程中支持企业做出决策的重要组成部分。真正有效发挥财务分析现代企业管理中的作用，最终实现企业价值最大化。

三、企业财务分析的重要性

（一）财务分析可作为现代企业财务管理的突破口

财务分析是一种运用科学的方法，对企业一定时间段内的经营成果与其经营决策执行情况的分析与评价，企业进行财务分析就像是拿一个放大镜看镜子里的自己一样，可以从中发现平时经营活动中的情况，对其情况是符合企业的经营状况进行全面的掌握。如果企业的资金支出大于其收入，或是企业对外投资过多，那么这种情况下对企业的内部财务结构就会产生影响，对其企业的经营能力与其获利能力也有影响，这时通过财务分析我们得到的信息，必须如实的向经营者反映，使之可以通过这些数据对其未来的经营进行考虑，这样才能使得内部资源合理的进行配制，发挥财务在其企业管理中的作用。

（二）财务分析在企业经营决策过程中的作用

企业的财务分析是对企业在一段时间内的经营状况与成果的评价，是企业的管理者对其企业经营管理成果的体现，更是对企业在未来经营中的预测与其决策的我还是一样的依据，当下的企业财务管理已经从传统的会计核算向经营决策进行转变，所以财务分析的重要作用日益在企业经营管理中得到体现。企业进行融资的手段多种多样，但是在现实的企业融资中，有时企业会出现一种或多种动机，但是决策者必须在现行的企业内部的财务分析基础上对其融资行为进行分析，对于一些上市公司其财务分析报告与风险的预测更加的重要，对其企业外部的融资空间与其融资的渠道进行选择，并且随着企业在未来的发展，对其发展战略进行调整或企业在做出一些重大决策时，其财务分析更加的重要。

（三）财务分析在支持现代企业管理决策中居于核心地位

现代企业管理所做出的任何决策，从企业的购并、重组到企业的技术、创新决策、市场营销决策、人才策略等，都离不开财务管理的支持，虽然企业的技术创新决策、市场营销决策、人才决策等和企业的财务决策同为企业管理决策的一部分，但财务决策对其他决策的制定和实施起着引导和协调的作用。它不仅为其他决策的制定提供数量分析和决策依据；而且它贯穿于企业经济活动的全过程，渗透到企业生产经营的各个方面，与其他决策相配合，并为这些决策的实施提供资金支持。正是由于财务分析所具有的特有功能，可以引导其他决策的制定和实施，协调其他决策之间的关系，因此，财务分析在现代企业管理决策中具有核心地位。

综上所述，本文所落到实处的企业财务分析的意义及其重要性的研究工作，希望可以对企业财务分析的意义及其重要性的发展提供参考价值。随着企业财务分析的不断开展，对企业财务分析的意义及其重要性研究工作也将成为保障企业财务分析的重要工作。

第三节 财务分析的方法

企业的财务分析是以财务报告及其相关资料为主要依据，对企业的财务状况和经营成果进行评价和剖析，反映企业在运营过程中的利弊得失，发展趋势，从而为改进企业财务管理工作和优化经济决策提供重要的财务信息。

一、不同主体有不同的需要和考量重点

首先，就企业所有者而言，作为投资人，主要关注的是企业投资的回报率。而对于一般投资者而言，关心的是企业股息、红利的发放问题。对于拥有企业控制权的投资者，则会更多地考虑如何增强企业竞争力，追求长期利益的持续、稳定的增长。其次，就企业债权人来看，作为债权人最为关注的是其债权的安全性。再次，就企业经营决策者而言，他们则必须对企业经营理财的各个方面，包括企业的运营能力、偿债能力、盈利能力以及社会贡献能力等多方面的信息予以详尽的了解和掌握，以便及时发现问题，采取对策，为企业经济效益的持续稳定增长奠定基础。最后，对政府而言，官员在考核企业经营状况时，不仅要了解企业资金占用的使用效率，预测财政收入增长情况，有效地组织和调查社会资源的配置，而且还会借助财务分析信息，来检查企业是否存在违法违纪、国有资产流失等问题，最终通过综合分析对企业的发展后劲以及对社会的贡献程度进行分析考核。

二、企业财务分析的方法和内容

笔者认为企业财务分析主要包括：营运能力分析；偿债能力分析；盈利能

力分析；发展能力分析。其中，营运能力是财务目标实现的物质基础，偿债能力是财务目标实现的稳健保证，盈利能力是前两者共同作用的结果，同时也对它们的能力增强起着推动作用。企业财务分析方法归纳起来主要有四个大类。

（一）比较分析法

为了说明财务信息之间的数量关系与数量差异，为进一步的分析指明方向。这种比较可以是静态的比较，也可以是动态的比较，如本期与上期相比，报告期与基期相比等，还可以是强度的比较，如本企业与同行业的其他企业相比较等。

（二）趋势分析法

趋势分析法是通过对比两期或连续数期财务报告中相同目标，确定其增减变动的方向、数额和幅度，来说明企业财务状况和经营成果的变动趋势的一种方法，用于进行趋势分析的数据可以是绝对值，也可以是比率或百分比数据，可以分析引起变化的主要原因、变动的性质，并预测企业的未来发展前景。

趋势分析法的具体运用主要有以下三种方式：

一是重要财务指标的比较。将不同时期财务报告中的相同指标或比率进行比较，直接观察其增减变动情况及变动幅度，考察其发展趋势，预测其发展前景。这种方式在统计学上称之为动态分析。定基动态比率：即用某一时期的数值作为固定的基期指标数值，将其他的各期数值与其对比来分析。其计算公式为：

定基动态比率 = 分析期数值 ÷ 固定基期数值

环比动态比率：它是以每一分析期的前期数值为基期数值而计算出来的动态比率，其计算公式为：

环比动态比率 = 分析期数值 ÷ 前期数值

二是会计报表的比较。会计报表的比较是将连续数期的会计报表金额并列起来，比较其相同指标的增减变动金额和幅度，据以判断企业财务状况和经营成果发展变化的一种方法。运用该方法进行比较分析时，最好是既计算有关指标增减变动的绝对值，又计算其增减变动的相对值。

三是会计报表项目构成比较。这种方式是在会计报表比较的基础上发展而来的，它是以会计报表中的某个总体指标为100%，计算出其各组成项目占该总体指标的百分比，从而来比较各个项目百分比的增减变动，以此来判断有关财务活动的变化趋势。这种方式较前两种更能准确地分析企业财务活动的发展趋势。在采用趋势分析法时必须注意：用于进行对比的各个时期的指标，在计算口径上必须一致；必须剔除偶发性项目的影响，使作为分析的数据能反映正常的经营状况；应用例外原则，对某项有显著变动的指标作重点分析，研究其生产的原因，以便采取对策，趋利避害。

（三）比率分析法

比率分析法是把某些彼此存在关联的项目加以对比，计算出比率，据以确定经济活动变动程度的分析方法。比率是相对数，采用这种方法，能够把某些条件下的不可比指标变为可以比较的指标，以利于进行分析。

常用的财务分析比率通常可分为反映偿债能力的财务比率、反映运营能力的财务比率和反映盈利能力的财务比率。

1. 反映偿债能力的财务比率

它又分为短期偿债能力和长期偿债能力两类。短期偿债能力是指企业偿还短期债务的能力，短期偿债能力不足，不仅影响企业的秩序，增加今后筹集资金的成本与难度，还可能使企业陷入次物危机，甚至破产。长期偿债能力是指企业偿还长期利息与本金的能力，一般而言，企业借长期负债主要是用于长期投资，因此，最好是用投资产生的效益偿还利息与本金。所以通常以资产负债率和利息收入倍数两项指标来衡量企业的长期负债能力。

2. 反映营运能力的财务比率

营运能力是以企业各项资产的周转速度来衡量企业资产利用的效率。周转速度越快，表明企业的各项资产进入生产、销售等经营环节的速度越快，那么其形成收入和利润的周期就越短，经营效率自然就越高。一般说来，反映企业营运能力的比率主要有：

应收账款周转率＝赊销收入净额／应收账款平均余额

存货周转率＝销售成本／存货平均余额

流动资金周转率＝销售收入净额／流动资产平均余额

固定资金周转率＝销售收入净额／固定资产平均净值

周转率＝销售收入净额／总资产平均值

3. 反映盈利能力的财务比率

盈利能力是与企业相关的各方关注的焦点，同时也是企业成败的关键，只有保持企业的长期盈利性，才能真正做到持续稳定经营。反映企业盈利能力的比率有很多，但常用的不外乎以下几种：

利率＝（销售收入－成本）／销售收入×100%

营业利润率＝营业利润／销售收入×100%＝（净利润＋所得税＋利费用）／销售收入×100%

净利润率＝净利润／销售收入×100%

总资产报酬率 = 净利润 / 总资产平均值 ×100%

权益报酬率 = 净利润 / 权益平均值 ×100%。

上述各个比率反映的都是企业分析当期的盈利能力状况，对于经营者而言，可以充分体现其工作业绩，因而备受关注。而对于投资者而言，可能更为关注的是企业未来的盈利能力，也就是企业的成长性问题，成长性好的企业具有更广阔的发展前景。因此，对于企业未来盈利能力的分析也很有必要。

一般说来，可以通过企业过去几期的销售收入、营业利润、净利润等指标的增减变化情况来预测企业未来的发展前景。常用的分析比率有：

销售收入增长率 =（本期销售收入－上期销售收入）/ 上期销售收入 ×100%

营业利润增长率 =（本期销售利润－上期销售利润）/ 上期销售利润 ×100%

净利润增长率 =（本期净利润－上期净利润）/ 上期净利润 ×100%。

（四）因素分析法

因素分析法是用来确定几个相互关联的因素对分析对象影响程度的一种分析方法。采用这种分析方法的前提是当有若干个因素对分析对象发生影响时，若分析其中某一个因素则假定其他各因素都不变化，从而确定需分析的这个因素单独发生变化所产生的影响。

因素分析法既可以全面分析若干因素对某一经济指标的共同影响，又可以单独分析其中某个因素对某一经济指标的影响。但在应用这一方法时必须注意以下几方面的问题：因素分解的关联性。即确定构成经济指标的因素，必须是客观上存在着的因果关系，要能够反映形成该项指标差异的内在构成原因，否则就失去了其存在价值。因素替代的顺序性。替代因素时，必须按照各因素的依存关系，排列成一定的顺序并依次替代，不可随意加以颠倒，否则就会得出不同的计算结果。顺序替代的连环性。连环替代法在计算每一个因素变动的影响时，都是在前一次计算的基础上进行，并采用连环比较的方法确定因素变化影响结果。计算结果的假定性。连环替代法计算的各因素变动的影响数，会因替代计算顺序的不同而有差别，因而计算结果不免带有假定性，即它不可能使每个因素计算的结果都达到绝对地准确。

企业财务分析的方法有很多种，不是在每次财务分析时都需要逐一运用这些方法，可以是有针对性地根据企业各方的实际需要从中选择一种或几种方法来加以分析。

第四节 财务分析的指标

人们在撰写财务分析报告的过程中，常常会多用、少用、错用财务分析指标。这样不仅不能准确地反映企业的财务状况，而且会误导财务分析报告的使用者。究其原因，主要是没有意识到财务分析活动的分类或财务分析指标的层级性。为此，本文构建了相应的财务分析指标体系，以期能帮助人们在财务分析过程中正确地运用财务分析指标。

一、对财务分析指标的重分类

目前，大多数有关财务分析的教材只注重企业诊断中的财务分析，并从偿债能力、获利能力、营运能力、成长性等方面对财务分析指标进行了分类，但没有在此分类的基础上对财务分析指标的层级性进行说明。随着企业兼并、收购等经济行为的频繁发生，人们开始以分析财务报表为基础对公司价值进行评估，并形成了特定的财务分析指标体系。由于不同类别的财务分析活动的目的不同，因此不同类别财务分析活动所用的财务分析指标也不同。

（一）依据财务分析活动对指标的分类

财务分析活动可分为两类：一是进行企业诊断，二是进行企业价值评估。其中，企业诊断又分为评价活动和剖析活动。相应地，财务分析指标可分为三类：第一类是企业诊断中进行评价时所运用的"终结性指标"；第二类是企业诊断中进行剖析时所运用的"中间性指标"；第三类是企业价值评估中运用的"预测性指标"。

在评价企业某方面的能力时，应该用"终结性指标"，它回答"是什么"的问题。而"中间性指标"是"终结性指标"的影响因素，它回答"为什么"的问题，因此不能直接用于衡量企业的某方面能力，否则会以点盖面。用"终结性指标"评价出结果后，可以用"中间性指标"剖析导致这样结果的原因。

在进行企业价值评估时需预测企业未来的经营活动，则会根据估值模型的需要运用"预测性指标"。由于预测一般以销售收入为起点，因此"预测性指标"一般以销售收入为分母。

（二）关于"终结性指标"与"中间性指标"的进一步说明

为了使人们更好地理解"终结性指标"与"中间性指标"的区别，下面举例说明。例如，在评价企业经营活动的获利能力时，应考核每投入 1 元所能得到的税后经营利润，因此，"资产经营利润率"是评价企业经营活动获利能力的"终结性指标"。其中，

资产经营利润率＝税后经营利润／总资产＝（税后经营利润／销售收入）×（销售收入／总资产）＝税后经营利润率×总资金周转率

可见，"税后经营利润率"仅仅是"中间性指标"，不能反映企业经营活动的获利能力，只能反映企业经营中成本费用的控制水平，这一水平只是影响企业经营活动获利能力的一个因素而不是全部。因此，"税后经营利润率"与"资产经营利润率"不是并列关系。

同时，一个具体的财务分析指标是"终结性指标"还是"中间性指标"，其属性并不是绝对的，同一个指标在回答不同层次的问题时，其属性是不同的。例如，在评价企业经营活动的获利能力时，"资产经营利润率"是"终结性指标"。但在评价整个企业的获利能力时，应考核股东每投入 1 元所能得到的回报，因此"终结性指标"是"净资产收益率"，此时"资产经营利润率"只是"净资产收益率"的一个影响因素，仅反映企业经营活动的获利能力，是剖析整个企业获利能力的"中间性指标"。

"终结性指标"和"中间性指标"的分类可以帮助人们认识到与企业某方面能力有关的指标并不是并列关系而是有层次性的，它们有的回答"是什么"，有的回答"为什么"，运用这两类指标所解决的问题是不一样的。同时，这样的分类不是绝对的，同一个指标在回答不同层次的问题时，其属性是不同的。

二、选择财务分析指标时常犯错误的举例

本节将选择财务分析指标时常犯的错误归纳为五类，针对每类错误举例说明，剖析错误产生的原因，并给出正确的指标。

（一）回答"是什么"的时候用了"中间性指标"

如在评价企业经营活动的获利能力时使用"税后经营利润率"。企业经营活动获利能力指的是每投入 1 元所能得到的税后经营利润，而不是每销售 1 元所能得到的税后经营利润。因此，应使用"资产经营利润率"进行评价。如果想知道企业经营活动获利能力为什么这样，其中成本费用控制起到什么作用，才需要用"税后经营利润率"。若并列使用这两个指标则会混淆视线。例如，在评价中出现"资产经营利润率差、税后经营利润率好"的情况时，

人们可能会不明白企业经营活动获利能力究竟是好还是差。因此，在评价企业经营活动获利能力时，用"资产经营利润率"就足够了。

（二）回答"是什么"的时候用了"预测性指标"

如在评价企业经营活动的获利能力时使用"销售净利率"。根据以上分析，评价企业经营活动获利能力的"终结性指标"是"资产经营利润率"，"税后经营利润率"是剖析企业经营活动获利能力的"中间性指标"。而"销售净利率"在反映企业成本费用控制水平上，并没有把经营活动和财务活动分开，不能用于评价企业经营活动的成本费用控制水平，因此不是企业经营活动获利能力的影响因素。"销售净利率"既不是评价企业经营活动获利能力的"终结性指标"，也不是剖析企业经营活动获利能力的"中间性指标"。在评价企业经营活动获利能力时它既不能回答企业经营活动获利能力怎么样，也不能回答企业经营活动获利能力为什么这样，显然没有它会更好。

（三）片面地选择指标

有时在评价企业某方面的能力时需使用多个指标，如果只使用某个指标或部分指标，就得不到正确的结果。如在评价企业的短期偿债能力时，只使用"流动比率"和"速动比率"。"流动比率"和"速动比率"是静态指标，只能反映一年内每还 1 元大约有多少元的资产将会变现，但它不能反映资产变现快慢等信息。因此，如果仅仅用"流动比率"和"速动比率"评价企业的短期偿债能力，就有可能得不到正确地评价结果。例如，A 企业的速动比率是 1，B 企业的速动比率是 3，A 企业的应收账款周转率和应付账款周转率分别是 12 和 2，而 B 企业的应收账款周转率和应付账款周转率分别是 2 和 12。虽然 B 企业的速动比率大于 A 企业的，但是 A 企业的应收账款周转速度快于 B 企业的，应付账款周转速度慢于 B 企业的，在其他条件都相同的情况下，综合考虑 A 企业的短期偿债能力并不一定比 B 企业的差。

因此，在评价企业的短期偿债能力时，不仅需要"流动比率""速动比率"这样的静态指标，而且需要"存货周转率""应收账款周转率""应付账款周转率"等动态指标。

（四）多用指标

在财务分析过程中，指标的选择应精简，避免画蛇添足。如在评价企业的长期偿债能力时，同时运用"资产负债率""权益乘数""权益负债比"等多个指标。

"资产负债率""权益乘数""权益负债比"主要反映的是资金来源中负债和权益的结构，它们之间的关系是：

$$资产负债率 =1 - 1/ 权益乘数 =1/（1+ 权益负债比）$$

只要知道资产负债率，就可以得出权益乘数和权益负债比。因此在评价企业的长期偿债能力时只用资产负债率即可。

（五）错误使用指标

在财务分析过程中用错了指标，往往会误导财务分析报告使用者。如在评价股东获得的报酬时，使用"普通股每股收益"和"股利支付率"。

$$普通股每股收益 =（税后净利润－优先股股息）/ 发行在外的普通股股数$$

由于不同公司发行在外的普通股股数不同，所以这个指标不能用于不同公司的对比。

$$股利支付率 = 每股股利 / 每股盈余$$

公司没有支付股利并不表示股东得不到回报，如果公司将资金投资于净现值大于零的项目，这样即使股利支付率低但仍然在增加股东的价值，并不意味给股东的报酬低。因此"普通股每股收益"和"股利支付率"都不能准确反映股东获得的报酬。而"净资产收益率"表明股东每投入 1 元所得到的回报，既是衡量公司获利能力的"终结性指标"，也是衡量股东获得报酬的"终结性指标"。

三、财务分析指标体系研究

（一）现行财务分析指标体系的局限性

1. 企业偿债能力指标

只是在一定程度上反映企业对各类债权人的偿债能力，并未反映企业现金流转的能力在流动资产中，包含大量的应收账款等债权资产以及变现能力较弱的存货，如果这些资产的质量不高，难以如期变现，势必造成所有账面流动资产可以及时足额偿付到期债务的假象。如果偿债能力比率中资产的管理及周转出现困难时，那么这些比率将不能宏观地反映企业财务状况。此外，现行财务报表主要提供以历史成本为主的财务信息，普遍缺乏前瞻性信息和预测性信息，无法反映企业未来的财务状况及经营成果。

2. 现行财务报告体系与现代会计目标和现代信息技术的发展不相适应

现行财务报告体系是适应当时社会经济的发展以及企业所面临的生产经营环境，以历史成本为基础反映企业过去的财务状况和经营成果，在信息揭示的范围、及时性方面停留在算盘、纸张加笔墨的时代。这样，很难适应在社会经济高度发展的今天，会计目标应该由受托责任观向决策有用性的转变如果仍然以历史成本来呈报信息，就会使得现行财务报告与信息使用者对现代会计目标的要求及对会计信息系统的处理不相适应。

3.会计信息的人为操纵使会计信息失真,从而误导信息使用者

不诚信行为的存在使企业对外形成财务报告之前,往往对信息使用者所关注的财务状况以及对信息的编号进行仔细分析与研究,进而粉饰报表,以达到信息使用者对企业财务状况的期望。其结果,使信息使用者所看到的报表信息与企业实际状况不一样,误导了信息使用者做出错误决策。

(二)改进财务分析指标体系的具体对策

1.合理选择与运用财务分析指标

在财务工作实践中,通过对企业财务状况和经营成果进行解剖和分析,能够对企业经济效益的优劣做出准确的评判。而作为评判标准的财务分析指标,其选择和运用就显得尤为重要。不同的利益群体应选择不同的分析指标。对企业投资者而言,财务分析最根本的目的是了解企业的盈利能力,另外,他们对企业财务状况及其分派股利和避免破产的能力也十分关心。债权人主要关心公司资产的流动性,因为他们享有的权益是短期的,公司有无迅速偿还这些负债的能力可以通过分析公司资产的流动性进行有效判断。而债券持有者享有的权益是长期的,他们更关注公司长时期内的现金流转能力公司管理者则必须借助会计报表评价公司目前的财务状况并根据目前的财务状况分析可能存在的机会,同时亦要关心公司各种资产的投资回报和资金管理效率。

2.进一步提高财务报告信息披露的时效性

在市场经济条件下,企业经营活动的不确定性进一步加大,产品生命周期呈现缩短态势,因而,按照会计分期假设编制的信息财务报告所揭示的信息具有明显的时滞性,难以满足财务报表使用者的信息要求,有时甚至产生一定程度上的误导。当今社会信息瞬息万变,信息技术在财务会计信息系统的广泛运用,使财务报表使用者通过实时财务报告系统获得有用的信息成为可能。因此,有必要对我国《公开发行股票公司信息披露实施细则》的规定——中期报告于每个会计年度前六个月结束后的两个月编制并披露,年报于每个会计年度结束后的四个月编制并披露进行修改,可以考虑将其改为:季度报告于每个会计年度前三个月结束后的半个月编制并披露,中期报告于每个会计年度前六个月结束后的一个月编制并披露,年报于每个会计年度结束后的两个月编制并披露,从而大大提高了企业报告信息的时效性和有用性。

3.充分利用现金流量信息,注重现金流动负债比

企业的现金流量特别是经营活动现金流量是偿还债务最直接的保证。如果经营活动现金流量越过流动负债,表明企业即使不动用其他资产,仅以当期产生的现金流量就能够满足偿还债务的需要,因此,在分析评价企业短期

偿债能力时，既要看流动比率、速动比率指标，更应关注现金流动负债比。

$$现金流动负债 = 比年经营现金净流量 \div 年末流动负债$$

该指标是从现金流入和流出的动态角度对企业实际偿债能力进行考察。由于有利润的年份不一定有足够的现金来偿还债务，所以利用以收付实现制为基础的现金流动负债比率指标能充分体现企业经营活动所产生的现金净流量可以在多大程度上保证当期流动负债的偿还，直观地反映出企业偿还流动负债的实际能力。由于现金是偿还债务的最主要手段，若缺少现金，可能会使企业因无法偿还债务而被迫宣告破产清算。从这个意义上讲，该指标比流动比率、速动比率更为严格，更能真实地反映企业的偿债能力。

四、财务分析指标体系设置的原则与要求

（一）设置的原则

前面我们探讨的财务分析原则，是用来指导整个财务分析工作和建立财务分析理论体系的基本原则，具有抽象性和全面性，由于财务指标的设置因主体的不同而不同并具有较大的灵活性；在加之财务指标是财务内容的量化，是直接反映企业财务状况及经营成果的窗口，故有必要将其特殊性揭示出来。

1. 可比性和实用性原则

可比性原则及指标所用数据要可比。设计指标时，对每个指标的含义、范围、内容和计算方法，应尽可能符合各种比较的需要。通过同一企业不同时期的指标的纵向对比，可预见企业财务状况变化趋势；通过不同行业、地区、企业间指标的横向对比，可以发现企业存在的差距和问题，实用性原则就是说指标的设置要通俗易懂，便于掌握，符合各分析主体财务分析的需要。避免多余重复，尽量协调衔接。

2. 公开性和保密性原则

计划经济体制下，由于实行统收、统支、统管，指标的设计只满足上级主管部门宏观管理的需要。改革后，指标的设置必须满足包括外部投资者、债权人等多主题的需要，西方国家设有专门机构搜集各行业及上市公司的财务报表加以分析，会计信息专门机构向社会定期发布上市公司的财务指标加以分析评价。在国家由直接管理向间接管理的今天，财务信息的公开便显得日益重要。但与此同时，市场竞争日趋激烈，也应重视对企业的商业秘密加以保密。

（二）设置的要求

1. 指标的主要框架

财务指标体系首先应有一定的主干指标，它们能从总体上反映企业状况，

还应在主干指标的基础上，设置起补充作用的细分指标，从而形成一个主辅结合的财务分析体系。

2. 指标的定变结合

财务指标体系整体上要有相对固定性，但也要随分析主题对信息需求的特点作相应增减。特别应结合当前经济体制改革实践的需要探讨更加实用有效的指标，适当补充指标内容，形成定变结合适时可调的指标体系。

3. 指标的灵活可调

一个完善的指标体系，不仅能够适用于某一财务分析主体，即经过调整后指标可使用不同信息主体的需要，运用于各财务分析主题。

第五节 财务分析的学科定位

随着经济与社会发展，财务信息在经济与社会生活中的作用越来越大，财务分析的应用范围越来越广，财务分析的影响因素也越来越复杂，实践中对财务分析师的需求也越来越大。目前，特许财务分析师（Chartered Financial Analyst，简称 CFA）是全球证券投资与管理界一致公认的最具权威性的职业资格称号。CFA 资格目前在美国金融与证券界具有很高的权威性，"美国投资咨询协会""美国投资银行家协会"和"纽约金融协会"等机构也都表示其成员应具有 CFA 资格。同时许多著名大学，包括美国 Richmond 大学、美国 Missouri—Columbia 大学、Boston 大学、新加坡国立大学等，已经将 CFA 的考试科目正式纳入他们的教学课程。因此，在财务分析教学改革、理论研究和应用实践都面临着来自传统与现代、理论与实践、国内与国外的各种各样的挑战。研究新的经济环境下的财务分析、创新与发展财务分析理论与实务，不仅是财务分析自身发展的需要，也是学科建设和专业发展的客观要求。

发展与创新财务分析的基础在于财务分析的教学改革，而作为应用经济学或管理学的组成部分，财务分析应用理论和实践的发展是其教学改革的导向和关键。因此，本文将从财务分析学现状分析入手，在理清财务分析学与会计学和财务学关系的基础上，面对财务分析来自学科建设和经济环境变化的挑战，探讨财务分析理论体系和财务分析专业的发展方向。

一、财务分析发展现状

什么是财务分析？什么是财务报表分析？什么是财务报告分析？它们的内涵是否相同？它们之间有什么联系与区别？这是实务界经常落到实处的问题，也是理论界应该回答的问题。从一般意义而言，人们并不在意财务分析、财务报表分析及财务报告分析的区别，如目前出版的关于这方面的书名就是这样五花八门，说明上述概念的本质是相同或相近的。然而仔细斟酌，它们又有所区别：财务报表分析的对象是财务报表；财务报告分析的对象是财务报告；财务分析的对象是财务活动。显然，财务报表与财务报告的区别是清楚的，因此，财务报表分析和财务报告分析的内涵是明确的。但是，财务报表、财务报告和财务活动之间的关系决定了区别财务分析与财务报表分析和财务报告分析的复杂性。这里将从财务分析所处学科及教学的现状入手，探究财务分析的理论基础与发展脉络。目前的财务分析从其分析基础和应用方向看主要来自会计学的发展和财务学的需要。因此，财务分析主要可分为基于会计学的财务分析与基于财务学的财务分析两种。

（一）会计学中的财务分析与基于会计学的财务分析

从会计学角度对财务分析的考察可分为两个方面：一方面是观察现有会计学教材中的财务分析；另一方面则要研究基于会计学的财务分析。这个角度的财务分析通常叫财务报表分析和财务报告分析。

1. 会计学中的财务分析

目前在我国的会计学教材中设置财务报表分析一章的内容较少，而在西方国家一些会计学教材中，包括会计学基础和财务会计（或中级会计）中往往都设有财务报表分析一章。会计学中的财务报表分析往往具有以下特点：第一，主要介绍财务报表分析的基本方法，如水平分析法、垂直分析法和趋势分析法，对更进一步的会计分析（包括会计政策等变更对财务报表影响分析）介绍的较少；第二，主要介绍几个重要财务比率，没有对财务比率体系进行论证与分析，也不进行财务比率的因素分析；第三，会计学中的财务报表分析不研究财务比率分析的应用。

2. 基于会计学的财务分析

基于会计学的财务分析，以会计学中会计报表信息为基本出发点，运用会计分析方法对影响会计报表的因素进行分析与调整，为财务比率分析奠定基础，从而准确分析企业单位的盈利能力、营运能力、偿债能力和增长能力等状况，并进而形成一门独立的、边缘的科学。基于会计学的财务分析通常具有以下特点：第一，基于会计学的财务分析是一门独立的课程，拥有完整的理论体系、方法体系和内容体系；第二，基于会计学的财务分析以会计报告信息分析为出发点，以影响会计报告信息的因素（特别是会计假设、会计政策、会计估计等因素）变动为分析重点；第三，基于会计学的财务分析往往将盈利能力分析、营运能力分析、偿债能力分析等作为会计信息在财务分析中的应用；第四，基于会计学的财务分析在处理财务分析与财务管理的关系上，往往强调财务效率。

（二）财务学中的财务分析与基于财务学的财务分析

从财务学角度对财务分析的考察也可分为两个方面：一方面是观察现有财务学或财务管理教材中的财务分析；另一方面则要研究基于财务学或财务管理角度的财务分析。

1.财务学中的财务分析

目前，无论在我国还是在西方国家一些财务管理类教材中都有财务分析一章。财务管理中的财务分析往往具有以下特点：第一，将财务分析作为财务管理的职能，与财务预测、财务预算、财务控制、财务评价与激励等并列；第二，将财务分析（或财务报告与分析）作为财务管理的基础，提供财务管理中筹资活动、投资活动与分配活动决策的有用信息；第三，将财务分析定义为财务比率分析，往往以盈利能力分析、营运能力分析和偿债能力分析为主要内容。

2.基于财务学的财务分析

基于财务学的财务分析，以财务学或财务管理目标为基本出发点，以反映财务活动与经营成果的财务报告与内部报告为基本分析依据，以专门的财务分析程序与方法为分析技术工具，形成一门独立的、边缘的科学。基于财务学的财务分析内容广泛，通常具有以下特点：第一，基于财务学的财务分析是一门独立的课程，拥有完整的理论体系、方法体系和内容体系；第二，基于财务学的财务分析以财务学的领域为导向，以价值分析与量化分析技术为基础，以公司财务比率或能力分析、证券市场分析等为主要内容；第三，基于财务学的财务分析应用领域较为广泛，包括证券估价、业绩评价、风险管理、企业重组等；第四，基于财务学的财务分析在处理财务分析与会计学的关系上，往往将财务报告作为分析基础信息。

应当指出，从财务分析现状看，无论是会计学中的财务报表分析还是财务学中的财务比率分析，都无法反映财务分析的本质与全部内涵；无论是基于会计学的财务分析还是基于财务学的财务分析，都体现了财务分析学的独立性、综合性与边缘性。然而，在当今经济变革的时代，随着经济环境（包括实践与理论）的变化，财务分析的需求与供给都发生了变化，不仅有目前基于会计学的财务分析、基于财务学的财务分析，而且会出现基于其他学科的财务分析。因此，财务分析学科现状、理论体系、方法体系等都面临着来自学科发展和实践的挑战。

二、财务分析发展与定位的思考

关于财务分析的学科定位问题一直存在较大争议，有人将其划归会计学，有人将其划为财务管理，还有人将其划为金融学、统计学等。财务分析之所以定位较难是因为它是一个与上述学科都相关的一个边缘性学科。前面论述的无论是基于会计学的财务分析，还是基于财务学的财务分析，都说明了这一点，这从另一个方面也说明财务分析的发展应该充分考虑学科的边缘性和独立性。

财务分析学实际上是在会计信息供给（会计学）与会计信息需求（财务学、经济学、管理学等）之间架起的一座桥梁，它通过对会计信息的透视与剖析，满足会计信息需求者的不同要求。因为在会计学与经济学、管理学和财务学等学科的关系中，都涉及会计学的发展如何满足相关学科发展的信息需求，其他学科发展如何有效利用会计信息的问题。一方面，毕竟会计学并不是单纯满足某一信息使用者的需求，因此，会计提供的信息往往需要分析与转换而成为信息需求者的有用信息；另一方面，经济学、管理学、财务学等相关学科的复杂性也不能要求会计学者完全或直接掌握其会计信息的需求，对相关学科决策需求的分析与转换为会计信息需求，也是会计学发展所需要的。在会计学与相关学科关系的信息转换中，财务分析起着至关重要的作用。财务分析就是根据相关学科或人们对会计信息的需求，将标准的会计信息分析转换为决策与管理所需要的信息；同时，财务分析又根据相关学科理论与实务所需求的信息，分析转换为会计应该提供的信息。财务分析的这种地位与作用，在会计学与财务学关系发展中体现得最为明显与清楚。随着相关学科理论与实务对会计信息需求的加大，财务分析在连接会计学与相关学科关系中的地位与功能将进一步扩展。

从财务分析在会计学与相关学科关系中的地位与作用看，随着会计学科地位的提升以及相关学科对会计学信息需求的范围、数量与质量要求的提高，财务分析学将在分析主体、分析对象、分析内容和学科地位上有进一步的扩展与提升。财务分析不仅要满足投资者、债权人等外部信息需求者的需要，而且要满足管理者、员工等内部信息需求者的需要；不仅要满足管理学理论与实务发展的需要，而且要满足经济学理论与实务发展的需要。可见，仅仅从基于会计学的财务分析和基于财务学的财务分析已经不能涵盖财务分析学科的范畴，基于其他学科和领域会计信息需求的财务分析将随之产生与发展。因此，伴随着财务分析地位的提升，独立于会计学专业、财务学专业等其他相关专业的财务分析专业或方向的产生将成为必然。

当然，财务分析专业方向的设立与定位必然涉及对现行会计学科和财务学科定位的思考。这里所说的独立于会计学专业或财务学专业，是指在目前会计学属于工商管理二级学科、财务管理属于工商管理的企业管理二级学科下的现状而言。若重新界定会计学科内涵，将会计学科地位提升为会计学科门类或一级学科，则财务分析专业方向所属的学科可定位于会计学科门类或一级学科下的二级学科。财务分析专业方向将以会计学科为基础，扩展其应用领域至经济学、财务学等各个领域。

三、经济环境变化对财务分析的挑战

财务分析的发展要适应学科地位及专业发展的需要，必须充分考虑经济环境变化所带来的挑战，这些挑战包括市场经济体制、资本市场、企业制度和会计准则等经济环境的变化。从财务分析最基本需求者，即外部投资者及投资环境和内部管理者及环境出发，金融市场发展和企业决策控制方面环境的变化将挑战传统财务分析体系和内容；从财务分析基础供给者出发，我国会计准则和制度的变革也必然挑战传统财务分析体系与内容。因此，要建立现代财务分析学科体系，提升财务分析学科地位，必须面对各种挑战，创新财务分析理论与方法。

（一）金融市场对财务分析的挑战

在现代经济体系中，伴随着经济全球化趋势的发展，经济金融化的进程也日益加剧、程度不断加深。经济金融化表现在经济关系日益金融关系化、社会资产日益金融资产化、融资活动证券化。在这样的情况下，金融体系成为现代经济的核心，金融市场的运行与发展影响到了社会经济生活的各个层面，在整个市场机制中发挥着主导作用。随着金融市场的发展，金融市场中的参与者，无论是证券市场参与者还是信贷市场参与者；无论是企业、个人、政府及非营利组织还是商业银行、投资银行、投资基金、保险公司；无论是中央银行、证监会还是银监会保监会，都需要和应用财务分析信息进行监管、经营和决策。由于财务分析主体和需求者的变化，传统的财务分析理论、体系、内容和方法都面临着挑战。

（二）企业管理决策与控制对财务分析的挑战

企业是市场经济的主角。市场经济条件下的企业，随着企业发展目标与财务目标的转变，为保证企业资本增值目标的实现，必然面临着企业投资、筹资、经营、分配各环节的决策与控制，企业管理决策与管理控制成为现代企业管理的关键。企业管理中无论是管理决策（如战略决策、财务决策、经营决策），还是管理控制（如预算控制、报告控制、评价控制和激励控制），都离不开相应的财务分析信息。财务分析是现代企业基于价值管理的基础。而由于传统财务分析信息使用者主要是外部投资者，因此随着管理决策与控制对财务分析信息需求的转变，财务分析基础信息和财务分析基本内容也都面临着挑战。

（三）会计变革对财务分析的挑战

会计信息一直是财务分析最基本和重要的信息。随着我国经济体制的变化和会计国际化趋势，我国的会计准则、会计制度在不断发展与完善，会计学的领域与内容也在不断发展与完善，会计报告信息披露内容与时间在不断发展与完善。会计变革的实践使依据会计信息的财务分析必然也面临着不断发展与完善的挑战。

从会计准则与会计制度变革对财务分析的挑战看，财务报表发生了变革，财务报表主表、附表的种类、格式、内容的变化，使得会计信息的内容和内涵随之改变，从而增加了财务分析的内容；会计假设、会计政策、会计估计、会计确认、会计计量等的变化及灵活性，使同一经济业务所记录与报告的结果发生了改变，增加了财务分析的难度；不同国家会计准则差异、会计报表合并方法差异、特殊会计业务处理方法差异等的存在，使会计信息的决策相关性与可靠性判断更加复杂。

从会计学的领域与内容变化对财务分析的挑战看，会计新领域的出现，如通货膨胀会计、跨国企业会计、企业重组会计、人力资源会计、环境会计、行为会计等，使会计信息量大增，这必然增加了财务分析的内容与难度；会计学内容的更新，如筹资中衍生金融工具的增加，投资中证券品种的增加，等等，使会计报表信息的内涵发生了变化，增加了财务分析的复杂性。

从会计报告信息披露内容与时间变化对财务分析的挑战看，会计信息披露内容的增加，特别是自愿披露内容的增加，使财务分析内容具有更多的不确定性；会计信息披露时间的缩短，提高了财务分析的频率，对财务分析的及时性要求更高。

在对财务分析现状、学科定位、面临环境的挑战和分析目标研究的基础上，界定财务分析的内涵是建立财务分析理论体系的关键。财务分析是财务分析主体为实现财务分析目标，以财务信息及其他相关信息为基础，运用财务分析技术，对分析对象的财务活动的可靠性和有效性进行分析，为经营决策、管理控制及监督管理提供依据的一门具有独立性、边缘性、综合性的经济应用学科。

第二章 企业财务分析的发展

第一节 企业财务分析问题与对策

财务分析是以企业的财务报告等会计资料为基础对企业一定期间的财务活动进行分析和评价的重要手段。通过财务分析，可以评价企业的财务状况和经营风险，评价企业的获利能力及资产管理水平并判断企业的发展趋势，从而为企业管理者和投资者提供重要的决策依据。财务分析还可以正确评价企业过去的经营情况，全面反映企业目前的财务状况，预测企业未来的发展趋势。有效的财务分析可以在企业管理中起到非常重要的作用，但受各种客观条件和主观因素的制约，财务分析还存在很多的问题，没有发挥应有的作用，认识这些问题并加以改进是财务分析者的努力方向。财务分析是财务管理的重要组成部分，也是财会人员参与企业经营管理的重要手段。然而，在实际工作中，利用会计资料进行财务分析评价时还存在一些问题，从而使财务分析不能在企业发挥应有的作用，且目前我国许多企业的财务管理水平还很落后，严重制约了企业的发展。

一、当前财务分析存在的问题

（一）重会计核算，轻财务分析

目前，我国仍处于经济转轨期。一方面，由于市场和自身的原因，有些投资者的投资决策和管理人员的管理决策很少依靠财务信息支持，造成使用者对财务信息的需求不足；另一方面，由于企业会计准则和制度调整频繁，为了跟上变化，大部分企业的财会人员没能处理好企业会计核算反映调整与财会工作服务经营管理两者之间的关系，把大量时间和精力花费在学习新准则、新制度以及调整核算体系和会计信息系统上，很少有时间进行财务分析，从而也难以通过财务分析为企业决策者提供有效的财务信息产品。在会计核算按照国家强制提供的标准照章处理，企业对财务分析的需求和供给都不足的情况下，大部分企业仍存在重会计核算，轻财务分析的现象。

（二）只检查过去，不指导未来

受管理者控制性思维习惯的影响，有些企业习惯于对过去已完成、不变化、有结果的活动进行财务分析和检查，而不能够基于过去，结合当前，着眼未来进行分析和沟通。不服务于未来的财务分析，只会发现过去的问题和满足于已取得的成绩。

在信息的收集与处理上，这些企业的财务分析以内部的、静态的信息为主要材料，很少采用外部竞争者提供的动态环境信息，从而使财务分析结果无法为企业战略的动态调整提供指导和帮助，那么沿着这条路走下去是阳光大道还是荆棘丛生就不得而知了。

（三）找不到标杆，不知优劣

由于没有战略、或战略不清晰，或战略没有转化为可执行的标准，有些企业对外不清晰行业竞争情况，不找或找不到外部标杆，不分析或分析不出自身的优势与劣势，看不到机遇与威胁。对内，缺乏走向战略目标的明确的行军路线和阶段目标，走到哪算哪，甚至不清楚企业走到了哪一阶段。找不到外部标杆的结果是习惯于自我比较，习惯于与本企业的计划比，与过去同期比，是计划和过去存在问题还是当前存在问题，不得而知。没有正确的比较就没有真正动力，就不能找准正确的方向，找不准方向就不知企业存亡。

（四）不考虑风险，或过于保守

有些企业缺乏风险意识，决策不进行风险分析，过去运气比较好，胆子大，财务分析从不考虑或很少考虑风险，对分析结果不进行风险调整，把偶然的成功当成决策系统的必然成功，导致企业决策层夸大自身能力，喜欢冲击小概率事件，看不到前方万丈深渊，直到风险变损失时，企业已陷入万劫不复，难以重生的境地。由于缺乏对风险的正确认识，有些企业惧怕风险，或缺乏风险管理制度和风险责任制度，要么视风险为洪水猛兽，要么但求无过，对存在风险的业务一律回避，满足于赚取微薄的利润，看不到风险中蕴藏的机会，错失发展良机，以致落后遭致淘汰。

（五）不计资金成本，影响效率

有些企业财大气粗，摊子很大，特别是一些垄断企业，项目分析与内部核算不计资金占用成本，企业内占用大量资金的业务单元明为贡献实为包袱。这类企业有时为了做大，并购了大量不计资金成本的微利企业，其结果是股东投资回报不断受到侵蚀而企业却浑然不知。这些企业虽长年盈利，净资产回报率却大大低于市场利率，占用股东和社会的大量资源低效运转。

（六）重财务指标，轻非财务指标

货币计量假设虽然为财会工作提供了处理企业信息的便利，但也容易使一些企业只重视结果而不顾过程。有些企业重财务指标分析，轻非财务指标分析；分析的过程是从大结果到小结果；只出数字结果，而不清楚数字内涵，始终找不到产生结果的驱动因素，更没有涉及解决问题的行动方案。以价值为管理基础的企业，倾向于降低成本和强化资产结构等较易达的目标，常忽略外部众多难以用货币计量的不可控因素的影响，遗漏一些非货币性的外部战略性信息，对威胁与机遇的反应较慢；对内仅以财务指标评价，否决事关企业长远发展的具有核心竞争力的新业务。

（七）习惯使用静态分析，缺乏动态分析

有些企业习惯于用静态的思维、静态的企业发展战略、静态的市场环境、静态的生产经营计划和静态的员工需求与能力对企业进行静态的分析。这些企业很少关注外部和内部的变化，很少动态地去修正和完善企业的战略规划，很少调整行动方案。从而难以做到与时消息，与时偕行，与时俱进。

（八）不解剖整体，个体分析不足

有些大企业、大集团规模越做越大，财务越分析越来越宏观，出现了重视整体分析，轻视个体分析的一锅煮现象。他们没有像解剖麻雀一样对企业各分部中心、各业务流程、各作业单元分别进行财务分析，因此也就分析不出个体的战略贡献，从而难以挖掘和培育企业核心竞争力；对分部中心的分析不客观，不到位，就会造成低效率挤占战略单位和高效分部资源的现象，而企业整体资源配置的低效，最终将影响企业整体效益。

二、对策探讨

针对以上财务分析中存在的问题，笔者建议搞好财务分析工作应做好如下几方面工作。

（一）提高对财务分析重要性的认识

首先，企业领导要把财务分析作为企业经营管理的重要方法和手段来认识，在企业中建立科学的财务分析制度，并通过分析不断提高企业管理水平。其次，财务管理人员要认识到搞好财务分析是发挥财务管理在企业管理中作

用的最好途径，要努力搞好财务分析，不断提高分析质量，为改善经营管理，提高经济效益提供科学可靠的依据。

（二）企业应建立科学的财务分析制度

以制度来规范企业财务分析工作不失为一种较好的举措。尽管一些企业目前已建立了财务分析制度，但还很不健全。首先，在企业中应设立专门的财务分析岗位，配备专门的财务分析人员；其次，应在制度中明确财务分析的目的、任务，明确财务分析人员的目标和责任；最后，应在制度中明确对分析工作质量的要求。不论是方法的选择，还是指标的确定，企业应有科学和统一的规范。

（三）深入实际调查研究

财务分析要在报表资料齐全和充分调查研究的基础上编写。企业财务人员要充分运用多种科学分析方法，为企业提供有理有据，富有说服力和建设性的财务分析报告。要经常深入实际、经过调查、发现经营中的薄弱环节和存在的问题，分析要有的放矢，讲求实效，针对性强，反映问题直截了当。

（四）加强事前预测分析，提高资金使用效果

企业会计要从以往的事后反映和监督的旧框框中解脱出来，开展事前预测和决策。决策是企业经营管理的核心，关系到企业的命运。决策的制定来源于科学的预测。会计人员要用准确的资料，科学的方法作业会计预测，当好企业的参谋。

总之，加强企业财务分析工作，提高分析质量，是市场经济发展的需要，我们一定要认识到目前存在的问题，积极采取措施加以改善，使财务分析在企业经营活动中发挥应有的作用，同时也能更好地为企业投资人服务。

第二节 财务分析的发展趋势

财务分析的作用是了解一个企业经营业绩和财务状况的真实面目，从晦涩的会计程序中将会计数据背后的经济含义挖掘出来，为投资者和债权人提供决策基础。会计系统只是有选择地反映经济活动，它对一项经济活动的确认会有一段时间的滞后。而且会计准则有自身的不完善，管理者有选择会计方法的自由，这些使得财务分析不可避免地会有许多不恰当的地方。虽然审计可以在一定程度上改善这一状况，但审计师并不能绝对保证财务报表的真实性和恰当性，他们的工作只是为报表的使用者做出正确的决策提供一个合

理的基础。所以即使是经过审计，并获得无保留意见审计报告的财务报表，也不能完全避免这种不恰当性。随着市场经济体制的确立和现代企业制度的完善，财务分析更加成为企业一项重要的管理活动。

一、财务分析的依据更广泛

传统的财务分析以三大会计报表表内信息为主要依据，未来的财务分析将发展成为依据表内信息、表外信息、分部信息和非财务信息所进行的全面综合的财务分析。

（一）表外信用的分析

会计报表因其格式的固定性和以数字反映为主的特点决定了它所表达的财务信息的局限性：一方面，随着社会经济的发展和不确定因素的增加，有些报表信息变得模糊不清。另一方面，公司经营的许多重要信息报表中无法容纳。而表外信息的形式多样，不拘一格，可以弥补表内信息的不足，故而目前国际财务报告体系的一个发展趋势是：表内信息越来越概括，表外信息越来越丰富，信息质量和信息价值也越来越高。显然，仅局限于表内信息的分析是远远不够的，表外信息的分析变得日益重要。

目前，我国会计报表附注披露的表外信息主要包括：前期生产经营情况的回顾；主要会计政策、会计估计及其变更；关联方关系及其交易，或有事项和资产负债表日后事项及其他重要事项等。只有将这些表外信息与表内信息结合起来分析，才能完整而准确地掌握企业的真实情况。如通过分析公司前期生产经营情况，可以更全面地了解企业经营活动的性质，经营活动的财务影响，并据以对公司未来的发展趋势，特别是未来抵御市场风险的能力作出客观的评价。对于上市公司存在的重大会计政策变更和关联方交易，应注意分析是否故意调节利润。

（二）分部信息的分析

近年来，企业购并之风盛行，跨行业、跨国界的集团化公司如雨后春笋般大量涌现，集团公司在各分支机构投入的技术、资金及各部分的盈利能力、投资风险、发展前景等都存在很大的差异，母公司的合并财务报告显得过于笼统，很难据以分析出公司真实的财务状况和经营成果。因此，对分部信息的分析往往比对合并报表的分析更有效。分部信息，对于分析跨行业、跨地区、跨国界的集团公司的机会和风险，是一个可靠而有力的工具。通过对分部信息的分析，其一可更透彻地了解公司过去的经营业绩；其二可更全面地评价公司获取的收益和面临的风险；其三可准确地预测公司未来盈利能力及发展前景，从而对整个集团公司作出更合理的判断。

（三）非财务信息的分析

在高度发达的经济技术时代，影响经济决策的因素是错综复杂的，既包括财务信息因素，也包括非财务信息因素，因非财务信息可弥补财务信息的不足，帮助信息使用者更全面地理解企业的经营思想，并且在某些情况下，非财务信息对决策的价值丝毫不亚于财务信息，在未来财务分析中不容忽视。财务分析需涉及的非财务信息主要包括：①企业经营状况信息，如主要产品销售数量、市场占有率、用户满意程度、售后服务、新产品开发、职员数量及层次结构等；②企业管理当局对企业财务状况，经营业绩变化的原因及其发展趋势的说明；③企业发展前景，盈利性预测，管理当局的远景规划，企业面临的机会与风险前瞻性信息；④有关股东和管理人员的信息；⑤企业经营业务的内容和范围，企业的竞争对手，企业的发展目标等背景资料。

二、财务分析的目的以预测为主

传统的财务分析以财务报告为主要依据，侧重于评价企业过去的经营业绩和现时的财务状况，由于现行财务报告的计量绝大多数仍然采用的是历史成本计价法，这在技术日新月异，通货膨胀严重的情况下，已失去了其本身的意义。实际上，财务报告的历史信息与使用者经济决策的相关性正在日益减少，有些甚至毫无用处，因为决策是面向未来的，使用者掌握财务信息是为了作出对未来有利的筹资、投资及生产经营决策。因此，有关企业未来发展情况的预测信息比历史信息更具有实用价值，预测分析尤为重要。

为了准确的财务预测分析，一方面在分析现行的财务报告时，要注意根据主客观条件的变化对财务报告中的历史信息进行适当修正，如将某些资产的历史成本价值修正为重置价值，剔除收入和费用中通货膨胀因素的影响等。另一方面，在评价企业过去经营业绩和财务状况的基础上，通过趋势分析寻找其发展变化的规律性，从而对企业未来的经营业绩和财务状况作出正确的预测。此外，在财务决策的执行过程中，分析者要随时注意与决策相关的内外部因素的变化，根据这些变化重新进行预测，为决策者提供新的信息，以便适时调整财务决策。

三、财务分析手段电子化

未来财务分析的内容越来越多，财务分析的范围越来越广，财务分析的方法也越来越复杂。如前所述，未来财务分析既要分析表内信息，又要分析表外信息，既要分析财务信息，又要分析非财务信息；既要分析总部信息，又要分析分部信息；既要分析历史信息，又要分析预测信息。这些信息的数量之多，结构之复杂，依靠传统的手工计算分析显然是无法及时完成的，而财务信息又有很强的时效性。为此，未来财务分析必须借助于现代信息技术，加速信息流通，并将大量的信息分析处理工作交给计算机来完成，实现财务分析手段的电子化。

目前，会计电算化在我国已基本普及，大大加快了会计信息的处理速度，财务报告的及时提供为适时进行财务分析提供了条件。企业管理者基本上能随时获得本企业的财务信息，适时作出生产经营决策。然而，由于各企业的会计电算化系统自成系统，尚未联机，企业管理者无法从中获取相关企业的信息资料，如同行业竞争对手的资料及欲涉足的其他行业的资料等，这在一定程度上影响了决策的正确性。此外，公司其他外部关系人获取信息的时间相对滞后，影响了财务分析的及时性，继而影响到决策的及时性。因此，必须建立一个全国性乃至全球性的财务信息收集、分析和检索网络，企业可以在网上公布其所能提供的各种报告及相关信息，信息使用者通过联机可直接进入各企业的管理信息系统，及时有效地选取、分析所需信息，使跨公司、跨行、的财务分析更为便利。

四、财务分析报告简明、适用

财务分析的结果最终是以财务分析报告的形式呈报给相关的财务信息需求者的。有些分析者撰写的财务分析报告内容全面，分析方法及过程详尽列出，篇幅冗长，面面俱到，却忽视了报告阅读者的不同需求，阅读者往往要花大量的时间才能从中寻出一些相关信息，这种财务分析报告，一方面浪费了阅读者宝贵的时间，另一方面还易导致阅读者的厌烦情绪而无心研读，对决策的有用性自然就淡化了。为强化财务分析报告传递财务信息的功能，必须突出其适用性的特征。

财务信息很多，财务分析报告不可能也不需要面面俱到，报告的内容应因人而异。财务分析者首先应了解报告阅读者的意图和需求，在分析报告中简明、精炼地提供他们最感兴趣的信息；其次，要把握报告阅读者的管理层次，呈报给企业高层管理人员的分析报告，应注重提供与企业发展战略决策相关的宏观信息，而呈报给企业中层管理人员的分析报告，则应注重提供与企业经营决策相关的微观信息；最后，要熟悉报告阅读者具备的专业知识水平，呈报给财务专业人员的分析报告，可详细列示财务分析的原理及过程，并对各财务指标进行专业性的分析说明，而呈报给非财务专业人员的分析报告，则应省略烦琐的数学模型分析的过程，并尽量避免使用专业术语，行文要求简明通俗易懂。

五、财务分析的完善及应重点分析的内容

财务分析要不受传统财务分析模式的约束，不能局限于具体的分析模式。经营者要重视对财务分析结果的评价，并利用评价的结果来指导企业的经营活动。我们应围绕企业的经营管理捕捉经营者最关心的热点问题，适时进行各种定期的和专题的财务分析。既用财务信息，又用业务信息，二者结合进行判断与估计，体现财务分析的实时化和快速反应。在现代企业制度下，企业的财务分析指标不能再局限于静态的单一指标的分析，更应从整体上动态地分析企业的盈利能力、资产运营能力、开拓市场、创造市场和把握市场的能力。简单地说，就是要把传统的财务分析转变为现代的经营分析。因此，企业财务分析需要在传统财务分析的基础上完善和补充以下分析内容。

（一）整体分析与专项分析相结合

在单项指标分析的基础上，将各指标形成一套完整体系，相互配合使用，进行综合分析与评价，强化对企业经济运行的整体性分析，以掌握企业整体财务状况和效益。同时要针对管理中存在的薄弱环节加强专题分析，如企业潜亏分析、专项成本分析（包括市场开发成本分析、广告成本效益分析、售后服务成本分析、成本结构分析等）、利润增长点分析、投资项目可行性分析、投资项目效益与可行性报告差异分析、内控制度成本效益分析等。在分析中注意把握点和面的关系，避免分析的片面性。

（二）加强资源的效能结构分析及企业创新能力分析

如何挖掘和最大限度发挥企业现有资源的作用，是企业管理者不可忽视的一个问题。企业的资源是多方面的，如对人力资源效益分析，有利于企业注重"知本"的投入和企业内部人力资源的优化配置。政策效益分析，有利于检验企业财务策划、税务筹划有无得到充分发挥。无形资产作为评价企业发展潜力的重要指标，对其效益分析，有利于检验企业无形资产的运营能力。企业股票市值变动分析，有利于经营层关注本企业价值，关注企业公众形象，为企业融资创造条件。企业发展的内在动力是科学技术的不断创新，在进行财务分析时，应特别重视企业的科技创新能力的分析。

（三）加强企业现金流量情况的分析

在企业经营环境日趋复杂和资本市场衍生金融工具层出不穷的背景下，

现金流量信息愈来愈受到企业管理层的重视。许多企业发生财务危机不是因为缺乏赢利能力，而是因为现金的短缺造成企业信用的丧失。因此进行财务分析时应从以"利润"为中心转向以"现金流量"为中心。分析营运资本投资和利息支付前的经营活动现金流量，检查企业是否能够通过其经营活动产生足够的现金流量；分析营运资本投资后、利息支付前的经营活动现金流量，评价企业的营运资本管理是否有效率；分析营运资本投资和利息支付后的现金流量，评价企业是否能够满足其利息支付义务；分析股利支付前的自由现金流，评价企业用内部产生的现金流为长期性投资提供资金的能力；分析股利支付后的自由现金流，评价企业支付股利的能力和企业股利政策的可持续性；分析外部融资活动之后的现金净流量，用于评价企业的筹资政策。利用这些指标逐年变化的信息，将为我们评价企业现金流量的动态稳定性提供许多有价值的信息。

（四）重视企业营销分析

随着市场竞争的白热化，营销手段层出不穷。当某种营销手段推出后，其效果到底如何，是否能达到预期的目标，是经营者关心的另一个重点。他们希望通过财务分析得出较为可信的答案。对贡献毛利、目标利润、盈亏平衡点、变动成本分析、固定成本分析、营销资本支出、相关成本分析、单位贡献毛利等指标进行分析都是比较备选营销方案的有用工具。

（五）加强成本控制分析

在进行成本分析时要注重分析以下几个方面：一是通过深入分析，正确评价企业目标成本的执行效果，提高企业和职工讲求经济效益的积极性。二是揭示成本升降的原因，及时查明影响成本高低的各种因素及其原因，进一步提高企业管理水平；三是寻求进一步降低成本的途径和方法。

（六）加强企业之间的横向指标对比分析

如果财务分析仅局限于本企业内部，不与其他企业进行对比，就谈不上"知己知彼"。这种比较不是一个或几个财务指标的比较，而是企业之间财务状况的综合比较。通过分析，加强企业"对标"管理，使企业了解与同行业的差距，明确在行业中的位置，使企业的管理当局对自己的经营决策进行适当定位，在竞争中找到自己的发展空间。

第三节 企业财务分析的基本程序与方法

　　财务分析是财务报表使用者运用一定的手段和方法，对企业财务报表和其他相关资料进行分析，找出有关数据指标之间的关系和变化趋势，以对企业的财务活动做出评价，为报表使用者进行决策提供相关信息的活动。报表使用者在进行财务分析过程中，应遵循一般规律，这就是财务分析的程序。

一、企业战略分析

　　企业战略分析是指通过分析企业所在的行业，了解企业的经济状况、经济环境及在行业中的地位，明确应采取的竞争策略，掌握企业的盈利潜力。企业战略分析是财务分析的基础，包括行业分析和企业竞争策略分析两个方面。

　　（一）行业分析

　　行业分析是综合诸如计量经济学、应用统计学等分析工具对行业经济的运行状况、产品生产、销售、技术、消费、市场竞争格局、行业竞争力、行业政策等要素进行分析，从而分析行业的盈利水平与盈利潜力，揭示行业运行规律，预测行业未来的发展趋势。行业分析是中观层次的分析，介于宏观经济与微观经济分析之间，对指导行业内企业的发展意义重大。在财务分析过程中，对企业所在行业的分析，可从影响行业盈利能力的决定性因素——行业的竞争程度和市场议价能力两个方面进行。

　　1.行业竞争程度分析

　　行业的盈利能力与行业中的竞争程度密切相关，而行业竞争程度又取决于现有企业间的竞争、新加入企业的竞争威胁和替代产品的威胁三个因素。

　　（1）现有企业间的竞争

　　行业的盈利水平受现有企业的竞争程度影响，竞争程度越高，盈利水平越低。行业现有企业间的竞争程度可从行业增长速度、集中程度、差异程度、规模经济性和退出成本等方面进行分析。

　　行业增长速度越快，现有的所有企业都会有相应的市场份额，相互之间不必为争夺市场份额开展激烈的价格战，相反，如果行业停滞不前，增长速度缓慢，则企业问势必加剧竞争；如果行业市场份额集中，在少数企业手中，则企业间的竞争度较低，相反，行业市场份额分散，则企业间的竞争就会加剧；行业间企业的产品差异程度越大，竞争程度越低；具有规模经济性的行业，企业为降低成本，就会尽力扩大市场份额，从而进行激烈的竞争；当行业产能过剩而行业退出成本又较高时，企业势必进行竞争以保住市场份额，如果退出成本较低，则竞争将会减弱。

（2）新加入企业竞争威胁

当行业有超额利润，即平均利润率超过社会平均利润率时，就面临新企业加入的问题，新企业的加入，对现有企业就是一种威胁。规模经济性、先人优势、销售网与关系网和法律障碍等因素都会从不同方面影响着新企业的加入。

规模经济性程度越高，进入该行业的投资规模就得越大，这样就增加了新企业进入的难度；先入企业在制定行业标准方面总是偏向于自身，所以与行业现有企业相比，新入企业所处地位相对不利；同时与现有企业相比，新入企业不具有成本优势，这也增加了新进入难度；新入企业要生存发展，必然要打入现有企业的销售网，现有企业销售网的规模影响新企业进入的难易程度；另外，许多行业对新入企业在法律上有所规定，法律限制的程度将对新企业的进入产生直接的影响。

（3）替代产品的威胁

当行业有许多替代产品时，企业间的竞争程度就会加剧，行业没有替代品或替代品较少时，竞争性则较小。在选择替代产品时，消费者考虑较多的是产品的效用和价格，如果替代品效用相同或相似，其价格竞争就会激烈。

2. 市场议价能力分析

行业盈利能力不仅与行业竞争程度有关，还取决于本行业企业与供应商和消费者的议价能力。

影响企业与供应商议价能力的因素主要包括供应商的数量、供应商的重要程度、单个供应商的供应量三个方面。当企业的供应商较少时，可供选择的产品就少，企业的议价能力就弱于供应商的议价能力，反之当企业的供应商较多时，企业的议价能力则增强；供应商对企业的重要程度受其供应商品对企业产品的影响程度。如果供应商的产品是企业产品的核心部件而替代品又较少时，供应商对企业是至关重要的，企业的议价能力较弱，反之，企业的议价能力就会变强；单个供应商对企业的供应量越大，企业对该供应商信赖程度越高，供应商对企业的制约程度越大，则企业的议价能力越弱。

企业与消费者的议价能力，受诸如产品差异、替代成本、客户数量、成本与质量的重要性等因素的影响。上述因素可以归纳为对价格敏感程度和相对议价能力的影响两个方面。

价格敏感程度与替代成本水平和产品差别程度有关。替代成本越低，产品差别越小，价格越敏感，消费者的议价能力越强而企业的议价能力则较弱；另外如果在客户成本中企业产品占比较大，客户对企业产品的价格则十分敏感，反之敏感度就会下降。价格敏感度会对企业产品价格产生影响，但最终的价格还是取决于客户的相对议价能力，单个客户的购买量、企业与客户的供需状况、替代产品数量及客户选择替代产品的成本等都影响着客户的议价能力。

（二）企业竞争策略分析

不同的企业，竞争策略是不同的。目前企业所采用的竞争策略不外乎低成本策略、专一化策略和产品差异策略三种。

低成本策略是指企业通过提供与竞争对手相同或相似的低成本、低价格的商品，以抢占市场份额在竞争中取胜的策略。企业要取得低成本优势，需要在降低成本方面下功夫。一般情况下，企业可以通过优化企业规模、改善资源利用率、运用价值工程和提高与供应商议价能力降低采购成本等途径降低产品成本。当有较大新企业进入的威胁，行业替代品较少时，企业通常会采用低成本竞争策略。

产品差异策略是指企业通过提供较多的产品类别、较高质量的产品、较好的售后服务、特有的品牌形象等产品或服务的独特性、差异化参与竞争，在产品价格保持不变或有所提高的基础上占领更大的市场份额，取得竞争优势，获得超额利润的策略。企业采取产品差异策略，必须明确企业产品的市场定位，即是为了满足哪一部分消费者的需求；在明确市场定位的基础上，要保证企业的产品与消费者的需求完全一致，且所提供的差异产品的成本要低于消费者能接受的价格。

专一化策略是指公司业务不是要在全产业范围内实现其目标，而是为某一狭窄的战略对象服务，主攻某产品线的一个细分区段、某个特殊的顾客群或某一地区市场，从而以更好地效果、更高的效率在较广阔范围内超过竞争对手的策略。专一化策略或者通过满足特殊对象的需要而实现了差别化，或者在为这一对象服务时实现了低成本，或者二者兼得。

二、会计报表分析

会计报表分析是通过阅读会计报告、比较会计报表、解释会计报表、修正会计报表信息来理解会计报表、评价会计报表所反映出的企业财务状况、经营成果和现金流量的真实程度的活动。进行财务分析，必须通过对会计报表的阅读和评价揭示出报表信息的质量，进而通过对会计灵活性和会计估价的调整来修正会计数据，为后续的指标分析奠定基础。

三、财务指标分析

会计报表能够反映出企业的财务状况、经营成果和现金流量情况，但是财务报表上的数据并不能全面或直接地说明企业的财务状况，特别是不能说明企业经营成果的高低和经营状况的好坏，需要将企业的财务指标进行比较才能说明问题，所以要进行财务指标分析。财务指标分析是指对包括运营能力、偿债能力、盈利能力和发展能力等反映企业财务状况与经营成果指标进行分析，以判断企业的财务状况和经营成果的行为。正确选择与计算财务指标，是对企业财务状况和经营成果进行正确评价的关键所在。进行财务指标分析，要根据分析的目的选择相应的分析指标。进行企业偿债能力分析要选择资产负债率、流动比率等反映偿债能力或反映流动性的指标；进行企业投资决策分析应选择如总资产报酬率、股利支付率和股利发放率等反映企业盈利能力的指标。

四、综合评价与报告

在进行了企业战略分析、会计报表分析、财务指标分析的基础上，要将定性分析判断和定量分析结果综合起来，以得出正确的分析结论。财务分析不仅要对历史信息进行评价，还要对企业未来发展进行判断。

最后是出具财务分析报告，它将财务分析结论、财务分析的基本问题及措施建议以书面的形式表现出来，为财务分析主体提供决策依据。

第四节 基于价值链的财务分析研究

经济社会发展中，市场经济环境更加复杂，激烈竞争下，企业需要利用现有自由优势，在完善经营管理的基础上，制定完善的企业竞争和发展战略，为此，就需要掌握大量信息，在探究财务、非财务信息分析基础上，实现企业长远发展，财务分析在现有企业发展中，占据重要地位，当今市场发展中，财务分析能反映经营管理业绩，特别是在变化的环境中，财务分析更应该具有相应的变化。传统经济活动中，财务分析更关注的是财务报表信息，强调了利用固定财务指标，分析经营管理业绩的重要性。

然而，在现代管理活动中，对财务分析的有效性被进一步肯定。管理者需要利用财务报表信息，作出决策，依照企业现有发展模式而出现的财务分析方法展现出较多优势和特点。企业财务管理理论内容非常丰富，其中基于价值链理论基础发展而来的财务分析，拓展了企业未来发展方向，帮助企业建立良好发展策略，基于价值链的财务分析，除了要考虑一般企业管理中的会计制度、市场营销、绩效评价、内控控制内容外，还应该基于企业整体价值链的规划和建立，完善财务分析与管理。

一、关于价值链理论的研究

价值链理论最先是由美国学者迈克尔波特提出来的。在 1985 年出版的《竞争优势》一书中，波特将价值链看成是确定企业竞争优势、寻找竞争方法以增强企业实力的基本工具。他认为："每个企业都是进行设计、进货、生产、营销以及对产品起辅助作用的各种活动"的集合，所有这儿活动都可以用价值链来表示。

波特认为，企业的生产经营就是 - 一个价值创造的过程，作为这一过程的一个环节的各项作业连接在 -- 起构成的链条就是公司的内部价值链。波特将企业的价值活动分为内部后勤、生产活动、外部后勤、市场营销、售后服务五个基本活动和采购、研究与开发、人力资源管理、企业基础设施四个辅助活动。企业内部价值链主要是指价值链的基本活动和辅助活动之间的各种联系，是将原材料加工成具有价值的商品的过程。企业内部的价值链按照组织层次可以分为企业价值链、各业务单元的价值链和各业务单元内部的价值链。我们可以从利润率、运营资本、劳动生产率、周转率和生产能量利用程度等方面最为标准对企业内部的资源的使用进行分析。对其进行分析主要是为了找到影响企业业绩和成功的关键价值活动和关键要素，以降低企业的生产成本，保持企业的竞争优势。

价值链不仅在企业内部存在，企业与客户、供销商之间也存在着价值链的关系。企业外部的价值链主要是指与企业具有密切联系的外部行为主体的价值活动，主要是企业与供应商和买方之间的价值链。要想达到企业外部价值链的优化，必须对企业的环境及所处的地位，特别是企业与供应商和客户之间进行效益分析。供应商在提供产品的过程中，其价值链与企业内部价值链相联系；买方购买产品的过程也使企业的价值链与买方的价值链挂钩。对企业外部的价值链进行优化分析，目的是通过改善与供应商和客户之间的关系，找到不必要的成本环节，找到成本优势和差异性优势，实现双赢，达到双方成本的最低投人和收益的最大化。

价值链理念是现代企业的先进管理理念，它是以价值增值为目标，通过价值增值来实现企业的竞争优势的。随着价值链理念积极作用的突出，它越来越多的运用到产品设计、准备工作、会计、市场营销、存货收发等行业中，在财务分析中发挥重要的作用。

二、关于财务分析理论的研究

财务分析以企业的财务报告及其他相关资料为主要依据，对企业的财务状况经营成果进行评价和剖析，反映企业在运行中的利弊得失和发展趋势，从而为改进企业财务管理工作和优化经济决策提供重要的财务信息。财务分析既是对已完成的财务活动的总结，又是对财务进行预算的前提，在整个财务管理中起到承上启下的作用。财务分析的主体是多元的，内容具有可靠性和有效性。财务分析的目标与财务分析主体的目标具有一致性，依据都是以财务信息为主，其他行管信息为辅。

随着经济领域的不断变革和发展，财务分析也正在经历一个从传统财务分析向现代财务分析转变的过程。传统的财务分析起源于美国银行家对企业进行的信用分析，一般以财务报表的为依据，分析企业的资金流动和周转情况，分析企业的负债状况及偿债能力。传统的财务分析主要是以企业偿付能力的稳定性为核心。随着经济的发展，企业注意到要想降低风险，形成良好的偿付能力必须有雄厚的资金和巨大的发展潜力，因此企业的经营管理者更加注重企业的收益性，认为收益性是稳定性的前提和基础。传统的财务分析注重的是对企业外部的分析。要想获得更大的利益，在财务分析是必须兼顾内部和外部，是财务分析由外部向内部拓展，通过内外兼顾，达到利益最大化。

传统财务分析以外部分析为主，不能满足内部经营管理的需要，而且单以财务报表为依据，反映的内容有限，而且缺乏预测性，不能满足企业管理者的决策的要求。相比较而言，现在财务分析更加注重内部分析，所用的材料也超出了财务报表上呈现的材料的有限性，是内容变得更加充实丰富，对于决策者来说有更大的预测性。为了进谋求竞争优势，实现价值最大化，提高企业的经营管理效率，财务分析也开始融入重要的非财务信息，通过对相关信息的分析，全方位的把握企业得运营状况。

从经济发展的势头看，全球化趋势逐步加快，股份有限公司的发展也日新月异。企业为了立于不败之地，实现管理的有效性和价值的最大化，越来越需要通过现代财务分析掌握公司的全部经营状况，及时发现问题并找到原因，制定适宜的解决措施以指导公司的运营。所以财务分析已经成为反映企业管理业绩的一种不可或缺的手段。

三、基于价值链的财务分析的必要性

（一）传统财务分析的弊端

1. 传统财务分析与企业目标关联度不够

基于财务管理论，企业价值最大化是其主要经营目标，企业所有活动都要将价值增值、价值创造等的结合。传统财务分析中，注重企业偿债能力、盈利能力、营运能力等的实现，需要基于债权人、投资者作出决策。传统财务分析模式，更注重企业经营状况分析，忽略了企业未来发展，企业价值创造得不到管理，特别是在风险控制、价值增值层面，传统财务分析建立在企业价值目标层面，因此，基于传统财务分析，企业很难作出未来发展规划。比如，产品竞争力不足的时候，企业会更加注重产品营销计划的制定，而忽略了产品品质的提升。

2. 传统财务分析忽视企业内外部联系

传统财务分析中，割裂了企业内部间的联系，对于企业发展来说，内部业务管理存在着紧密联系，传统财务分析，强调的是单一数量、货币间关系的建立，因此，在内部作业、流程处理中，都会割裂开来，在各个部门管理控制中，存在的问题较多，导致部门间仅获得单一业绩数据。企业经营流程规划中，往往利用的是片面单一的改良过程，各业务活动中，成本业绩、产品销售状况、销售额等数据都由单个部门管理，这种核算中的整体割裂，导致难以从企业整体经营过程中，分析企业规划及决策。

3. 传统财务分析方法和指标的局限性

传统财务分析将报表分析作为重点，包括收益表、资产负债表、现金流量表等，针对这些报表的分析，本身就具有很大的局限性，这些局限性表现在：（1）会计估计、会计处理方法选择的不同，导致报表缺少对比性；（2）注重物价变动、通货膨胀的影响，因此，不能完全反应资产负债价值；（3）粉饰报表动机严重，甚至出现扭曲报表的现象；（4）资产负债更注重成本计价；⑤报表内容有限，不能为管理者决策提供意见。基于上述财务报表分析中的局限性，能够看到，其会导致财务分析中存在更多问题，进而不能满足管理决策。

4. 财务报表本身具有很大的局限性

对于传统财务分析而言，主要采用的是杜邦分析、沃尔评分法，这两种方法虽然对财务报表起到了分析的作用，但是在使用中，却存在一些问题：（1）过于注重历史数据分析，强调了纯数量化分析的重要性，没有对数据增减变化作出分析，因此，不能更进一步为管理者决策，提供建议；（2）传统

财务分析注重比率分析，特别注重成本计量，不能对未来数据，进行预测，整体价值不高。

（二）基于价值链的财务分析的优势

1.增强与企业目标的关联度提高决策意义

企业经营活动包括不同主体，基于价值链管理层面，企业业务活动的拓展，需要依靠价值链的建立，并以此增强企业竞争优势，以创造价值。价值链管理需要在财务分析中有所体现，价值链能为企业创造有价值的活动，价值链分析，包括的不仅是传统财务分析中的指标，更需要利用网络技术、科学技术进行整体规划，利用价值链主体分析，能熟悉企业实物流、资金流、信息流，能满足客户需求，提高市场竞争力、创造利润价值。

2.整合企业内外部联系提升企业管理水平

经济社会发展中，企业面临着较为严峻的市场，经济关系更加复杂，如何在这一环境中，认识处理企业间的关系，整合企业内部活动，促进各利益相关者、竞争者、上下游企业间的关系，分析改善基于价值链层面上的财务分析，具有积极地促进作用和意义，同时，这也是保障企业获得竞争优势的根本。激烈的市场环境中，企业内部财务分析，要重点放在内外部财务分析层面，要为管理者提供决策和建议，要基于价值链财务分析，制定企业决策，而只有基于价值链层面的财务分析，才能发现问题、分析问题、解决问题。

3.突破财务报表的局限关注非财务信息

传统财务分析中，注重的是财务信息，主要利用报表分析的方式，仅仅对企业财务数据进行了分析，但是，基于价值链层面的财务分析，更加注重从企业内外部关系层面的财务分析，其从实际情况出发，在管处传统财务信息基础上，注意了企业内外部关系间的协调，强化了内部信息获取及分析的重要性，这种分析方式，降低了报表分析的局限性。基于价值链层面的财务分析，更注重非财务信息，包括顾客满意度、市场地位、生产管理能力、人力资源管理等的分析。非财务信息不能在报表中有所体现，但在经济发展中，这些信息对提高企业竞争力，具有积极地促进作用。

四、价值链财务分析模式的优化及建议

（一）基于企业内部价值链的财务分析模式的构建

1.基于企业内部价值链的财务分析的过程

内部价值链是建立在企业内部各个组织之间的，其能为企业未来发展，创造价值，价值链财务分析思路将内部竞争优势的提升，上升到了业务活动

基础上，强调了对现有企业资源进行整合之后，而进行的财务分析。价值链层面的业务活动，具有独立性特征，在财务分析中，占据主导地位。企业经营活动中，会利用不同价值创造方式，实现业务拓展，包括成本、人员管理、资产管理等。对于业务活动的拓展来说，需要将创造价值作为根本，并辅助以其他活动，因此，基于内部价值链的财务分析，更加明确，企业职能结构优势比较突出，其中，更包括了那些价值创造中的小部门。基于价值链会计分析而言，更注重企业生产过程，对于传统成本会计而言，则更注重生产结果。

2. 基于企业内部价值链的战略成本管理

基于价值链分析视角，传统成本管理实现向战略成本管理转移的过程，需要经历不同变化阶段，首先，要审查企业各项成本，基于管理策略层面出发，审查企业生产的各个环节，以实现企业战略价值的提升；其次，要拓展成本管理范围，实现向生产环节外的转移，要注重客户服务成本、采购成本管理；最后，要将成本管理扩展到企业外部环境中，要在强化企业内部管理基础上，实现与供应商、顾客、上下游企业之间的联系。

（二）基于产业纵向价值链的财务分析模式的构建

1. 基于产业纵向价值链的财务分析的过程

企业价值链包括多个环节和内容，从原料选择到最终产品生产销售都包含其中，而对于产业纵向价值链而言，其将企业看作整体，强调了企业上下游间，良性关系建立的重要性。产业价值链的优化、整合，将中断关注上游供应商、企业、下游销售商间的关系。对于产业纵向价值链分析而言，意义重大，因为，针对企业经营活动来说，并不是孤立存在的，其需要建立在上下游间关系的基础上，基于价值链活动而言，财务分析包括价值链层面中的各个环节和内容，其需要始终将竞争优势提高、成本降低作为根本。产业纵向价值链财务分析，更注重企业能否利用非财务信息，实现资源整体，进而促进企业经营活动的一种方式。

2. 基于产业纵向价值链的战略成本管理

战略成本管理中，价值链分析具有重要的价值和作用，其不仅是成本管理的有效工具，还是成本管理的必要手段，同时，还可以被看作是战略成本管理中的运用。内部价值链财务分析中，需要强化战略成本管理，需要转变成本管理模式，这一成本管理的拓展，要扩展到各生产环节中，包括售后、采购等环节。基于产业纵向价值链而言，其在战略成本管理中的运营，强调了企业内外部关系的建立，供应商、企业、顾客三者间关系的建立，对于企业来说，则需要基于产业价值链财务分析，实现企业战略成本管理，在充分发挥管理协同效应的基础上，促进企业未来发展。

（三）基于竞争者横向价值链的财务分析模式的构建

1. 基于竞争者横向价值链的财务分析的过程

基于价值链的财务分析，需要关注竞争者横向价值链分析，其针对的就是要利用竞争对手价值链分解比对的方式，搜寻在竞争对手在企业综合价值创造、企业业务活动中的资源及优势，并最终利用战略规划，对现有优势和资源进行分析整合，以作出决策，实现企业长远发展的一种方式，其在强调竞争者成本优先、营销管理优先、产品性能优先中具有积极地促进作用和地位，因此，也就需要以此，确定竞争战略。针对横向价值链财务分析而言，要注重企业核心力的分析，所谓的核心力包括多方面内容，更多依赖于企业品牌、资产、组织文化、专利技术、管理制度等的分析。利用这些特有的资源，能促进企业核心能力提升，并在价值链各环节中，反映出相这些内容，而在市场经营环境中，这些营销方式选择与建立更具有积极地促进作用和意义。

2. 基于竞争者横向价值链的战略成本管理

价值链层面上的财务分析，需要基于竞争对手价值链成本分析而进行，需要充分了解竞争对手，包括价值链评估，成本分析等，利用竞争对手价值链分析，能建立成本标杆。价值链管理，包括成本优劣程度、生产流程安排、原材料采购、销售策略等。利用此类成本标杆，能将企业财务数据信息分析结果，应用在企业价值链层面，其在提高企业竞争优势、降低企业成本中发挥着重要价值和作用。特别地，利用横向价值链成本，能熟悉掌握竞争者信息，包括成本信息、销售信息、消费者信息等，这些信息的获取，都将一定程度上，为企业管理提供策略。为此，企业发展中，需要更加关注企业价值链活动，在对财务信息、非财务信息认真分析的基础上，增强企业规模经济效应，进而提高企业竞争力。

企业财务管理、价值链管理的相互融合是未来企业财务分析的趋势，作为企业核心管理手段的重要组成，价值增值活动的分析评价是建立在价值链各个环节分析基础上的，企业竞争优势的凸显，需要基于价值管理、价值增值、价值目标等来实现。

财务分析与价值链思想的联系，将财务管理与实际企业管理紧密联系在一起，突破了传统观念的束缚，提升了财务分析的实用性、适用性、有效性，本文研究还突破了传统财务分析的局限，在价值链中对财务活动进行了分析与探讨，利用分解、分析的方式，重新构建了财务分析流程和模式和流程，确定了企业管理的主要环节，为竞争战略的制定奠定了理论基础。

第三章 财务报表分析

第一节 财务报表分析的适应性与局限性

企业财务报表分析，是指分析主体根据企业定期编制的财务报表等资料，应用专门的分析方法对企业的财务状况、经营成果和现金流量情况进行剖析。其目的在于确定并提供会计报表数字中包含的各种趋势和关系，为各有关方面特别是投资者和债权人提供企业偿债能力、获利能力、营运能力和发展能力等财务信息，为报表使用者进行财务决策、财务计划和财务控制提供依据。

一、企业财务报表分析的内涵和目的

企业的财务报表分析是在企业财务管理过程中，将企业财务会计报告中的有关数据进行收集和整理，同时在结合企业其他相关信息的基础上，对企业的财务状况、经营成果和现金流量状况进行综合的比较和评价，从而给企业的相关财务报告使用者提供管理决策和控制依据。在高速发展的市场经济环境下，企业的内部和外部都存在着许多与企业有直接利益关系的组织和个人，他们对于企业的经营成果和财务状况有着不同程度的关心，要求通过财务报表所展示的各项内容来反映企业的经营状况和未来发展趋势。

二、财务报表分析在企业的重要性

财务报表是企业信息披露的核心，也是分析企业基本面的最重要资料，它对所有投资者都是公开的。财务报表能够全面反映企业的财务状况、经营成果和现金流量情况，但是，单纯从财务报表上的数据还不能直接或全面说明企业的财务状况，特别是不能说明企业经营状况的好坏和经营成果的大小，只有将企业的财务指标与有关的数据进行比较，才能说明企业财务状况所处的地位，因此，要进行财务报表分析。做好财务报表分析工作，可以正确评价企业的财务状况、经营成果和现金流量情况，揭示企业未来的报酬和风险；

可以检查企业预算完成情况，考核经营管理人员的业绩，为建立健全合理的激励机制提供帮助。

三、财务报表分析的内容及其方法的适用性

财务报表分析是由不同的使用者进行的，他们各自有不同的分析重点，也有共同的要求。从企业总体来看，财务报表分析的基本内容包括分析企业的偿债能力、分析企业权益的结构、评价企业资产的营运能力、分析企业资产的分布情况和周转使用情况、评价企业的盈利能力、分析企业利润目标的完成情况等。这几个方面的分析内容互相联系，互相补充，可以综合得描述出企业生产经营的财务状况、经营成果和现金流量情况，以满足不同使用者对会计信息的基本需要。其中偿债能力是企业财务目标实现的稳健保证，而营运能力是企业财务目标实现的物质基础，盈利能力则是前两者共同作用的结果，同时也对前两者的增强起推动作用。

财务报表分析的方法有比较分析法和因素分析法。其中，比较分析法中财务比率的比较是最重要的分析，它们通过相对数比较，排除了企业规模的影响，使不同比较对象在不同时期和不同行业之间建立起可比性，反映了各会计要素之间内在联系。企业财务报表分析，主要侧重在以下几个方面。

（一）偿债能力分析

通过财务报表反映的资产、负债、盈利和现金等指标来分析企业的短期偿债能力和长期偿债能力。企业的偿债能力反映了企业经营风险性，同时也体现了企业是否善于利用负债为企业获取更大的收益。包括现金比率、资产负债率、负债权益比率、现金流量负债比率等。

（二）盈利能力分析

通过报表反映的企业利润构成情况并分析企业盈利能力的大小。通过盈利能力分析，可以发现各项业务对企业利润或企业价值的贡献大小，便于管理者采取措施改进业务结构或业务模式。包括销售毛利率、销售净利率、总资产报酬率、盈利现金比率等。

（三）资产营运能力分析

通过分析企业各项资产的周转情况、规模变化、结构变化来分析企业资产的营运能力，通过资产营运能力分析，发现并改进企业经营过程中对各项资产的利用状况，从而为提高企业盈利能力和核心竞争力打下良好基础。主要包括资金周转率、现金周转率、应收账款周转率、流动资金周转率等。

（四）现金能力分析

现金流量表信息在反映企业偿债能力、支付能力、财务灵活性、持续经营能力等方面有着修正作用。因此，从现金流量着手来分析企业的现金能力是至关重要的。（1）现金流量指标的比率分析。通过现金流量指标的比率分析可以分析判断企业的偿债能力、盈利质量和营运效率。具体指标有：经营现金流量净额与净利润比率、现金流量偏离标准比率、经营现金流量净额与营业利润比率、经营现金流量与主营业务收入比率等。（2）现金流量结构分析。现金流量分为经营活动现金流量、投资活动现金流量和筹资活动现金流量，通过分析构成现金流量的这三个项目的方向，可以分析诊断企业的财务状况。（3）现金流量纵横比较分析。将本期现金流量与以前年度的现金流量进行比较分析，分析现金流量的趋势，从中找到企业生产经营发展所处的阶段，预测企业未来的经济前景，揭示企业资金的使用方向及其主要来源渠道。此外，将企业现金流量构成及现金流量各项指标与同类型企业进行比较，可以分析企业在同类型企业中所处的水平，从而找出差距，进一步提高企业经营管理水平和现金流量管理水平。

（五）钩稽关系分析

可以运用百分比法对利润表中各相关项目之间的钩稽关系进行分析，也可以对其他报表中具体项目数据进行比较分析，从而获取一些有用信息。例如，现金流量表中可围绕"经营活动产生的现金流量净额"指标进行分析，该指标表明企业经营活动获取现金流量的能力。如果企业的净利润大大高于"经营活动产生的现金流量净额"，则说明企业利润的含金量不高，存在大量的赊销行为及未来的应收账款收账风险，同时在某种程度上存在着操纵利润之嫌。

四、企业财务报表分析中存在的局限性

企业财务报表分析对于企业自身管理和未来发展有着非常重要的意义，但由于社会经济的发展，各企业也逐步拓展新领域，向经济多样化方向发展。传统的企业财务报表已不能满足企业新型运营管理模式的要求，企业财务报表分析显现出了诸多的局限性。企业财务报表自身的局限性受财务报表本身特点的影响，在企业财务报表分析中所展现出来的不足，是企业财务报表分析最本质的局限性。

（一）企业财务报表所展示的信息只限于单个企业

企业财务报表是企业借以观察自身财务状况和经营成果的工具，只能收

集单个企业的财务数据信息，却不能了解反映出同行业中其他企业的财务状况。企业的评价是具有相对性的，只有将企业放在整个行业中进行评估、比较才能对企业作出合理的评价分析，给企业的经营管理提供科学的依据。然而由于企业财务报表都具有保密性，不能对外部毫无利益关系的集团或个人进行公开，因此，财务报表所提供的数据信息并不能反映企业在同行业中的地位和发展水平，具有很大的局限性。

（二）企业财务报表所展示的信息只限于财务性

企业财务报表是对企业财务信息的收集和整理，其所能提供的信息也仅限于一个企业的财务信息，只能以定量的货币计算和货币信息来反映企业财务方面的状况。由于企业经营管理所涉及的因素众多，而企业财务报表的信息并不涉及产品竞争力、人力资源质量、员工素质和心理状态以及企业管理者的能力和关注度等方面的内容，很难全面地反映出企业的全部状况。只限于财务报表的分析的局限并不能代表企业全面的经营状况。

（三）企业财务报表所展示的信息存在滞后性

就我国企业的现状而言，除少部分的上市公司外，对于大多数企业在年报中是否揭示未来发展情况预测性信息未作出明确要求。因此，企业财务报表所提供的信息主要针对企业以往的财务数据信息，具有严重的滞后性。然而前瞻性的财务预算信息对于企业的投资、信贷和经营决策都有着非常重要的作用，直接反映着企业的发展前景。

（四）企业财务报表所展示的信息由历史成本得到

企业财务报表大都是对企业资产中实际成本的反映，但在物价波动较大或产生通货膨胀的情况下，将会产生企业历史成本计量的信息与企业资产实际价值相脱节或相背离的状况，这就会导致企业财务会计报表质量失真，无法为企业提供有效的财务信息，甚至导致企业经营决策失误，造成严重的后果。

（五）企业财务报表所展示的信息由近似计算得到

企业财务报表数据的计算整理是一项非常严谨的工作，对于数据的真实准确性有着严格的要求。然而在会计核算过程中，有些账务的处理无法准确核算。譬如，收入的确认、坏账、固定资产折旧年限和净残值率、无形资产摊销年限以及在建工程和制品完工程度的估计等内容的核算都无法实现精确性，而是根据会计人员的相关职业判断估算出来的，一般均采用近似值。这种数据失准的局限性是无法避免的，在一定程度上会影响企业财务报表分析的准确性。

五、企业财务报表分析局限性的解决对策

企业财务报表分析的局限性制约着企业财务管理的顺利进行，对于企业的经营管理发展有着严重的阻碍。只有对企业财务报表分析实施改进，完善报表分析的效用，才能使企业财务报表在企业管理中发挥投资决策、经营管理和对社会资源合理有效的配置作用。本文针对企业财务报表分析中存在的局限性提出了相应的解决对策。

（一）克服企业财务报表自身的局限性

企业财务报表自身的局限性是解决财务报表分析局限性问题的重要内容，在不断克服疏忽性失误的基础上，要不断结合现实状况，与时俱进，解决财务报表分析中的具体问题。

（二）构建科学的企业财务报表分析方法体系

科学的企业财务报表分析方法是企业财务报表分析不断完善的前提。在财务报表分析过程中，必须要建立一套完整的企业财务报表分析方法体系，在定性分析和定量分析相结合的基础之上，运用科学、有效的方法进行综合考虑，保证企业财务报表分析的有效性。

（三）完善对比率分析问题

各种比率的有机联系是进行企业财务报表全面分析的有效措施，在这种情况下，可以运用数理统计的方法进行分析，能够抓住重点，避免多重线性相关现象的出现。

（四）重视对企业所处行业背景的了解分析

行业背景要求是企业发展的重要依据，反映社会市场环境对企业的要求，决定着企业竞争优势的决策发展方向。因此，必须对企业所处的行业背景进行全面了解和战略分析，得出对企业发展有益的结论。

目前，在现代市场经济竞争中，企业财务报表分析已深入到企业的生产经营活动中，对企业管理发挥着越来越重要的作用。面对企业财务报表分析存在的局限性和企业经济发展对企业财务管理的要求，采取相应措施克服企业财务报表分析的局限性势在必行。因此，我们必须不断深化企业财务管理体制改革，保证企业财务报表分析的真实性和有效性，从而促进企业的经营管理。

第二节 财务报表分析方法与应用

　　财务报表是对企业财务状况、经营成果和现金流量的结构性表述。它是企业的管理者、投资者、债权人、政府及有关机构，以及其他相关人员，了解与掌握企业的生产经营情况和发展水平的主要信息来源。财务报表分析是指利用财务报表所提供的信息，采用专门分析方法，系统分析和评价企业的过去和现在的经营成果、财务状况及其变动，以了解过去、评价现在、预测未来，帮助利益关系者改善管理或者进行科学决策。财务报表分析的最基本功能是将大量的报表数据转换成对特定决策有用的信息，减少决策的不确定性。

一、常用的财务报表分析方法

（一）比率分析法

　　比率分析法是指利用会计报表中两个相关数值的比率来反映和揭示企业财务状况和经营成果的一种分析方法。比率分析法是报表分析中常用的一种分析方法，运用比率分析法可以分析评价企业偿债能力、盈利能力、营运能力等内容。根据分析目的和要求的不同，比率分析法有以下三种：（1）相关比率分析：是以同一时期某个项目和其他有关但又不同的项目加以对比所得到的比率，以更深入地认识某方面的经济活动情况。如将净利润同销售收入、资产和股东权益项目对比，求出销售净利率、资产净利率和股东权益报酬率，从而可以从不同的角度观察、比较企业利润水平的高低。（2）构成比率分析：是计算某项经济指标的各个组成部分与总体的比率，用以观察它的构成内容及其变化，以掌握该项经济活动的特点和变化趋势。如计算各成本项目在成本总额中所占的比重，并同有关的标准进行比较，可以了解成本构成的变化，明确进一步降低成本的重点。（3）效率比率分析：是指某项经济活动中费用与收入的比率，反映投入与产出的关系，如将利润项目与各项成本费用的对比，可以得出成本利润率、费用利润率等。利用比率分析法计算简便、通俗易懂，而且对其结果也比较容易判断；可以在不同规模的企业之间进行比较。

（二）比较分析法

　　比较分析法就是将报表中的两个或几个有关的可比因素进行对比，揭示差异和矛盾的一种分析法。比较分析法是一种用得最多、最基本的方法，具体有以下三种：

（1）纵向比较分析法（又称趋势分析法）：就是对财务报表中各类相关的数字进行分析比较，尤其是就一个时期的报表同另一个或几个时期的比较，以判断企业的财务状况和经营成果的演变趋势。具体有：①多期比较分析法（水平分析法），将企业连续几期财务报表数据，同前期或历史水平比较，确定增减绝对值、增减变动率，来判断企业的发展趋势。②结构分析法（垂直分析法），它是以报表中某个指标作为100%，再计算出其各组成项目占该总体指标的百分比，从而比较各项目百分比的增减变动，以此来判断有关财务活动的变动趋势。③定基百分比分析法，是将某一时期某一指标的数值作为基数，以后各期数值分别与基数比较，进而求出各期对基数的百分比或增长率，从而观察财务报表项目在一定时期内的变动情况和变动趋势。

（2）横向比较分析法：是将本企业的财务状况与其他企业的财务状况进行比较，确定其存在的差异及程度，以此来揭示企业财务状况中存在问题的分析方法。在采用横向比较分析法时，经常与行业的平均水平等比较，通过这种比较分析，可以看出企业与先进的差距，更易发现企业的异常情况，便于揭示企业存在的问题。横向比较时最好应用比率，还应考虑地理条件、经营规模、经营内容，以及会计方法的差异等。

（3）标准比较分析法：是将本企业实际的财务状况和财务成果，与本企业同期计划数、预算数、定额数，以及长远规划目标等标准对比，确定差异和原因，以分析企业计划、预算、定额的完成情况。

（三）因素分析法

因素分析法是确定影响因素，测量其影响程度，查明指标变动原因的一种分析方法。在分析产值、销售收入、材料消耗、生产成本等项目的变动原因时可用此方法，一般将实际与计划指标、上期数值比较，测试各因素影响变动的具体情况。因素替换法具体有连环替代法、差额计算法和百分比差额分析法，其中后两种方法是连环替代法在实践中的简化形式。连环替代法是确定影响因素，并按照一定的替代顺序逐个因素替代，计算出各个因素对综合性经济指标变动影响的一种计算方法。其计算程序是：第一步，根据影响某经济指标完成情况的因素，按其依存关系将经济指标的基数（计划数或上期数等）和实际数分解为两个指标体系；第二步，以基数指标体系为计算的基础，用实际指标体系中每项因素的实际数逐步顺序地替代其基数，每次替代后实际数就被保留下来，有几个因素就替代几次，每次替代后计算出由于该因素变动所得出的结果；第三步，将每次替代新的结果与这一因素被替代前的结果进行比较，两者的差距就是这一因素变化对经济指标差异的影响程度；第四步，将每个因素影响的数值相加，其代数和应同该经济指标的实际数与基数之间的总差异数相符。

（四）综合分析评价方法

所谓综合分析，就是将各项财务指标作为一个整体，系统、全面、综合的对企业财务状况和经营成果进行剖析和评价，说明企业整体财务状况和效益的好坏。实质是以上各种方法的综合运用，并考虑了部分非报表因素。一般采用的综合分析评价方法有：

（1）杜邦分析体系，该方法是根据主要比率间的内在联系，以投资人最为关心的所有者权益报酬率为起点，将其逐层分解为销售净利率、资金周转率和权益乘数三个比率，从而综合考察企业各方面的能力及其对所有者获利水平的影响。

（2）标准财务比率分析，就是将本企业各项实际财务比率与标准财务比率进行对比，找出差距。以标准财务比率作为评价企业财务比率的参照物，便于揭示企业存在的问题。

（3）财务状况综合评分分析，该方法是将反映企业各方面能力的一些主要指标选出，并根据其重要程度给定分值，形成一个评价企业综合财务状况的体系。然后将财务报表的计算值与已事先确定的标准值比较后确定各指标分值，汇总所有指标的分值即为该企业的综合分值。最后根据该综合分值的大小对该企业的总体财务状况做出判断。此外还有综合指数法和功能系数法等。

二、财务报表分析方法应用须注意的问题

1. 财务报表作为财务分析的主要资料来源，其自身存在的局限是制约财务报表分析质量的一个重要原因。信息披露不完整，不能用货币计量的内容无法提供；以历史成本为基础编制的，数据信息本身有明显的滞后性；财务报表编制所依据的会计原则、会计假设，以及会计政策与会计估计的可选择性，可能会造成报表信息的被粉饰、混淆等等，都可能误导报表分析者。报表分析时要注意财务报表的局限性，以及前述分析方法的局限性，分析时可适当结合一些必要的非报表信息。

2. 避免分析的孤立性，不能脱离企业经营管理各方面情况，还要结合行业情况和宏观经济环境来进行，如法律环境、经济环境、通货膨胀率和所在

行业种类等，当情况变化时要正确地估计对会计信息可能产生的影响。特别是应用比率分析法时如果将各种比率孤立起来分析，财务报表分析就失去了其应有的意义。正确的做法应当是把各种比率有机地联系起来，并结合定性分析法，审慎地对企业的财务状况和经营成果的好坏，以及企业的发展趋势作出判断。

3. 在运用分析方法时要考虑指标内容、计价标准、时间长度和计算方法的可比性，在对不同企业水平比较时，还要考虑客观条件是否接近，技术上、经济上应具有可比性，即使在比较同一企业不同时期的财务报表时，对于差异的评价也应考虑其对比的基础。否则分析进行的再细致、指标计算的再精确，其结论也不会完全正确。

4. 在进行财务报表分析时，仅仅分析个别指标是不能说明问题的，只有将各种方法结合运用，并对指标进行综合分析，才能把握会计报表信息的实质。进行综合分析要做到：全面分析与重点分析相结合：对能反映企业基本情况的各项目进行分析，从而对企业有个全面的认识，再按照分析者的目的不同分别进行重点分析。定性分析与定量分析相结合：由于现代企业面临复杂多变的外部环境，而这些外部环境有时是很难定量反映，因此在定量分析的同时，要做出定性的判断，或在定性判断的基础上，再进一步定量分析和判断。静态分析和动态分析相结合：企业的生产经营活动是持续不断进行的，分析时除利用报表提供的数据，有时还要分析数据形成的过程，对指标的内涵有个准确的认识。短期分析与长期分析相结合：企业处在激烈的市场竞争环境中，其经营过程经常会出现波动，某个报告期分析的结果可能会出现暂时的反常现象，如果将短期与长期分析结合起来，就会对企业的发展趋势有一个全面的正确的了解，从而避免判断决策失误。

第三节 企业财务报表体系构建

随着社会的发展，经济的进步，各个企业之间的竞争变得越来越复杂，要想让企业在激烈的社会竞争中取得更快更好地发展和进步，就必须在接受现代市场经济给企业带来的各种机遇的同时还要应对好各种风险和挑战，而合理实用的财务报表不仅能够为企业计划、评价和控制提供真实可靠的信息资源，还能够通过对信息进行整理和筛选为企业的发展提供最精确、最详细的信息支撑，所以说构建企业财务报表对于企业内部的发展和社会经济的发展都有着十分重要的作用。

一、企业财务报表体系的重要性

企业财务报表能够向社会各界人士通过特定时期、内容、格式的财务报告形式来了解企业经营效益状况和经营发展潜力，而企业财务报表体系能够从不同角度、不同时间段、不同内容特性为内外部需要者提供较为完整的财务状况系统。过于单一的财务报表不能为信息使用者提供够深度的企业财务和战略发展状况，只有通过建立完善的企业财务报表体系才能为内部领导者和管理者提供扎实的决策信息，也才能让不同需求的外界人士债权者、投资者、国家监管部门和行业协会从财务角度的不同形式上了解企业的经营状况和结果。企业财务报表体系是需要依靠可靠性、相关性等原则来为编制基础，可靠性原则能够使得财务数据编制过程中尽量体现合法、真实及客观，相关性原则能够为社会需求相关者和企业相关信息需求者提供有效的信息数据来支持其做出科学、准确的据测，这就体现财务报表体系的完善能够促进我国市场经济的不断稳定快速发展具有重要意义。

二、财务报表体系历史演变规律

财务报表体系经历了长时期的演变，已经逐步形成了以资产负债表、利润表、现金流量表、所有者权益变动标和批注等为财务报表体系，财务报表体系的种类由单一向多元化发展，但其报表体系还是无法足够的满足信息需求者的决策需要和信息要求。对财务报表体系的历史发展规律进行研究，能够促进企业构建完善财务报表体系做出具体方向。

（一）整个市场环境需求是财务报表体系演变的客观推动力

企业本身与外部整个市场环境对财务报表的需求就是推动财务报表体系进行改革变动的主观原动力，企业本身对财务报表信息的决策需求和外界市场环境技术环境、法律、文化和政治环境都是赋予财务报表体系新的演变发展力量。财务报表产生的使命是为信息使用者服务，当目前财务报表无法提供报表需求者所需要的信息时，市场和社会各界人士就会对财务报表体系进行改动，使得其财务报表体系能够充分提供需求者所需的数据信息。可见，整个市场环境需求与财务报表体系能提供的财务信息之间展开博弈，相互进步。

（二）财务报表体系提供信息呈现复杂化趋势

在财务报表体系的历史进程中可以明显发现，早期企业只是对外提供企业重要消息对于外界人士来说必须知道的内部信息，后来根据市场、监督部门等的需求增加了披露资产负债表反映资产和负债等情况、利润表反映经营成果，到目前又增加了现金流量表反映现金收支信息、所有者权益变动表，由这些信息可看出财务报表体系的内容不断复杂丰富化。财务报表体系信息的复杂化还表现在越来越多的非财务信息在体系中披露，原先财务报表体系内容量少，目前财务报表体系的内容量相当多且呈现更多的趋势发展。财务报表体系的所有报表都是互相补充的功能，使得债权者、监管部门、审计局、企业内部人员和市场需求者能够进一步完整的了解企业内部经营情况。

（三）当局或相关权威机构、部门对财务报表体系的发展方向具有重要作用

财务报表体系的发展速度是非自动、非线条性，而是呈现加速性、缓慢性的发展情况，这是由于每个财务报表体系发展都需要得到当局或相关权威机构、部门的认可、引导和披露。账簿式财务报告体系阶段就进行了大约数千年左右，二表资产负债表、利润表财务报表体系时期为一百多年，三表式财务报表体系时期则更短。由于每个财务报表提供的信息都关系到需求者的切身利益，因此当局或相关权威机构有其责任保证市场环境的稳定，避免市场内发生冲突，对财务报表体系的发展进行确认或强制规范。

三、解决财务报表体系构建中存在问题的有效措施

（一）提高相关工作人员的综合素质

众所周知，人是做好一切工作的基础和关键相应的为了有效地解决财务报表体系构建中存在的问题不困难，就必须提高相关工作人员的综合素质，这就要求鼓励相关的工作人员树立终身学习的意识不断地提高其专业知识和专业技能这样就能够在实现其自身价值的基础上增强其应对风险和挑战的能力，还能够在很大程度上提高其职业道德和职业素养，进一步减少企业在构建财务报表体系时由于各种人为因素而造成不必要的损失和失误。

（二）增强创新的意识

增强创新意识能够在一定程度上提高构建财务报表工作的工作质量和工作效率还能够不断地注入新的能量从根本上提高企业的竞争力，这就要求相关的工作人员不断地向其他的公司学习，取其精华去其糟粕还要积极地引进先进的技能和经验根据自己企业的实际发展情况和战略目标不断地创新和完善自己的财务报表体系进一步促进企业更好更快的发展和进步。

（三）完善相关的制度规范

完善的制度规范是保证保证财务报表体系是顺利构建和运行的关键，能够在财务报表出现问题时有据可查、有据可依。所以这就要求相关的部门根据自己的战略目标和企业发展和进步实际需求不断地完善相关的制度规范，还要根据企业的发展和社会的发展不断地改变和充实财务报表体系，除此之外还要强化相关的监督体系和奖惩机制，这样一来能够从根本上提高相关工作人员的工作热情和工作积极性，进一步促进企业的发展和进步。

（四）建立与完善实时的财务报告系统

众所周知，企业构建财务报表体系的目的一方面是为了对企业的工作进行总结和分析，而另一方面就是为了做好企业的预测工作促进企业的可持续发展而构建与完善实时的财务报告系统能够缩短财务报表信息披露的时间，能够更加有及时有效的为企业提高最新的财务信息和企业动态，满足了财务报表的实效性除此之外还需要将企业内部的数据信息存储在企业内部计算机的数据库中，这样一来能够在很大程度上提高了企业财务报表构建工作和其他相关工作的工作效率和工作质量。

（五）加强审计力度

加强审计力度能够在很大程度上减少由于制度缺陷和财务报表体系的不健全以及其他主、客观因素造成的不必要的经济损失和财务损失所以就要求强化相关工作人员的责任意识建立独立的直接对管理层负责的审计部门加强对信息真实性、准确性和合规性的检查最大程度上保证信息的真实准确进一步促进企业的发展和进步。

四、企业构建财务报表体系的现实意义

通过对上述财务报表体系的内容和种类进行论述以及对财务报表体系构建中存在问题的研究和措施的提出发现，企业构建财务报表体系对于企业的发展和进步有着十分重要的作用，是企业生存和发展的关键。

科学合理的财务报表体系不仅能够为企业的管理者提供及时、有效、真实、准确的财务信息还能够对企业一定时期内的现金流量、资产与负债等各种会计信息进行归纳和总结，能够方便企业的管理者根据自己企业的实际发展状况和战略目标制定符合自己企业发展和需求的计划，通过科学合理的预测和规划能够在很大程度上避免企业不必要的经济损失和失误，进一步促进企业又好又快的发展和进步。

从另一个方面来讲，科学合理的财务报表体系能够使国家及相关部门及时的了解企业的实际动态和发展趋势，这样一来能够方便国家一些政策的实施和制定，从而在促进企业发展进步的同时促进国家经济的发展和进步。

综上所述，企业财务报表的构建在企业的发展和进步中扮演着十分重要的作用，而且还能够在一定程度上促进国家的发展和进步，所以各个企业一定要善于发现企业财务报表体系构建中存在的问题和不足并且要及时的提出相关的解决措施提创新的能力，使企业在获得更多经济效益和社会效益的同时促进企业的可持续发展和进步。

第四节 财务报表分析在企业财务管理中的作用

随着我国市场经济的发展和金融危机的蔓延，我国企业之间的竞争加剧，利润率越来越低，如何在这种环境中生存，成为大家比较关心的问题。其中一个很好的方法就是加强企业管理，而企业财务管理是企业管理的核心部分。企业经营的好坏，在很大程度上取决于企业管理的好坏，而企业管理的好坏关键又在于财务管理。可见，财务管理的决策在企业管理中具有重要作用，企业应该提高财务管理的决策的科学性，决策科学与否很大程度取决于信息的质量。财务报表分析就是为企业财务管理决策提供信息依据的管理活动。所以，为了加强财务管理在企业中的作用，必须加强企业财务报表分析。随着市场经济体制的确立和现代企业制度的完善，财务报表分析成为企业财务管理中一项重要工作，科学的财务报表分析能够给财务管理决策提供科学的信息，为财务管理决策提高科学的依据。本文从财务报表分析对企业财务管理的作用的角度探讨相关问题。

一、财务报表分析的内容、方法、目的

（一）财务报表分析的内容

财务报表分析的内容主要分析资产负债表、利润表和现金流量表所反映的信息，它们分别从不同的角度提供企业财务状况和经营成果。财务报表分析主要是通过各种分析方法从这三种报表中获得企业过去、现在、未来的信息，为企业决策提高依据。根据财务报表分析的不同目的，财务报表分析的内容主要包括财务状况分析，资产营运能力分析、偿债能力分析和盈利能力分析四个方面：第一，企业财务状况分析主要包括企业资产构成分析、权益构成分析、现金流量分析；第二，企业偿债能力是反映企业财务状况和经营

能力的重要标志，偿债能力是企业偿还到期债务的承受能力或保证程度，企业偿债能力分析有两个方面：一方面短期偿债能力分析，指为评价企业偿付短期债务的能力而分析资产的流动性，包括营运资金、流动比率等；另一方面长期偿债能力是指企业偿付长期债务的能力，包括资产负债率、产权比率等；第三，资产运营能力分析包括总资金周转能力分析、流动资金周转能力分析、应收账款周转能力分析和存货周转能力分析；第四，企业盈利能力分析即企业赚取利润的能力。

（二）财务报表分析的方法

目前，常用的财务报表分析方法有比率分析法、比较分析法、趋势分析法、结构分析法、因素分析法、项目分析法、图表分析法七个类型。其中比较常用的是前五种方法。

（三）财务报表分析的目的

一般来说财务报表分析的目的主要是为信息使用人提供其需要的更为直观的信息，包括评价过去的经营业绩，衡量现在的财务状况，预测未来的发展趋势。财务报表分析的目的与使用报表的人的不同而不同。第一，对于投资人可以以分析企业的资产和盈利能力来决定是否投资；第二，对于债权人而言，从分析贷款的风险、报酬而决定是否向企业贷款；从分析资产流动状况和盈利能力，来了解其短期和长期偿债能力；第三，对于经营者而言，为改善财务决策、经营状况，提高经营业绩而进行财务分析；第四，对于企业主管部门，则要通过财务分析了解企业社会贡献指标如纳税情况以及职工收入等情况。本文主要是从财务管理人员的角度分析财务报表的作用，财务管理人员是企业内部的经营者，其使用财务报表的主要目的是分析企业财务信息为改善企业财务决策、经营状况，提高经营业绩提高供科学的依据。

二、财务管理与财务报表分析的区别和联系

（一）财务管理与财务报表分析的区别

财务管理主要是以提高经济效益和资产增值为中心的综合管理，其主要工作是控制资金运动和处理财务关系，具体内容包括筹资活动、投资活动、营运资金管理活动、分配活动和财务分析等。财务报表分析是以企业基本活动为对象、以财务报表为主要信息来源、采用分析与综合的方法，系统认识企业的财务状况、经营成果和现金流量的过程，其目的是了解企业过去的经营行为，评价现在的管理业绩和企业决策，预测企业未来的财务状况和经营

成果，判断投资、筹资和经营活动的成效，以帮助报表使用人改善决策。从财务管理与财务报表分析的主要内容可以看出二者是有一定的区别的，财务管理是对整个企业的资金活动进行控制以提高企业经济效益和企业价值而财务报表分析只是在为企业决策提供信息。

（二）财务管理与财务报表分析的联系

财务报表分析是以企业财务报告反映的财务指标为主要依据，对企业的财务状况和经营成果进行评价和剖析，以反映企业在运营过程中的利弊得失、财务状况及发展趋势，为改进企业财务管理工作和优化经济决策提供重要的财务信息。可见财务报表分析在分析财务管理工作中的内容，是财务管理的一部分。

三、财务报表分析在企业财务管理中的作用

对于企业来说，通常由财会专业人士管理着公司的财务。随着我国社会主义市场经济体制的建立和完善，财务会计人员也越来越懂得通过财务报表分析获得高质量、高效的会计信息对于管理人员做出决策的对与否具有重要的作用。一般来说财务报表分析功能主要有三个方面：一是描述。主要说明衡量指标当前水平或状况；二是解释。分析说明衡量指标处于当前水平的原因；三是推论。根据当前和未来战略、环境以及其他因素及其趋势分析，评判衡量指标未来的发展和可能达到的水平或状态，分析说明影响衡量指标的约束条件及约束程度。

（一）资产负债表分析在企业财务管理中的作用

资产负债表是反映企业会计期末全部资产、负债和所有者权益情况的报表。通过反映企业在一定时点上的财务状况来揭示企业价值。企业资产负债表分析对于财务管理的投融资分析具有重要作用。因为我们可以通过分析资产负债表左边的资产了解企业的投资活动的结果，资产是有效地投资的保障，是企业获取利润的关键。资产负债表右边的负债和所有者权益是融资活动的结果，是企业的融资方式，企业通过资金的融通才能满足投资所需要的资金，为实现其价值最大化奠定基础。企业投资分包括企业内部使用资金的过程（如购置流动资产、固定资产、无形资产等）和对外投放资金的过程（如投资购买其他企业的股票、债券或与其他企业联营等），企业必须保证投资的资金能够保证企业正常生产运营，不够就要进行外部融资。资产负债表的分析重心是企业价值分析，即将历史成本编制的报表调整为现实价值。所以，资产负债表分析对于财务管理者了解某一时点上各类资产和负债的规模、结构及其

数量对应关系，明确财务管理者受托责任及义务，做出基于优化结构、降低风险和提高运营效率的判断和决策。

（二）利润表分析在企业财务管理中的作用

利润表是反映企业在一定期间全部活动成果的报表，是两个资产负债表之间的财务业绩。它通过反映企业一定时期盈利状况来揭示企业价值。利润表反映企业经营业绩，通过利润表反映的收入、费用等情况，能够反映企业生产经营的收益和成本耗费情况，表明企业生产经营成果；同时，通过利润表提供的不同时期的比较数字（本月数、本年累计数、上年数），可以分析企业今后利润的发展趋势及获利能力。理解和利用这些精确及时的数据有助于管理者了解本期取得的收入和发生的产品成本、各项期间费用及税金，了解盈利总水平和各项利润来源及其结构，把握经营策略。

（三）现金流量表分析在企业财务管理中的作用

现金流量表是以现金为基础编制的财务状况变动表。反映企业一定期间内现金流入和流出状况，表明企业获得现金和现金等价物的能力。从财务角度看，企业可视为一个现金流程，现金一方面不断流入企业，另一方面又不断流出企业，现金是企业的"血液"。现金流量状况直接反映着企业这一组织有机体的健康状况，是揭示企业价值的重要指标。理解现金流量表，有助于分析企业的内源融资能力和通过筹资活动获取现金的能力以及投资活动对企业现金流的影响。通过分析现金流量表，财务管理人员可以看到企业内部现金流量的产生能力如何；企业能否以营业现金流偿付短期债务本息；企业投入资金是否符合企业的经营策略；企业投资后是否有盈余现金流量；企业的发展是靠外部融资还是内部融资，该融资方式是否适合企业的整体经营风险。

四、企业财务管理中财务报表分析的应用

（一）制定完善的财务报表分析方法与体系

为进一步提高财务报表数据的可信度，首先需要由注册会计师对财务报表进行审计，保证分析结果的可靠性。其次，在对财务报表进行分析的时候，如果单纯地依靠财务报表的数据并无法保证分析结果的准确性，还需要结合报表之外的数据与信息，比如像企业所发的工资、在编人员的配比、企业的发展动态等。最后，在使用财务报表分析方法的时候并非将上文所所提出的七项内容进行使用，主要使用的方法包括五种，分别是比率分析法、趋势分析法、因素分析法、比较分析法、项目分析法。

（二）实现财务分析过程的科学性与全面性

首先需要选择一套切实有效的财务分析软件，保证与财务制度的要求相同，并且还要保证财务软件操作起来比较简单，只有如此，才能保证数据录入的准确性，更能防止他人肆意修改。其次需要积极做好财务分析初始化工作。众所周知，只有真正做好财务分析初始化工作才能真正提高会计电算化工作的质量，在选择方法与规划的时候需要以数据处理结果准确性与高效性为前提。最后，需要积极做好编码工作。

（三）加强对财务人员基本素质的培养

财务工作者需要对会计报表进行分析与了解，将财务报表之间的关系进行掌握。另外在对部分非货币因素加以分析的时候，财务工作人员需要结合内部报表与外部报表，将企业财务管理中所存在的问题加以分析与探究，并提出解决的方法。因此，要加强对财务人员基本素质的培养，提高财务人员对财务分析工作的熟练程度，增强财务人员对财务状况的判断力，这样才能为报表使用者提供合适的财务分析报告。

五、企业财务管理中财务报表分析需注意的内容

（一）避免对财务报表分析的数据弄虚作假

从当前社会发展现状分析，会计报假账的现象层出不穷，这不仅不符合会计从业者的相关规定，并且也会给企业的发展造成影响。财务报表分析的数据是对企业财务管理实施决策的依据，假如财务报表分析的数据是虚假的，那么则会导致企业决策出现失误，会给企业带来难以估量的损失，因此企业财务报表分析的数据需要保证真实与可靠。

（二）积极构建综合性的报表分析方法

现如今财务报表分析方法众多，每一项财务报表分析方法都有自己的优点与缺点，不仅需要财务人员积极掌握各项分析方法，还要加以归纳与整理，制定更加系统的报表数据，从而建立综合的报表分析方法。

（三）加强对财务报表各个信息的分析

财务报表内容所包含的范围比较广，如果仅仅依靠单一的报表是无法将企业实际发展情况进行全面反映，需要对多个报表一起进行分析，这样才能保证所得出数据的真实性。所以每一位财务工作人员需要对财务报表的各项信息加以了解，对企业信息与财务状况、企业经营之间的关系进行了解，将

各个报表的重点进行掌握，为企业发展做出正确的决策。

　　财务管理是一切管理活动的基础，是企业内部管理的中枢。以财务管理为中心是企业经营者实现其经营目标的可靠保障，是企业参与市场竞争的根本要求，为此，在企业管理中必须充分发挥财务管理的中心作用。而财务报表分析是企业财务管理不可或缺的一个环节，它向报表使用者传递财务信息，为企业财务管理决策提供可靠的信息依据。在现代市场竞争中，财务报表分析已提前介入到企业的生产经营活动中。现代企业经营更要求其投资者、经营者、债权人熟知经营主体及市场的情况，这就涉及对企业进行财务报表分析。因为企业财务报表是对企业经济信息最直观、概括的记录。随着社会主义市场经济的发展，财务报表分析对企业财务管理的作用将会越来越重要。

第四章 中小企业财务管理

第一节 财务管理理论的基本特征与方法论

现代财务管理理论经过几十年的发展，已经形成了比较完整的理论框架和体系。财务管理理论的一系列基本假设多来自经济学，时间价值和风险价值也是其理论体系的基础之一。财务管理的理论框架主要包括三个方面内容：投资决策、资本结构决策（筹资决策）和股利决策。财务管理理论与经济学有着较深的渊源。从财务管理的职能来看，财务管理理应具备财务计划、组织、指挥、协调与控制等职能。然而，对于财务管理的管理职能的理论研究却相对较少，财务管理同管理学的理论联系较弱。另外，财务管理的研究方法多用实证研究，研究方法的"工程学"特征明显。

财务管理理论在西方微观金融理论里是一个重要的分支。20世纪50年代前，财务管理理论还没有一个系统的理论框架，而且也没有一个完善的研究方法论，财务管理理论逻辑上充满了矛盾，几乎全部是政策议。1958年米勒教授和莫迪格莱尼教授提出了公司资本结构无关论（MM理论），财务管理理论从此开始发生了本质上的发展和飞跃。之后，此理论与方法体系迅速发展。人们很快发觉，MM理论虽然在理论的逻辑上非常完美，但是其假设却很严格，在实践中缺乏可行性。因此，理论界放宽了MM理论的假设，而在不对称信息、税收、代理成本及破产等方面，进一步研究了资本结构和公司价值之间的关系，出现了融资顺序理论、权衡理论、自由现金流理论等理论，进而丰富和发展了财务管理的理论。本文将发掘财务管理理论的一些基本特征及方法论的特点。

一、基本假设

（一）理性"经济人"假设

"经济人"假设是被认为古典经济学和发展至今的西方主流经济学最为

基础的假设，是西方主流经济学理论分析和研究的基石。斯密看来，"毫无疑问，每个人生来首先和主要关心自己"，而他这样做是"恰当的正确的"。在《国富论》中没有明确提出"经济人"这个范畴，但是他的思想里已深刻而且明显地蕴含了"经济人"这个概念的基本内容，斯密对"经济人"的规定比较简单，具有较为抽象和宽泛的一般意义。"经济人"是指每一个人的行为都是理性的和追求自利的，"我们每天所需要的食料和饮料不是出自酿酒家、屠户或者面包师的意愿，而是出于他们自利的打算。我们不说唤起他们利他心的话，而是说唤起他们利己心的话。""经济人"的含义正如马歇尔所解释的，所谓经济人就是他不受道德的影响，而是机械地和利己地孜孜为利。"

理性"经济人"假设也是财务管理理论最基础的假设之一，财务管理方方面面的理论都据有理性"经济人"的影子。首先，以财务管理的目标来说，无论是利润最大化、企业价值最大化抑或经济效益最大，其目标的主体都是经济组织（或个人），目标都是围绕着主体自身经济利益而展开的。又比如，在资本资产定价模型中有一条假设：所有的投资者均追求单期财富的期望效用最大化，并且以各备选组合的期望收益和标准差为基础进行组合选择，这一种假设本质上也是理性"经济人"假设。而利己的"经济人"对个人利益的追求，常常能促进社会利益。财务管理理论发展和进步以利己的理性"经济人"作为理论假设。

（二）"完全"或"有效"市场假设

法马认为，有效金融市场是指，其中证券价格总是可以充分体现可获信息变化的影响。大多数财务管理的理论，都是在这一假设和基础上发展来的。完全资本市场是一种理想化的资本市场环境，它具有很多的"完美"特征，如果没有所得税、没有交易费用、所有资产均可被无限细分，并且可无任何障碍地进行交易等。有效市场也是一种理想的状态，比如价格不受单一个人或机构交易行为的影响、获得信息必须是无偿的，同时所有的市场参与者均可在同一时间获得信息等。这些"完美"的市场假设对于财务管理理论的产生和发展都具有重大的影响。

财务管理很多的重要理论都是在这些现实生活中并不存在的市场假设的基础上进行理论推导的。如果在资本资产定价模型中，市场的前提就有诸如所有的资产均被完全细分，拥有充分的流动性且没有交易的成本，任何的一个投资者买卖行为都不会对股票价格产生影响等等。这些"完美"的市场条件在现实中是不存在的。

相对于"经济人"的抽象，有些学者持彻底否定态度。他们认为"经济人"与现实世界中的人之间有着巨大的差距，指责"经济人"的片面性，认为"经济人"假设没有考虑到道德、社会文化、人的非理性等等丰富的内容，脱离社会的现实。虽然说人的行为受到心理、情感、社会文化等内外因素的影响，但从整个社会这个宏观角度来观察，人大部分的行为都是"理性"的，而且大多数的人做出"理性"行为的概率要远远高于"非理性"的行为。汪丁丁认为，理性经济人假说更佳符合"众数原则"。"当群体中多数人的行为是效率导向的时候，自利性假设，不论是工具主义的还是本体论现象学的，都足以解释众数现象。因为，'效率'—以最小的努力达到既定目标，是'自利性'的一个必要条件。"因此理性"经济人"是研究财务管理所必不可少的前提。反对理性"经济人"的学者们提出了各种各样的理由，但是这些批评似乎都缺乏逻辑的严密性，因此失去了理论上的说服力。另外理性"经济人"假设也是对现实状况的一种抽象，剥离了无关的因素，保留了本质上的因素，否则财务管理理论也无从建立。

二、价值主线

（一）货币时间价值

货币时间价值基于这样的一种现象，一定量的资金在不同的时点是具有不同价值的，现在的十元钱和一年后的十元钱的价值是不同的，一定量的资金经过投资和再投资会产生增值现象。货币时间价值是项目投资决策的理论基础，其基本的原理源于经济学的成本观念。经济学中有关于成本的含义很广，泛指为获取某种经济利益而付出的所有代价。货币时间价值类似经济学中的机会成本，机会成本亦称择一成本，是利用一定的资源获得某种收入时所放弃的其他可能的最大收入。机会成本和稀缺性概念紧密相连，因为货币资金像其他生产要素一样的，是一种稀缺的资源，如果企业把一笔资金投向一个项目，而必须放弃其他项目的投资机会，也就是说任何投资项目都有自身的机会成本。因此投资项目的回报不仅要收回原始的投资额，而且还要补偿已丧失的其他的投资机会所没能取得的收入，只有这样在经济上才是合算的。货币时间价值对于货币的所有者来说，它表现为让渡货币使用权应该得到的报酬。对货币资本的使用者来说，它的表现为使用货币而必须支付给货币所有者的成本。

货币有时间价值有两个原因：一个是人能够创造出"剩余价值"，再是时间的稀缺性。无论人们在一般意义上是怎样看待时间，作为人类活动的一种资源或者是限制条件，它总是相对有限的，甚至成为人类社会经济生活中最为稀缺的资源之一。经济活动是要消耗时间的，而消耗时间也是有机会成本的，因为时间是"有价的"，消耗的时间总是要付出代价的，所以人们不可能随心所欲地耗用时间去从事经济活动，人们总是要衡量和比较，在相对有限的时间里，究竟从事哪些活动才更加合理或有效。

时间的有价性和稀缺性使得货币（资金）有了时间价值的属性。而财务管理正是研究资金及其流转的学科，资金的流转也是在时间序列中流转。资本成本是财务管理中一个基本的概念，它实质上是一种机会的成本，对于理财者来说，资本成本是公司投资所必须达到的最低程度的报酬率水平；对投资者来讲，资本成本是要求报酬率。正是因为货币有了时间价值，所以对于筹资行为来说，必须要花费一定代价，对投资这种行为来讲，投资所取得的收益不仅要补偿原始的投资额还要补偿货币的时间价值，这是财务管理思想上的一个飞跃。所以资本成本这一基本概念蕴含了货币时间价值的思想。而资本成本在财务估价、资本预算和融资决策等财务管理的基本内容，以及近年来出现的 EVA、基于价值的管理等新思想都发挥着基础性的作用，因此，时间价值是贯穿于财务管理理论中的一条主线。

（二）风险价值

风险也是财务管理理论中的一个基本观念，是财务收益中的不确定性。财务管理处在一个异常复杂的大系统中，因此确定性是相对的，不确定性是绝对的。未来的时间序列上，收益都带有不确定性，而且时间越长，这种不确定性就越大。一切的经济活动都存在着风险，因此时间和风险是密不可分的，财务管理理论大多都基于时间序列上分析，所以风险贯穿财务管理的全过程。

在风险这个问题上，组合理论是财务管理中所取得的重大成就之一。马可维茨认为，在公司理财的活动中，不同证券、不同投资项目之间有一定的关联关系。如果充分运用这种相关性，可将可以分散掉的风险降至最低。另外风险、风险组合、贝他系数等和风险相关的概念在很大程度上完善了现代财务管理理论。由于风险是关于未来不确定性的收益概念，因此，财务管理中就运用概率与数理统计的方法来描述风险的概念，这样就为资本成本的量化与科学化奠定了基础。

根据现代的财务管理理论，企业价值取决于经营活动在未来创造的现金流量，而在这里风险就是未来经营活动创造现金流量的不确定性。企业所处的内外环境和市场竞争机制的作用，这种不确定性是不可避免的，因此企业未来的现金流量都是带有风险的现金流量，风险也就成为影响企业价值的关系因素，风险观念也就成了财务管理理论的基本观念。

三、财务管理理论框架

在《公司财务：理论与实务》中，公司财务中的研究对象是公司所制定的具有财务意义的所有决策。这些决策可分三大部分：与资源分配相关的决策（投资决策）；与项目筹资相关的决策（资本结构决策）；与制定再投资或退出经营现金额度相关的决策（股利决策）。在《财务管理：理论与实践》中提出，大部分财务管理知识围绕着三个问题展开：一是，特定公司的股票价值通过什么因素产生；二是，管理者如何选择增加公司价值的决策；三是，管理者如何保证公司在执行这些计划的时候不出现资金匮乏？由此看来，财务管理的理论框架主要包括三方面内容：资本结构决策、投资决策和股利决策。大多数财务管理教科书的结构安排也是围绕着这三个方面的内容展开的（有些教科书加入了"营运资金管理"的有关内容）。

四、财务管理职能

财务管理的职能是财务管理本身所具备的特有功能，是由财务管理本质所决定的。财务管理是管理的一个组成部分，管理的职能包括计划、组织、指挥、协调与控制，因而财务管理也应具备管理的这些职能。但是，由于财务管理有其自身的特殊内容，财务管理的职能也有其特殊性。具体说来，财务管理的职能主要有：财务计划职能、财务组织与指挥职能、财务协调与控制职能以及财务分析与评价职能。

财务计划职能。财务计划职能是指依据过去和现在的资料，对未来一定时期的财务活动进行统筹规划和安排的职能。计划职能是管理的基本职能，其核心是做出决策。从计划职能的内涵出发，财务计划应包括财务预测、财务决策和财务预算等内容。而财务战略则是制定财务计划的前提和基础，并且对财务计划有指导作用。

财务组织与指挥职能。在财务计划基础上进行资本和资金的具体运作，离不开对财务活动的组织与指挥。财务组织职能是指将实现财务目标所必需进行的业务活动加以分类，将各类活动所必需的职权授予各该部门的主管人员，以及规定财务部门结构中上下左右的相互配合关系。从管理体制角度看组织结构通常可分为直线职能制、事业部制和控股制。不同的组织结构对财务组织有着不同的影响。财务指挥职能是指财务部门中上级对下级的领导、激励和信息沟通职能。

财务协调与控制职能。协调与控制是财务管理的重要职能。协调是指把个体工作或目标与集体目标协调一致的行为。控制是指按计划标准来衡量所取得的成果并纠正所发生的偏差，以保证计划目标的实现。控制的本质在于纠正偏差，控制是管理重要的、不可缺少的职能之一，它使管理成为一个完整的闭路系统。

财务分析与评价职能。财务分析与评价是财务管理的重要环节。分析与评价是财务管理的职能之一。进行财务分析与评价，就是要采用财务分析与价值评价等方法，对企业财务过程及成果进行解析与评估，及时发现财务活动中的成绩与问题，挖掘财务活动的潜力。评价的内容具体又细分为盈利能力状况、偿债能力状况、营运能力状况和增长能力状况等四个方面。财务评价方法主要有三类：单一评价方法，综合评价方法，多角度平衡评价方法。评价报告是评价控制系统的输出信息，也是财务评价的总结性和结论性文件。财务激励就是使用财务手段使组织成员在追求个人目标的同时实现组织的财务目标，把个人目标同财务目标协调一致。它是财务管理过程的最后一个环节。

对于财务管理职能从管理学角度进行理论研究的并不多见，多是对财务管理职能的具体方法进行研究。

五、研究方法

（一）研究方法的"工程学"特征

按诺贝尔经济学奖获得者阿马蒂亚·森的解释，从亚里士多德开始，经济学本来就具有两种根源，即两种人类行为的目的：一种是对财富的关注，另一种是更深层次上的目标追求。和这两种目的相对应，就形成了两种经济学的建构方法：一种是"工程学"的方法，也就是说运用数学、逻辑的方法；一种是伦理的方法。很明显，主流财务管理学（财务学）所选择的理论建构方法是工程学的方法。财务管理的研究方法，在整个理论的体系中"工程学"方法的特征是非常显著的，财务管理理论的核心理论和模型，比如资本资产定价模型、MM 理论等都是用数学方法，经过了严密的逻辑推理论证而建立起来的。"在许多的方面，财务学对企业与经济学的作用都类似于工程学对基础科学的作用。'财务（金融）工程师'运用其理论知识为企业的实际问题设计出解决的办法来。"

财务管理最常用的工具就是数学工具。由于财务管理研究的对象就是资金及其流转，而且资金这个"一般等价物"，本身就是一个和度量与数量有着密切的关系，因而理性假设给数学模型在财务管理中的应用提供了广阔的舞台。财务管理所研究的经济现象非常复杂，数学模型是不可能精确地描述所有的财务现象，但它是一种"仅次于最好的工具"。

（二）实证研究方法

近些年来，国内外在财务管理领域的实证研究方滋未艾，只要浏览一下当今欧美国家的一些专业期刊，就能发现实证研究在当今财务管理研究中的地位。冯均科认为，目前遍布会计学、经济学学术刊物的实证会计研究论文作为一种时尚被推崇。然而财务管理学也不例外。洛克认为，"一切知识来源于经验"。洛克承认，自然的进程是有规律的，但是在原因和结果之间找不出必然的联系，只能根据日常经验进行类比，这样所得来的知识只有概然性，理智在实体物质、精神方面是远达不到科学的。财务管理的实证研究一般的是先提出假设再建立模型，然后收集原始数据输入模型计算，输出结果，检验。卡尔纳普主张的科学与直接经验之间的关系是科学假设从经验证据取得一定程度的确认。从经验数据中所得出的结论可能是比较"科学"的。

在方法的选择方面上，财务管理和自然科学的实验方法相比是没有什么特别之处的，实证研究的本质，就是一种"实验"，即运用模型与原始数据构造的一种"实验"，模型的建立使应用者具有了同样的操作可能性，通过不断地试探，来提炼和修正，通过做试验的形式，对所研究的对象进行干涉。但与自然科学的实验相比却有所不同，由于受到的现实的限制，在人类的现实世界中，市场、公司、政府等是不能通过人为的形式再现和控制的。在财务管理的"实验室"中，那些次要变量不能被认为是常数或者被简单地排除掉，在很大的程度上不得不通过采用普遍推理，来得出抽象"模型"的方法来指导"实验"，不能对一个真实的模型进行操作并且对它进行观察。

六、我国财务管理理论概述

（一）我国财务管理理论研究的内容

我国的财务管理论内容，包括筹资（股票筹资、负债筹资、租赁筹资和其他筹资）、投资（固定资产投资、流动资产投资和证券投资）、利润分配（股利分配）和其他（兼并、投股、重整清算、国际财务管理）。

1.我国财务管理理论的形成与实践的脱节

从上述阐述中可以获知，我国的财务管理理论的形成并不符合我国国情。因为它是照搬西方的理论体系。西方的财务管理理论是在资本主义背景下形成的，适合于大多数资本主义国家，这与我国的国情是不符合的。虽然我国在引入西方财务管理理论时加入了大量的社会主义财务管理理论。在后期的发展中也融入了不少实践问题。但它终究不是依靠我国的特殊发展国情而形成和发展的。所以，在某些时候，我国的财务管理理论带有很大的不现实性。

2. 我国财务管理理论研究的内容与实践的脱节

任何理论都是建立在假设上的。我国的财务管理理论也不例外。例如现金流量的研究计算中就作了以下假设：投资项目的类型假设、财务可行性分析假设、项目投资假设、经营期与折旧年限一致假设、时点指标假设、确定性因素假设、产销平衡假设。这些假设虽然简化了现金流量的计算过程，使得现金流量的计算更加准确科学。但是这种假设脱离了实际。翻阅大量资料，我发现财务管理大多数理论都是在这种理想的状态下成立的。用这样的理论来解决现实中活生生的财务冲突和问题显然是不科学和不全面的。例如经理与股东的冲突、股东与债权人之间的冲突、公司与社会的冲突等问题直到现在都没有很好的解决办法。

3. 我国财务管理理论三项总体特征与实践的脱节

我认为我国的财务管理理论总体来讲有以下三项特征："以追求企业价值最大化为目标""以财务决策为重心"以及"强调定量分析——数字模型"。这三项特征贯穿于财务管理理论的各个部分。但是我认为这三项总体特征与实践也存在这一定的脱节。

（二）解决我国财务管理理论与实践脱节问题的对策

1. 财务管理理论内容之扩展

传统的财务管理理论内容已经不能适应我国的发展了。我国的财务管理理论的内容可以从以下几点进行：

（1）财务管理模式的创新

从互联网环境的角度看，财务管理模式必须从过去的局部、分散管理转变到远程处理和集中式管理，才能回避高速度运营产生的巨大风险。企业集团可以运用互联网，对所有的分支机构实行数据的远程处理、远程报账、远程查账、远程审计等远距离财务监控，饼能够掌握和监控远程库存、销售点经营等业务情况。这种管理模式的创新，方便企业集团在互联网上通过 Web 页登录，并且能够轻松地实现集中式管理，对所有分支机构进行集中记账，集中资金调配，从而提高企业竞争力。

（2）财务管理目标的创新

企业财务管理目标和经济发展是同步而生的。互联网的普及，使得客户目标、业务流程发生了巨大变化，共享性和转移性的知识资本占据了主导地位。由原来追求企业自身利益和财富最大化的目标转向以"知识最大化"的综合管理为目标。究其原因是由于知识最大化目标可以减少非企业股东当事人对企业经营目标的抵触行为，防止企业损害经营者、债权人及广大职工的利益；知识资源的共享性和转移性的特点使知识最大化的目标能够满足企业内外利益、维护社会生活质量的目标一致性。知识最大化目标在不排斥物质资本作用的情况下，可以实现有形物质资本和无形知识资本在网络经济下的有机结合。

（3）财务管理流程的创新

财务管理工作需要按照一定的程序展开。不同的财务事项显然有不同的财务管理流程，但总体看，基本的财务管理流程总是内含战略与目标、预算、执行中的控制、根据信息反馈进行财务分析、绩效评价与激励、前瞻性的财务预测尤其是财务危机预警等。如果预警下来公司出现危机的征兆或特征，公司还需要设计摆脱危机实现反超的战略和策略。在整个财务管理流程中，"风险"是贯彻始终的概念。诸如"风险偏好""风险容忍度""风险管理"等概念，是整个财务管理体系流程体系所无法回避的。其次，预算管理已经从单项预算管理转向以信息技术为支撑的全面预算管理阶段。因此，按照流程路径扩展，财务管理学的内容就应当包括财务战略与目标管理、全面预算管理、财务控制、财务分析、绩效评价与财务激励、财务危机及其预警、财务风险管理、财务反超等。

2. 财务管理理论研究视角之扩展

财务管理学的认识和研究视角需要转换，新的观察和分析视角至少包括管理学视角、利益相关者视角、战略视角、跨学科整合视角等。这有将财务管理理论涉及这些领域，才不至于使我国财务管理理论陷入孤立状态。也只有将财务管理置身于这些科学群或科学领域，才能使我国财务管理更科学、更准确。

3. 财务管理理论研究领域之扩展

在细分模式的影响下，科学的发展已经显著的多元化了。诸如社会学，有文化社会学、法律社会学、性别社会学、经济社会学等等。再如经济学，有数理经济学、制度经济学、信息经济学、行为经济学、经济伦理学、经济心理学等等。回到财务学领域，不难发现，迄今为止仍沿用单一的发展路径——数理财务学。其实，这应该也是财务管理学贫困化一个表征。我认为拓展财务管理学研究领域的必要性和可能性是毋庸置疑的，因为公司财务行为当属最普遍、最典型的经济行为，明显地具有社会性、伦理性等特征，且制度结构内生于其中。既然以经济行为为对象的经济学可以沿着多条路径发展，那财务管理学又何尝不可。

4.财务管理理论中关于技术含量的扩展

（1）加强网络技术培训

网络技术的普及与应用程度直接关系决定财务管理模式转换的成败，事实表明，对财务人员加强现代信息科学与网络技术教育，有利于在网络经济下实现企业财务管理的成功转变。所以，在企业财务管理更加需要有针对性地对财务人员进行网络技术培训，以便提高财务人员的适应能力和创新能力。

（2）建立财务风险预测模型

互联网在商业中的应用包括企业内部和外部，从企业内部看，数据管理的计算机往往成为逃避内部控制的工具，经济资源中智能因素的认定更加困难。在企业外部，信息传播、处理和反馈的速度大大加快，商业交易的无地域化和无纸化，使得国际间资本流动加大，资本决策可在瞬间完成。因此，建立新的财务风险预测模型势在必行。该模型应该由监测范围与定性分析、预警指标选择、相应阈值和发生概率的确定等多方面的内容组成，并能对企业经济运行过程中的敏感性指标（包括保本点、收入安全线、最大负债极限等等）予以反映。这样，将风险管理变为主动的、有预见性的风险管理，就能系统地辨认可能出现的财务风险。

（3）建立网络信息安全保障体系

在宏观方面，需要制定相关的法律政策，以法制手段来强化网络安全。这主要涉及网络规划与建设、网络管理与经营、网络安全、电子资金划转的认证等法律问题。另外，从管理上维护系统的安全，建立信息安全管理机构和切实可行的网络管理规章制度，加强信息安全意识的教育和培训，提高财务人员素质，特别是高层管理者的安全意识，以保证网络信息安全。第三，从技术上采取措施，在企业内部网和互联网之间要加一道防火墙，防止黑客或计算机病毒的袭击，保护企业内部网中的敏感数据。另外，将数字签名技术应用于电子商务的身份认证，可以防止非法用户假冒身份，从而保证电子支付的安全，为实现财务管理创新提供重要保障。

第二节　企业财务管理的特点

随着以科学技术为主体的知识的生产、分配和使用（消费）在经济发展中所占比例逐年大幅提高，管理显得日益重要。因为要使科学技术转化为生产力，那就必须依赖于科学管理。只有科技和管理的共同进步与发展，才有可能保持经济的快速、健康增长。财务管理作为企业管理的重要组成部分，是关乎资金的获得和有效使用的管理工作，财务管理的质量，直接涉及企业的生存与发展。由于企业生存环境的复杂、多变,企业财务管理的观念、目标、内容、模式等都必定受到巨大影响与冲击。

一、企业财务管理的特点

企业财务管理具有以下特点:

(一)企业财务管理手段的智能化

随着计算机辅助管理软件在财务管理工作中应用的不断深入,企业财务管理的信息化和数字化程度不断提升,企业管理手段日趋程序化,管理效率大幅提升。在财务管理中,为了排除人为因素的干扰,最大限度地削减随意性和盲目性的管理,企业引入管理信息系统(MIS),这样,企业财务管理日趋缜密和简化。还有,网络技术的运用,公司财务管理人员可以足不出户,远程财务管理已成现实。

(二)企业财务管理目标多元化

企业财务管理目标是与经济发展紧密相连的,并随经济形态的转化和社会的进步而不断深化。企业的生存与发展必须依赖于员工的富有创新性的劳动。为此,企业必须把"员工利益的最大化"纳入其财务管理目标之中,还有对于与企业关系密切的集团,如债权人、客户、供应商、战略伙伴、潜在的投资者、社会公众等,满足这些集团的利益需要,也是企业财务管理目标的组成部分。同时,专利权、专有技术、商标、商誉、信息等以知识为基础的无形资产在企业中所发挥的作用越来越大,由此扩展了资本范围,改变了资本结构。而不同的资本所有者对企业均有经济利益方面的要求,这决定了企业经济利益不仅归属于股东,还属于"相关利益主体"。参与企业利益主体的多样性和财务管理活动的层次性,决定了财务管理目标的多元化结构和层次性结构,这就要求财务管理目标不可能简单等同于以个人利益为主体的个人目标,而是所有参与者利益博弈的结果,即它是所有参与者共同作用和相互妥协的结果,是一个多元化、多层次的目标体系。

(三)企业财务管理战略以生存为先导

企业未来财务活动的发展方向、目标以及实现目标的基本途径和策略是企业财务管理战略关注的焦点。企业财务管理战略的总体目标是合理调集、配置和利用资源,谋求企业资金的均衡、有效的流动,构建企业核心竞争力,最终实现企业价值最大化。实施企业财务管理战略管理的价值就在于它能够保持企业健康的财务状况,有效控制企业的财务风险。在市场经济条件下,资金和人力资源作为企业的核心资源，企业一旦陷于困境或破产，人力资源则会重返劳动力市场，难以用来偿债，只有资金类资源才可以用来偿债。这就说明企业在发展战略上，必须坚持以"生存"为先导，始终保持企业的可持续快速发展。

（四）企业财务管理强调科学理财

企业财务管理的地位和作用，受全球经济一体化进程的加快、跨国公司国际投资引起的国际资本流动以及我国货币融资政策的调控，而日益突出。企业财务管理必须不断吸收先进的财务管理经验和成果，大力增强现代理财意识，以积极地态度掌握和运用理财的创新工具，努力掌握现代理财技巧，助推企业健康、稳步地实现快速发展，最大限度地有效化解企业的生存风险。一般来说，企业的生存风险主要包括经营风险和金融风险。经营风险主要存在于产品的更新换代，以及新产品的开发与研制方面；金融风险主要来自企业的发展越来越离不开金融市场。这是因为金融市场的配置效率越来越高（经济全球化的驱使、信息技术的快速发展、各种金融工具的不断创新、交易费用的相对降低），资金的流动性更强，企业可以充分运用金融工具，合理化解金融风险；将闲置资金在金融市场进行科学投资，提高资金使用效率。这样，企业的生存发展与金融市场息息相关，企业面临的金融风险将更大。在动态的金融环境中，如经常性的利率、汇率的变动，不利于企业的变动很可能使企业陷入困境，乃至破产。在动态的金融市场中，如果投资组合决策出现失误，可能使企业陷入财务危机。因此，企业财务管理必须大力提高理财技能，以保证最大限度地降低财务风险。

（五）企业财务管理对象交叉化

随着我国市场经济的快速稳步发展，社会分工进一步细化，团队协作日显重要。为了更好适应社会和经济的发展，行业之间、企业之间、企业内部各部门之间，财务管理边界出现了"渗透"，财务管理需要以企业整体为单位，即纵向职能部门的财务小团体的组合，横向职能部门的财务组合，还有其他各部门的密切协作；客户、供应商以及其他与企业保持利益关系的人才都应该纳入财务管理对象之列。这样，跟以往相比，企业财务管理对象就呈现出交叉化的特点，交叉化管理不但能充分挖掘本企业财务潜能，同时也能充分利用相关单位财务管理方面的积极因素。

（六）企业财务管理的专业性

我们说成本、利润、资金占用是反映企业经营管理水平的综合指标。而财务状况的好坏和财务的管理水平，也制约着企业各个环节、各个部门的工作。财务管理的综合性决定了要做好这项工作，必须解决好两个方面的问题：一方面，直接从事财务工作的部门和人员，要主动与其他部门密切结合，为实现企业的经济目标和提高经济效益献计献策。财务部门的人员要走出去，把自己的工作渗透到企业管理的各个方面，为其他部门出主意、想办法，开源节流。财务部门应把这项渗透性的工作看作"分内"的事。人，如果关在屋子里算"死账"单纯在财务收支上打算盘，甚至以财权去"卡"别人，那么最终都将影响整个企业的经济效益和各项财务指标的完成。为此，财务人员必须具备较高的素质。他们除了应当通晓财务管理学（这是一门以政治经济学为基础，以数学为支柱，涉及多门学科的专业性经济管理科学）、会计学的专业知识外，还应懂得本企业的生产、技术知识，对企业的其他专业性管理也应懂得一些。若知识面狭窄，就不能成为一名出色的财务管理人员。

另一方面，企业的各个部门和广大职工，要积极支持、配合财务部门的工作。一个企业要管好财，绝不是财务部门和少数财务人员所所能办到的，必须依靠企业上下左右的通力合作。单纯靠财务部门理财，必然是"孤掌难鸣"。人人当家理财，企业才能财源茂盛。其中，最重要的是企业领导者必须重视、尊重、支持财务部门的工作，充分发挥财务人员的作用。同时，企业领导者自己也要懂得必要的财务管理知识，起码要做到会看财务报表、分析财务报表，并从中发现企业管理上存在的问题。作为一个企业领导者，若不懂的财务管理，那么他的知识结构是不完备的，严格地说，这样的领导者是不称职的。当家不会理财，这个家是当不好的。

总之，财务管理是企业赖以生存发展的"血脉"，是企业管理最重要的构成部分之一。可以说，成功企业必定拥有成功的财务管理。准确把握特点，赢得财务优势，必定赢得竞争优势。

二、现代企业财务管理的内容与应用

所谓财务管理，其实就是对企业的财务活动进行管理。而企业的财务活动包括以下三个过程：资金筹集、资金的投放与使用、资金的收入与分配。由上述可见，把财务管理的主要内容可以大致分为：筹资的管理、投资的管理、股利分配的管理这三项。

在企业生产与经营的过程中，经济核算将系统的对这些发生的资金占用、生产中的消耗、生产的成果进行记录、核算、控制、探究，达到以较少的资金占用与消耗获得较好的经济效益。可以说，经济核算是一个企业对生产经营活动管理的基本原则，也是一个企业用来提高经济效益的重要举措。

现代企业财务管理能促使企业经济核算运行得更加顺利。财务管理就是对企业利用价值形式生产、经营等这些活动的管理。而在经济核算中，对现阶段生产中的占用、消耗以及成果进行综合比较时，也需要借助价值形式，所以说两者联系是密切相关的。

经济核算的研究对象是经济效益，其主要是通过财务指标来分析考察企业的经济效益，而这些财务指标包括资金、成本、收入等等这些。经济核算要求对企业经营生产中的占用、消耗、成果进行记录与核算，还包括对比和控制工作，达到企业增加盈利、提高资金使用的效果，而这些都需要通过财务管理来实现。财务管理需要根据利用价值形式来对企业的生产经营活动进行综合性管理，促使在企业生产经营活动中的各个环节都讲究经济效益。

三、企业财务管理的作用

财务管理是企业整个管理工作中的一个重要方面。企业较高的管理水平和较好的经济效益，是同健全的财务管理工作分不开的。很难设想，一个企业资金管理混乱，挥霍浪费，而产生经营活动能够顺利进行；也不能设想，一个企业不讲经济核算，不计消耗，大手大脚，铺张浪费，能够取得好的经济效益。财务管理在企业管理中的作用主要表现在：

（一）加强财务管理，有计划地组织资金供应，是使企业生产经营活动提高资金利用率

企业从事经济活动，必须拥有一定数量的资金购置生产资料、支付职工工资和维持日常开支。企业资金的筹集、组织是由财务活动去实现的。这是财务管理的基本职能或一般要求。财务部门根据企业生产经营任务，按照节约使用资金的原则，确定必需的资金数量。通过正确地组织和使用银行贷款以及企业内部形成的资金来源等渠道，使企业所需要的资金得到及时供应。通过有计划地调度资金，组织资金收支在数量上和时间上的衔接与平衡，保证资金循环、周转的畅通无阻。此外，通过经常分析资金在生产经营各个阶段上的占用情况，找出不合理的占用因素，采取措施加速资金周转。

财务管理的作用还在于严格控制、监督各项资金的使用，降低资金占用。财务部门组织资金供应，并不意味着"有求必应"，要多少给多少，更不是说谁想怎样花就怎么样花，而是要按照国家政策和规章制度及企业财务制度办事，严格控制开支范围和开支标准，在保证需要的前提下力求减少生产过程和流通过程中的资金占用，提高资金的利用效率。

（二）加强财务管理，是降低劳动消耗，提高经济效益的极为重要手段

提高经济效益，是要以尽量少的活劳动消耗和物化劳动消耗，生产出尽可能多的符合社会需要的产品。能否把我们的全部经济工作转到以提高经济效益为中心的轨道上来，直接关系到我国的经济振兴，关系到四个现代化建设的成败。提高经济效益是一个大课题，需要多层次，多层面地相互协作才能奏效。就企业而言，在确定产品方向，确保产品质量的前提下提高经济效益，就要在降低劳动消耗上下功夫。而财务管理的重要任务，正是合理地使用资金和设备、加强经济核算、挖掘一切潜力等，这些无一不是围绕降低消耗这个目标展开的。离开财务管理这个极为重要的手段，提高经济效益之间这种密切关系形象地称为"血缘"关系，不是没有道理的。财务管理在提高企业的经济效益方面，至少可以发挥三种重要的作用：

1. 反应作用

企业经营好坏、效益高低，是实实在在的东西，不能评印象，而是要经过详细的、科学的计算和分析才能准确地反映出来。对企业在生产经营过程中原材料的消耗、劳动力价值形式进行科学的归纳、计算，财务和会计的固有职能。没有这种扎扎实实的计算，经济效益的好坏就无从判断。反应经济效益最重要的信息是财务报表。企业在一个时期花费了多少？盈利了多少？通过财务报表可以看得清清楚楚。

2. 控制监督作用

财务部门通过制定财务计划和财务制度，确定各项产品和劳务的成本，规定各种费用标准，严格按定额和开支标准办事，这就能有效地控制消耗水平。否则，原材料消耗和开支便无章可循，任意挥霍浪费，提高经济效益就是一句空话。发挥财务的控制和监督作用，还可以使职工的生产经营活动有一个共同遵守的准则，有利于建设正常的生产管理秩序。这是提高经济效益的需要，也是建设现代化企业所必须具备的条件。

3. 参谋作用

财务部门通过分析资金运动中出现的问题，可以敏锐地发现、揭示出资金运动背后掩盖着的经营管理中的问题，及时向企业领导有关部门提出建议。同时，财务部门通过经济活动分析，把实际消耗水平与计划水平相比较，就能够找出差距和薄弱环节，为降低消耗、提高经济效益出谋划策。

（三）加强财务管理，是提高企业经营决策水平的必要措施

随着我国计划经济体制的改革和企业自主权的扩大，企业的生产由"面

向仓库"转为面向市场，产品主要由市场进行调节。生产什么、生产多少，要适应市场的需要，因此，企业的经营决策对企业至关重要。正确的经营决策能够满足社会和人民群众需要的同时，给企业带来较多的盈利。与此相适应，财务管理也要冲破传统观念，提出新的研究课题，开辟新的研究领域。目前，我国有些企业的财务部门，结合实际学习国外经验，在财务管理方面进行了有益的尝试。他们变"静态管理"为"动态管理"，利用有利的条件主动参与企业经营各个环节的预测、组织调节和监督检查。由于财务部门的管理职能渗透到经济活动的各个环节，因而掌握着企业中比较完整、系统、总和的信息。据统计，目前企业管理信息总理中大约有 2% 来自财会系统这就能使财务部门结合市场预测进行不同的定量分析，在得失相比中选择最优比值，为企业领导者决策提供方案。

搞好财务管理，对宏观经济也有着重要的意义和作用。这主要表现在，加强财务管理是改善国家财政状况、保证财政收入不断增长的重要途径。企业是国家财政收入的主要源泉。我国财政收入 90% 以上是由各类企业上缴税利形成的。企业财务状况直接影响、决定着国家的财政状况。加强财务管理，对确保国家财政收入有两个作用：第一，如前所述，财务工作做好了，可以有效降低劳动消耗，提高企业的经济效益和盈利水平。在企业与国家的分配比例确定的情况下，企业盈利多了，自己可以多留，国家可以多得。通过发展生产提高经济效益来扩大财源，是增加财政收入的根本出路。国家财富从何而来？要靠广大劳动者在千千万万个企业中去创造。企业的经济效益搞上去了，国家的财源才能充裕。第二，加强财务管理，严格执行国家规定，及时、足额地缴纳税利，可以堵塞财政上的"跑、冒、滴、漏"，从而达到企业财务管理最佳应用效果。

四、现代企业财务管理的原则

（一）成本效益原则

企业财务管理中，关心的不仅是资金的存量、流量，更大程度上的关心资金的增长量。为了满足社会上不断增长的物质、文化生活需要，就要做到经济效益的最大化，即用最小化的劳动垫支、最小化的劳动消耗，创造出最大化、最优化的劳动成果。从根本上看，劳动占用、劳动消耗这些都属于是资金占用以及成本费用，而劳动成果的表现是营业收入与利润。实行成本效益原则，提高企业经济效益，使投资者权益最大化。

在筹资活动中，会有资金成本率、息税前资金利润率两者间的对比分析问题；在投资决策中，会有各期投资收益额、投资额两者间的对比分析问题；在日常经营活动中，会有营业成本、营业收入两者间的对比分析问题；还有其他的，例如设备修理、材料采购、劳务供应、人员培训等等这些问题。这些问题无不存在经济的得失与对比分析问题。

企业一切成本、费用的发生，都是为了能取得最终的收益，这都联系着相应的收益比较问题。对此进行各方面的财务管理与决策，都应当按照成本效益的原则来周密分析，因为成本效益原则是各种财务活动中广泛运用的原则。

（二）均衡原则

在财务活动中，收益与风险的高低成正比，高收益的背后往往蕴藏着高风险。

比如，对于流动资产的管理，如果持有较多的现金，当然可以减少企业债务风险，从而提高偿债能力。从另一方面来看，银行利息低库存现金则完全丧失了收益价值。

筹资方面，发行债券还是发行股票，利率固定，利息可在成本费用中列支，这些对企业留用利润的影响很少。如果提高自有资金的利润率，企业就要按期还本付息，承担的风险也会随之加大。

无论投资者还受资者，都应当谋求收益与风险相适应。要求的收益越高，风险也就越大。不同的经营者在面对风险问题时，他们的态度是有所不同的，有人宁愿求稳妥不愿冒较大的风险；有人则甘愿去冒风险而谋求巨额利润。无论市场的状况的好坏，无论经营者的心理状态是求稳还是求利，都应当做出全面分析和权衡，选择出对自己最有利的方案。企业的经营者都是为了提高企业经济效益，把握均衡原则利用分散风险的方式来获得均衡，将收益高、风险大的项目与收益低、风险险小的项目搭配起来，使风险与收益相互均衡，这样做既降低了风险，又能获得较高的收益。

五、现代企业财务管理的职能

目前，我国现代企业财务管理的职能主要有：

1. 决策职能：是指财务管理对现代企业财务活动的预测、计划、决策等能力。

2. 协调职能：是指财务管理对现代企业资金的供求具有调节能力，并且对企业资金的使用、消耗具有控制能力。

3. 反馈职能：是指财务管理具有根据反馈信息进行现代企业财务活动的

再管理能力。

4. 监督职能：是指财务管理具有全程保证现代企业财务活动合法性、合理性的能力。

当然，在上述四种职能之间存在着一种相互作用、相互制约的关系，在现代企业财务管理系统中共存并发挥着重要作用。

第三节 企业财务管理的目标

财务管理目标既是财务管理理论结构中的基本要素和行为导向，也是财务管理实践中进行财务决策的出发点和归宿。科学设置财务管理目标，对实现财务管理良性循环和实现企业长远发展具有重大意义。本文对国内外学者在财务管理目标研究方面的成果进行了总结和归纳，通过分析财务管理目标的特征及影响企业财务管理目标实现的因素基础上提出了我国现代企业管理最优化目标的选择。

一、财务管理目标的概述

（一）财务管理目标的概念

财务管理是在一定的整体目标下，关于资产的购置（投资），资本的融通（筹资）和经营中现金流量（营运资金），以及利润分配的管理。财务管理是企业管理的一个组成部分，它是根据财经法规制度，按照财务管理的原则，组织企业财务活动，处理财务关系，以让企业实现价值的最大化为目的的一项综合性经济管理工作。

（二）财务管理目标研究的意义与重要性

我国的社会经济环境在不断地优化，企业管理的观念和技术也在不断地变化，对最优财务管理目标的争议从未停止。财务管理的目标对一个企业的发展方向在一定程度上起到了决定性的作用，是企业财务运行的原动力。因此，研究财务目标这一基本问题对于企业的发展起着不可磨灭的着重大的现实意义。

二、财务管理目标的特征

（一）可计量性和可控制性

财务管理是运用经济价值形式对企业的生产经营活动进行管理，所研究的对象是生产和再生产中运动着的价值。所以，财务管理目标也应该可以用各种计量单位计量，以便于控制和考核指标的完成情况。

（二）层次性和统一性

层次性又称为可分解性，要求财务管理目标具有层次性是为了把财务管理目标按其主要影响因素分散为不同的具体目标。这样，企业就可以结合内部经济责任制度，按照分级分口管理的原则，把实现财务管理目标的责任落实到财务管理活动的不同环节、企业内部的不同部门、不同管理层次或不同责任中心。所谓统一性是指企业的财务管理目标应能够制约企业的发展、与目标有关的重要矛盾高度统一，将企业的财务管理目标框定在企业管理目标的范围内，协调各利益主体之间的关系，通过充分协商达成一致，利用约束机制和激励机制，发挥各利益主体的向心力和凝聚力，展现企业的活力。

三、影响企业财务管理目标实现的因素

（一）外部因素

国民经济的发展规划和体制改革。企业能够正确地预见政府经济政策的导向，对理财决策大有好处，国家对经济的优惠、鼓励和有利倾斜，企业如果认真加以研究，按照政策行事，就能趋利除弊。

政府监管措施。政府作为社会管理者，为了建立一个规范的、公平的企业理财环境，防止企业财务活动中违规违法行为的发生，以维护社会公众的利益。

（二）内部因素

企业战略目标要求。现代企业财务管理的确定应建立在企业目标的基础上，体现企业的要求。现代企业的目标可概括为生存、发展、和获利，三者互为条件、相互依存。企业经营者个人利益需要。站在个人的立场，目标则是提高自己的报酬、荣誉、社会地位，增加闲暇时间，减小劳动强度。

四、我国现代企业财务管理目标的最佳选择

企业财务管理目标（又称企业理财目标），是财务管理的一个基本理论问题，也是评价企业理财活动是否合理有效的标准。目前，我国企业理财的目标有多种，当前较有代表性的企业财务管理目标是企业利润最大化、股东权益最大化和企业价值最大化，但是它们各自存在明显的缺点，随着我国经济体制改革的不断深入和推进，企业的财务管理已发生了重大变化。因此，根

据当前我国企业财务管理的实际情况，有必要对企业财务管理目标的最佳选择再作探讨。

（一）对三种常见财务管理目标的缺点评述

1. 企业利润最大化目标的缺点

主张把企业利润最大化作为我国企业财务管理目标的人数不少。但是，它存在以下十分明显的缺点：（1）未明确企业赚取利润的最终目的是什么，这与目标应具有的体现社会主义基本经济规律性、统一性和明晰性三个特征不太相符；（2）未考虑实现利润的时间和资金时间价值，容易引发经营者不顾企业长远发展而产生短期行为；（3）未考虑利润产生的风险因素，容易引发经营者不顾风险去追求最大的利润，使企业陷入经营困境或财务困境；（4）未考虑利润本身的"含金量"，容易引导经营者只顾追求会计利润而忽视现金流量，使企业因现金流量不足而陷入财务困境。

2. 股东权益最大化目标的缺点

其一，股东权益最大化需要通过股票市价最大化来实现，而事实上，影响股价变动的因素，不仅包括企业经营业绩，还包括投资者心理预期及经济政策、政治形势等理财环境，因而带有很大的波动性，易使股东权益最大化失去公正的标准和统一衡量的客观尺度。其二，经理阶层和股东之间在财务目标上往往存在分歧。其三，股东权益最大化对规范企业行为、统一员工认识缺乏应有的号召力。人力资本所有者参与企业收益的分配，不仅实现了人力资本所有者的权益，而且实现了企业财富分配原则从货币拥有者向财富创造者的转化，这已成为世界经济发展的一种趋势。

3. 企业价值最大化目标的缺点

企业价值最大化目标在实际工作中可能导致企业所有者与其他利益主体之间的矛盾。企业是所有者的企业，其财富最终都归其所有者所有，所以企业价值最大化目标直接反映了企业所有者的利益，是企业所有者所希望实现的利益目标。这可能与其他利益主体如债权人、经理人员、内部职工、社会公众等所希望的利益目标发生矛盾。现代企业理论认为企业是多边契约关系的总和：股东、债权人、经理阶层、一般员工等等对企业的发展而言缺一不可，各方面都有自身的利益，共同参与构成企业的利益制衡机制。从这方面讲，只强调一方利益忽视或损害另一方利益是不利于企业长远发展的，而且我国是一个社会主义国家，更加强调职工的实际利益和各项应有的权利，强调社会财富的积累，强调协调各方面的利益，努力实现共同发展和共同富裕。因此，企业价值最大化不符合我国国情。

（二）选择企业财务管理目标的基本原则

1.利益兼顾原则

企业的利益主体主要有投资人、债权人、经营者、职工、政府和社会公众等。确定企业财务管理的最佳目标，应该全面有效地兼顾这些利益主体的利益，并努力使每一个利益主体的利益都能持续不断地达到最大化。

2.可持续发展原则

企业财务管理的最佳目标应有利于企业的可持续发展。具体地说，企业财务管理的最佳目标应该能够克服经营上的短期行为，使各个利益主体的利益都能够做到长短结合、有效兼顾，最大限度地保证企业的长期、稳定、快速地发展。

3.计量可控原则

企业财务管理的最佳目标应能被可靠地计量和有效地控制。只有这样，企业财务管理的最佳目标才变得具体化，才具有可操作性，才能进行考核和评价。否则，企业财务管理的最佳目标就会变得虚化而失去意义。

（三）企业财务管理目标的最佳选择是相关者利益持续最大化

上述三个目标都没有全面并明确地考虑到企业各个利益主体在企业中的利益。一个企业，从产权关系来说它是属于投资人的，但从利益关系来说它却是属于各个利益主体的。因此，确定企业财务管理的最佳目标，不能只考虑某一个利益主体的单方面利益，不能只考虑某一时期的利益，要以科学发展观为指导，以人为本，考虑到所有利益主体的共同利益能全面、持续、协调地发展。所以，笔者认为，企业现阶段的财务管理目标的最佳选择是相关者利益最大化。

1.内涵

相关者利益持续最大化是指企业以科学发展观为指导，采用最佳的财务政策，充分考虑资金的时间价值、风险与报酬的关系、价值与价格的关系、经济利益与社会责任的关系，在保证企业长期稳定发展的基础上，使企业的投资人、债权人、经营者、职工、政府、社会公众乃至供应商和客户的利益都能全面、持续、协调地发展，各自的利益不断达到最大化。

2.优点

相关者利益持续最大化并不是指忽略投资人的利益，而是兼顾包括投资人在内的各方相关者的利益，在使投资人利益持续最大化的同时，也使其他相关者利益持续达到最大化。也就是将企业财富这块"蛋糕"做到最大的同时，保证每一个相关者所分到的"蛋糕"最大。它的显著优点是：（1）更强调风险与报酬的均衡，将风险控制在企业可以承担的范围之内；（2）能创造与投资人之间的利益协调关系，努力培养安定性投资人；（3）它关心本企业经营者和职工的切身利益，创造优美和谐的工作环境；（4）不断加强与债权人的联系，凡重大财务决策请债权人参加讨论，培养可靠的资金供应者；（5）真正关心客户的利益，在新产品的研究和开发上有较高的投入，不断通过推出新产品来尽可能满足顾客的要求，以便保持销售收入的长期稳定增长；（6）讲究信誉，注重企业形象塑造与宣传；（7）关心政府有关政策的变化，努力争取参与政府制定政策的有关活动等。

3. 优势

其优势明显反映在它特别有利于企业处理好以下三类利益关系：

（1）它有利于企业协调投资人与经营者之间的矛盾

由于信息不对称，投资人无法对经营者的经营进行全面的监督，即使技术上可行也会因监督成本过大而难以承受。例如，在目前国家这一投资人（大股东）非人格化的条件下，设立监督机构和监督者对国有企业经营者进行监督，可事实证明，这些监督机构和监督者本身又需要再监督，但是谁又能说再监督部门不需要监督呢？所以在目前我国这种政治体制与所有制形式下，单凭监督很难解决投资人与经营者之间的矛盾，只有采用相关者利益持续最大化作为企业的财务管理目标，在利益分配上采用"分享制"，使经营者与投资人之间利益一致，充分发挥经营者的积极性，才能使企业资产高效运行。

（2）它有利于企业协调投资人与职工之间的关系

20 世纪 80 年代中后期，国有企业遵循"利润最大化"原则，分配杠杆又向职工倾斜，严重地损害了国有企业的竞争能力，造成前些年国有企业大面积亏损，近几年职工大量下岗的现象。其实，从根本上说，由于我国实行社会主义市场经济体制，作为国有企业投资人的国家与职工之间的最终利益是一致的，但不可否认，从局部和短期来看，二者在一定程度上是存在矛盾的。过分强调投资人的利益会降低职工的积极性，从而影响企业的生产力，最终影响投资人的利益；过分强调职工的利益，又会造成企业的长期竞争力受损，造成职工大量下岗的后果。只有同时兼顾二皆，才有利于企业的长期、稳定发展。

（3）它有利于企业协调投资人与债权人之间的关系

如果以相关者利益持续最大化作为企业的财务目标，让债权人参与企业经营管理，一方面可以降低债权人风险，另一面又可以降低企业的资金成本，提高企业的资产负债比率，使企业充分利用财务杠杆来提高企业的效益；而且，当企业面临财务困难时，债权人不仅不会向企业逼债，反而会追加投资，帮助企业渡过难关，在保护自己利益的同时，也保护了投资人的利益，实现了"双赢"。

五、企业财务管理目标的可持续发展

（一）对各种财务管理目标的初步评价

1. 股东财富最大化不符合我国国情，与利润最大化目标相比，股东财富最大化在一定程度上也能够克服企业在追求利润上的短期行为，目标容易量化，易于考核。但是，股东财富最大化的明显缺陷是：股票价格受多种因素的影响，并非都是公司所能控制的，把不可控因素引入理财目标是不合理的。

2. 企业经济增加值率最大化和企业资本可持续有效增值的科学性值得推敲。这两个财务目标采用具体指标来量化评价标准，虽在实践中易于操作，但其指标科学性尚值得推敲。而且采用单纯地数量指标，不能体现财务管理目标的全面性，不能满足理财目标的系统性、综合性特点，企业相关利益人的利益很难体现出来。

根据可持续发展理论，笔者认为从企业长远发展来看，以"综合效益最大化"替代现存的企业财务管理目标具有现实战略意义。所谓"综合效益最大化"是指企业在承担环境保护等社会责任的前提下，通过合理经营，采用最优的财务策略和政策，谋求经济效益和社会效益的最大化。把"综合效益最大化"作为企业财务管理目标，其实是企业社会责任的深化。

（二）确立现代企业实现可持续发展下财务管理目标应考虑的主要因素

1. 现代企业财务管理目标的确立应建立在企业目标的基础上，体现企业目标的要求。现代企业的目标可以概括为生存、发展和获利，三者互为条件、相互依存。财务管理是企业对资金运动及其所体现的财务关系的一种管理，具有价值性和综合性特征。作为财务管理出发点和最终归宿的管理目标，应该从价值形态方面体现资金时间价值、风险与收益均衡等观念，反映企业偿债能力、资产营运能力和盈利能力的协调统一，才符合企业目标的要求，从而保证企业目标的顺利实现。

2. 现代企业财务管理目标既要体现企业多边契约关系的特征，又要突出主要方面。企业所有者投入企业的资金时间最长，承担的风险最大，理应享有最多的权益。财务管理目标在体现企业各种成员的利益，使其得到保障的同时，应该突出企业所有者的利益，以适应所有者所处的特殊地位。

3. 现代企业财务管理目标应符合市场经济发展的规律，体现一定的社会责任。财务管理目标应适应市场经济规律的这一要求，引导资源流向风险低、收益率高的企业。此外，现代企业作为一种社会存在，其生存发展还要靠社会的支持，因此，财务管理目标应体现一定的社会责任和社会利益，树立良好的企业信誉和社会形象，为企业生存创造一个良好的环境，为谋求长远的发展打下基础。

（三）现代企业财务管理目标及其优越性

综合考虑上述因素，现代企业科学合理的财务管理目标应该确立为：在履行一定社会责任的基础上，尽可能提高企业权益资本增值率，实现所有者权益价值最大化。这里的所有者权益价值是指所有者权益的市场价值或评估价值，而不是账面价值。以这一目标作为现代企业财务管理目标，具有以下优越性：

1. 既充分体现了所有者的权益，又有利于保障债权人、经营者和职工等的利益。企业所有者投入企业的资本是长期的、不能随意抽走的，所有者履行的义务最多，承担的风险最大，理应享有最多的权利和报酬。企业债权人通常与企业签订一系列限制性条款来约束企业的财务活动，以保障获得固定的利息和承担很有限的风险，所有者权益价值最大化只有在债权人利益得到保障的基础上才可能实现。企业经营者的利益与所有者权益是息息相关的，经营者若要得到丰厚的报酬和长期的聘用，就必须致力于实现所有者权益价值最大化，以博得企业所有者的信任与支持。企业职工的利益同样与所有者权益关联着，如果企业经营不善，所有者权益价值最大化无法实现，职工的收入福利就会受到影响。

2. 包含资金时间价值和风险价值，适应企业生存发展的需要。企业权益资本是所有者的长期投资，短期的暂时的权益资本增值最大并不是所有者所期望的。实现所有者权益价值最大化，要求权益资本增值长期最大化，需要考虑未来不同时间取得的等额投资收益因时间先后而导致的不同现值，体现预期投资的时间价值，并在考虑资金时间价值的基础上，注重企业长远利益的增加。实现所有者权益价值最大化，不仅要考虑眼前的获利能力，而且更要着眼于未来潜在的获利能力，既要规避风险，又要获取收益，实现风险与收益的均衡，从而取得竞争优势，满足企业不断生存发展的需要。

综上所述，只有把投资人、债权人、经营者、政府和社会公众的利益最大化，才能最大限度地促进企业的可持续发展。企业应以综合效益最大化作为现代财务管理的最优目标，并在财务管理活动中努力兼顾、协调和平衡各方的利益，使投资人、债权人、经营者、政府和社会公众都能从公司的经营活动中获得各自最大的利益，才能最大限度地促进企业的可持续发展。

第四节 企业财务管理价值观

纵观科学发展的历史不难发现，凡科学理论的重大突破无不得益于正确的哲学指导。财务管理学的发展也是如此。运用哲学思想和方法去分析研究财务管理理论和实际问题，可以深刻地揭示企业财务管理机制运行的一般规律，为企业财务管理者从事财务管理活动提供科学的世界观和方法论，促进财务管理学的哲学升华，进而建立财务管理哲学。企业传统财务管理的价值观念得到冲击，因此需要用一些新的管理模式加以补充。财务管理价值观是财务管理哲学的核心内容。价值观的正确与否直接关系到财务管理的成败。那么如何将财务管理的价值观应用于我国企业进而引导企业发展，如何建立一个基于价值观的管理模式，作为企业最重要的高层管理者之一的财务主管如何转变观念，正视并迎接机遇和挑战，将成为今后财务管理研究的一项重要课题。

一、财务管理价值观的内涵及外延

（一）财务管理价值观的含义及在财务管理中的重要作用

财务管理价值观就是人们对财务管理活动中那些具有重要意义和作用的事物和因素的认识、评价和选择，表现为人们在财务管理活动中的主张、信念、宗旨等。笔者认为，财务管理价值观是以价值管理为主线，贯穿于财务管理活动中各个环节中的一个理念，这个理念是价值观念、管理哲学等的融合体，它是组织成员对财务管理活动所产生的观念、所持的态度、处理问题的方式等。就其形式来讲，它是人的思想范畴，是指人的价值理念。财务管理价值观决定着财务管理的发展方向，决定着财务管理者的个性，使其形成与众不同的特色。它规范着人们的理财行为，协调着各种财务关系和财务活动。优良财务管理价值观形成后，一个单位的职工就会感到工作、生活的意义，就有了精神支柱，也就有了奋斗目标。

（二）企业文化、企业价值观与财务管理价值观

企业文化、企业价值观与财务管理价值观是相通但又相互区别的一组概念。企业文化是特指在一定的社会经济条件下，一个企业通过其长期的经营

实践所形成的，并为全体企业员工所公认和遵循的价值观念、职业道德、行为规范和准则的综合。就形式而言，它是属于人的思想范畴，是人的价值理念；而就其内容而言，则是企业制度与企业经营战略在人的理念上的反映，是从内在上约束和激励人的价值理念。由此可知，企业价值观是企业文化的一部分，特指人的思想范畴。而财务管理价值观也属于人的价值理念，具体表现在财务管理活动中人们所共有的观念、价值取向以及行为等外在的表现形式。在这一点上，企业文化、企业价值观与财务管理价值观是相通的。

但企业文化还有一个非常重要的组成部分就是企业制度与战略。具体表现为由现成的管理制度和管理程序、书面和非书面形式的标准和程序等。财务管理价值观的规范作用并不是通过财务制度、权力等管理手段来实现的，而是渗透到人们的道德、习惯及作风中去，通过全体员工对自己的高标准、严要求来实现。

另外，企业价值观与财务管理价值观所涵盖的范围是不一样的。企业价值观渗透于企业的各个方面；而财务管理价值观，只涵盖财务管理的活动。

（三）财务管理价值观决定财务管理目标

财务管理价值观是决定财务管理目标的。在动态发展的过程中，决策者在其潜在的思维意识中定格了一种意识偏好，这种意识偏好在行为得到价值激励时或正强化时便形成一种行为倾向，该行为倾向又反馈于决策者的潜在意识，在这个循环的过程中个人的意识倾向和主观思维便趋于稳定，这种稳定的意识倾向和主观思维便形成了价值观。在价值观形成的过程中，决策者根据不断变化和发展的经济环境，逐步明确了企业理财活动所希望实现的结果，确定了评价企业理财活动的基本标准，即确定了企业财务管理的目标。

不同的价值观决定着不同的财务管理目标。随着一定的政治、经济环境的变化，财务管理目标会发生变化，人们的价值观发生变化导致对财务管理目标的认识不断深化。计划经济时期，党章指出，党的一切工作的根本目标，是最大限度地满足人民的物质生活和文化生活的需要。党的一切工作包括领导生产。所以从 20 世纪 60 年代、70 年代以及 80 年代，企业财务管理的目标由不敢直接承认是增加利润到理直气壮地抓社会主义企业利润，最后又上升到提高经济效果。有计划商品经济体制下，党的十一届三中全会做出了把工作重点转移到社会主义现代化建设上来和实现改革开放的决策，决心以经济建设为中心。所以财务管理的目标是利润最大化。而现在，财务管理的目标是企业价值最大化。在目前，我国建立现代企业制度，投资者建立企业的目的在于创造尽可能多的财富，这种财富不仅表现为企业的利润，也要表现为企业资产的价值。企业价值就是企业的市场价值，是企业所能创造的预计未来现金流量的现值，反映了企业潜在的或预期的获利能力和成长的能力。企业价值最大化目标，就是在权衡企业相关者利益的约束下实现所有者或股东利益的最大化。这一目标的基本思想就是在保证企业长期稳定发展的基础上，强调在企业价值增值总满足以股东为首的各利益群体的利益。

二、财务管理"价值观"的创新

财务管理"价值观"的创新源于企业环境变化和企业生命周期影响。从环境角度看，知识经济社会的到来，以及科学技术的推动和不断创新企业管理方法的内在要求促使企业财务管理"价值观"发生深刻的变化。从生命周期角度看，企业要素生命周期、企业发展以及企业竞争的周期等，促使财务管理产生新的价值思想与方法。概言之，财务管理"价值观"的创新由以下概念组合而成：

1. 顾客价值

顾客价值是顾客所得（顾客实现）和顾客所弃（顾客牺牲）之间的差额。着眼于顾客价值意味着财务管理系统要同时提供顾客实现和顾客牺牲的有关信息。收集有关顾客牺牲的信息意味着收集公司外部的信息。概括地说，财务管理目的就是要从为顾客提供产品转向为顾客创造价值，这是现代财务管理区别于传统财务管理的一个重要特征。为顾客创造价值包括两个方面，一是体现在企业商誉等无形资产中的价值。如企业在顾客心目中的信誉和可靠性等。二是有形的价值。即通过降低顾客成本，提高顾客收益，使顾客获得更多实实在在的利益。因此，企业家应该把眼光从关注市场份额转向促进公司价值增长，即努力增加顾客价值。

2. 价值链

价值链是开发、生产、营销和向顾客交付产品与劳务所必需的一系列作业的价值。强调顾客价值，要求企业经营者以顾客为中心分析价值链中不同作业的性质。现代财务管理系统必须跟踪分布于价值链中的各种作业的有关信息。开发能反映顾客满意程度的各类财务指标和非财务指标。传统的价值链分析主要是从定性的角度展开的。近年来，一种基于定量分析视角的利润库分析法逐步形成。它让企业管理者从整个行业价值链的视点看企业在行业价值链中的位置和在利润库中的份额、从利润的分布看其他行业价值链中有利可图的价值活动、从发展的视点看行业利润库的未来趋势，从而重新了解自己、重新审视市场，在市场中看准方向、站准位置，根据自身实力来确定企业发展战略。财务管理中的利润库价值观，有助于企业了解本行业利润的分布现状；分析和预测行业利润库的变迁；分析其他行业，寻找发展机会。

3. 核心能力

核心能力是企业获得长期稳定的竞争优势的基础，是将技能、资产的运作机制有机融合的企业自我组织能力。财务管理中核心能力的"价值观"要求企业摆脱以往仅将有效经营作为企业发展战略的误解，而谋求竞争性的企业核心能力（即竞争战略）。竞争战略的主要精华是深思熟虑地选择一整套独特的竞争活动。战略的竞争优势来自它的活动的合适性，且互相加强的方法。这种方法可以创造出一条坚固的"链条"，把效仿者拒之门外，这就是核心能力在财务管理中的体现。正确确定公司竞争战略的关键是反复比较客户需求、资源等各方面的情况，然后慎重作出系统的选择，系统地策划公司的经营活动。因此，选择战略的能力，也是财务管理中的一种价值观。

4. 价值资源规划

网络经济发展推动着企业资源规划的发展，财务管理中的"价值资源规划"具体包括四项内容，即重振企业活力（revitalization），重建组织结构（restructuring），重新进行战略规划（reframing）和重启新生（renewal）。我们认为，我国企业价值资源规划要能够体现以下几个方面的要求，即优化企业管理体制，改善财务职能，强化财会工作的造血机制，增强企业的抗风险能力，提高企业的盈利能力、偿债能力、营运能力和发展能力。从内容上看，财务管理的价值资源规划主要可以概括为两方面：一是会计组织结构与制度的再生。具体包括企业流程的再造、会计地位的重新定位、财会人员的价值认定，以及国家与企业之间的制度安排；二是财会机制再生。具体包括融资机制再生，投资机制再生和收益分配机制的再生等内容。为此，企业管理发展要适应上述会计管理新机制的需要，以资金管理为中心设计一套有助于资本迅速流动、资本结构优化组合、资本不断增值的财务效绩评价指标体系，以促进现代企业管理的科学化。目前，财务管理中涉及价值资源规划的时尚概念是企业资源规划（ERP）。ERP系统最大的功能在于，能够以最快的速度提供产品或劳务，以满足顾客的需要，其基本思路是：先估计销售量，再拟定生产计划，通过有效率地运用资源，使最低的成本发挥最高的效率。ERP系统不仅用于预算的编制，还需要将每天的营运资料及时归类整理，使管理者随时掌握企业的营运状况，并通过拟定相应的策略来提高企业竞争力。对于全球经营的跨国公司来说，经营者要想即时掌握企业信息，ERP系统可以说是最佳的全方位解决方案。

三、树立新的财务管理价值观念，提升企业价值创造能力

进入 21 世纪，社会经济发展越来越快，要想在新形势下抓住机遇就必须及时进行知识的更新，树立一套与不断变化的财务管理环境相适应的财务管理观念才能适应新时代发展的要求。

竞争观念：竞争为现代企业带来活力，也为现代企业财务管理带来活力，创造了机会，但也形成种种威胁。优胜劣汰的原则使每一位财务管理者尤其是财务负责人必须树立强烈的竞争意识，新世纪市场经济必然进一步发展，市场供求变化价格的波动时时会给企业带来冲击。财务管理者应当对这种冲击作好充分的应对准备，强化财务管理在资金筹集、投放、运营及收益分配的决策作用，并在竞争中不断增强承受和消化冲击的应变能力，使企业自身的竞争力一步一步提高，在激烈的市场竞争中站稳脚跟并力求脱颖而出。

货币的时间价值观念：资金是有时间价值的，一定量的资金在不同的时点其价值量是不同的，二者之间的差额就是时间价值。为了使有限的资金得到最充分、最优化的利用，并使投资项目的经济评价建立在全面、客观、可比的基础上，财务主管必须考虑资金的时间价值，在分析和比较的基础上做出正确的决策。

风险与收益均衡观念：风险与收益的均衡观念就是要求企业不能承担超过收益限度的风险，在收益即定的条件下，要最大限度地降低风险。因此摇要正确分析内外经营环境，把握资金市场的发展规律，处理好资金成本与财务风险，风险投资与风险报酬等关系。合理地安排产权资本与债务资本的结构，使它们达到最佳组合科学地运用经营杠杆、财务杠杆的调节功能，建立科学的风险管理机制，开展有效的风险控制、规避、利用工作，保证资本的保值增值。企业不论是在筹资、投资，还是生产经营中，都要充分地分析评价所有的风险，以及这些风险给企业带来的利润水平，并有效地控制风险。

信息理财观念：在现代市场经济中，一切经济活动都必须以快、准、全的信息为导向，信息成为市场经济活动的重要媒介。而且，随着知识经济时代的到来，以数字化技术为先导、以信息高速公路为主要内容的新信息技术革命，使信息传播、处理和反馈的速度大大加快，从而使交易、决策可在瞬间完成，经济活动的空间变小，出现了所谓的"媒体空间"和"网上实体"。这就决定了在知识经济时代里，企业财务管理人员必须牢固树立信息理财观念，从全面、准确、迅速地搜集、分析和利用信息入手，进行财务决策和资金运筹。

在财务管理体系中，财务管理价值观处于核心地位。财务管理价值观的

研究，一方面完善了企业财务管理的理论基础，促进财务管理价值思维的更新，另一方面推动了我国企业实践的发展。现代经济的不断发展冲击着传统的价值观。财务管理价值观如何更好地指导我国企业健康、快速、持续发展，将成为今后财务管理研究的一项重要课题。

第五节　企业财务管理模式构建

在现代企业管理中，财务管理是其中最重要的一个环节，财务管理质量好坏直接影响着企业发展的健康程度。在企业财务管理中，财务管理模式的选择和构建对财务管理能够产生直接影响。不同的企业组织结构所选择的财务管理模式也应该不同。本文在目前几种最主要的企业组织结构的基础上，分析了企业财务管理模式的选择原则，同时对企业财务管理模式的构建策略进行了探讨。

在目前的企业发展中，企业组织形式日益完善，并且呈现出复杂化的趋势。在这样的企业发展背景下，企业为了实现更有效的运营和发展，作为企业运营核心的财务管理模式，企业势必要站在发展战略的高度上对其进行优化选择。所以，探讨不同企业组织形式下的财务企业财务管理模式，对探讨企业财务管理模式的选择原则，对探讨企业财务管理模式的构建策略具有重要意义。

一、企业组织结构分析

企业组织结构指的是企业内部各个部分之间的空间位置、排列顺序、联系方式、各要素相互联系的一种组织形式。企业的组织结构是企业的框架，对企业的发展具有重要的影响。目前，在现代企业中，常见的几种企业组织结构分析如下。

1. U 型结构

企业组织的 U 型结构又叫作一元结构或者职能式组织，这种企业组织结构的特点是权利在企业的高层集中，在企业控制方面实行等级化的控制模式。企业在管理上实行职能分工，在管理部门的分化方面按照职能将其划分为若干个垂直的管理部门，这些管理部门统一的由最高主管进行协调控制。

2. N 型结构

企业组织的 N 型结构指的就是网络结构，这种企业组织结构形式是很多独立的、职能单一的企业的集合体。N 型企业组织结构以中心组织为基础，以合同为纽带，将企业组织机构结合在一起，来从事制造、供应、营销或者其他业务的经营活动。

3. H 型结构

企业组织的 H 型结构有叫作控股型结构,在很多情况下都是母公司对子公司进行参股和控股,在类型上属于分立制。企业组织的 H 型结构中包含了很多独立企业,这些独立企业通过产权关系的联系,经由股权渗透结为一体。

二、不同企业组织结构下的企业财务管理模式的选择

(一)企业财务管理模式的选择原则

企业财务管理模式作为企业管理的中心环节,它的选择对企业的发展能够产生重要的影响。所以,企业财务管理模式在选择的过程中要遵循以下原则:第一,企业组织结构相适应原则。企业财务管理模式只有和企业的组织结构相适应,才能实现资金的有效管理,才能够有效的为企业的发展服务。第二,超前服务于企业的原则。企业的财务管理模式在适应企业组织结构的基础上,要在一定程度上超前于企业的组织结构,以带动企业的组织结构 158 中国经贸形式能够在高速化的经济发展下得以完善和更新,以更好地适应现代经济的发展。

(二)U 型结构的企业财务管理模式的选择

U 型结构的特点就是权利集中,统一指挥,所以,在财务管理模式选择方面应该选择"集权型"财务管理模式,以实现统一核算、统一管理的目标。通过"集权型"财务管理模式可以帮助企业充分的了解企业内部的人力状况、财务状况等,有利于实现企业资源的优化配置,可以在充分的实现资金的集中管理,可以提高投资的合理性,从而有效的规避投资风险。同时,使用"集权式"财务管理模式可以有效的对企业的下级部门进行控制,以保证企业的发展战略能够得到有效的贯彻和落实。但是这种"集权型"财务管理模式有一定的缺点,比如:信息的收集和传递所耗费的时间比较长,信息的反馈比较慢,在环境方面的适应性比较差,集权制度下企业的下属部门过于服从,从而导致工作的积极性和主动性受到了一定的影响。

(三)N 型结构的企业财务管理模式的选择

N 型结构是一种比较新型的组织结构模式,但是因为它本身属于网络结构,具有一定的复杂性,导致企业对外部组织的财务控制力度受到一定的限制,所以,在企业财务模式的选择方面可以选择"独立核算、关键点控制型"的财务管理模式。因为 N 型的结构组织比较灵活,各个部分财务都有专人监

管，有效的实现了财务风险的分散。同时因为这种财务管理模式在很多情况都使用合约制的方法来进行控制，所以在很大程度上保障了企业经营活动的有效性。除此之外，使用这种财务管理模式，在企业受到经济冲击的时候，能够迅速地进行改革重组，以保证企业财务的安全性和发展的稳定性。但是，这种财务管理模式也有一定的缺陷，具体表现在以下几个方面：第一，在这种财务管理模式下，总公司对各个机构的财务没有直接控制权力，财务控制的质量会在一定程度上受到影响；第二，如果公司的某个部分在运行的过程中出现问题，很容易导致企业运行环节的缺失，从而对企业的生产经营带来不利的影响；第三，在这样的财务管理模式下，因为各个组织结构本身对财务能够直接控制，所以很容易出现毁约改投的情况不出，对企业的稳定性产生了很大的威胁。

（四）型结构的企业财务管理模式的选择

H性结构在产权关系的约束之外，母公司和子公司之间的独立性非常强，在这样的组织形式下，如果母公司对子公司的事物进行过多的干预，会在很大程度上影响子公司事物的发展，所以，在财务管理模式方面要使用"分权型"的财务管理模式。这里的"分权"并不是绝对意义上的分权，而是在一定程度的集权制度下，在财务管理方面向分权倾斜。这种财务管理模式下的子公司能够根据市场环境的变化做出比较快的反映，从而促使利益获取的机会增加，从而促使母公司财务管理压力的减小。同时这种财务管理模式对财务核算的设备要求不高，很容易实现。但是这种财务管理模式在应用的过程中也有一定的缺陷，具体表现在以下几个方面，分别是：第一，母公司的经济信息和财务数据是通过汇总之后产生的，很容易导致会计信息出现失真的情况；第二，母公司不能对子公司的经济业务进行实时控制，很容易导致财务控制出现问题；第三，在这种财务管理模式下，很容易导致子公司为了自身的利益对整体利益出现忽视，在很大程度上对整体利益的获得产生不良的影响。

三、企业财务管理模式的构建

针对不同的企业组织结构形式，在财务管理模式选择应该适应企业组织结构形式的原则的基础上，上文分析了不同企业组织结构下的财务管理模式的选择，但是每种财务管理模式在使用的过程中都会出现不同的问题。在此，本部分就结合不同类型的财务管理模式出现的问题，对企业财务管理模式的构建进行探讨。

（一）U型结构财务管理模式的构建

U型结构使用的财务管理模式是"集权型"的财务管理模式，针对这种财务管理模式出现的缺点，对其构建策略进行探讨。第一，在企业结构特点的基础上，建立合适的财务机构。目前，企业的财务管理制度已经实现了统一化，但是企业还是要根据自己的发展特点，对财务管理部门的职能和财务管理部门的结构设置进行合理的调整，在最大限度上促使信息传递路线能够得以缩减，提高企业获取信息的全面性和及时性，充分发挥企业财务管理的集中指挥权，以促使企业能够在外部环境发生变化的时候能够进行合理的调整。第二，针对企业的财务管理，建立健全相应的激励机制和约束机制。在企业财务管理的过程中，要合理的运用激励机制，充分调动财务管理人员工作的积极性，促使其在最大限度上发挥自己的热情。同时要使用合适的约束机制，以促使财务管理和企业的集权式管理能够相互适应，来促使企业财务管理目标能够得以实现。第三，定期组织财务管理人员召开意见交流会。为了防止在企业财务管理方面出现独断的情况，要定期地向上级部门汇报下级部门的财务管理情况，在遇到重大问题时候，允许跨级上报。同时还可以定期的召开财务管理会议，和各级财务管理人员进行深度的会谈，结合相关专家的意见，作出正确的财务管理判断，避免在集权型的财务管理下因个人原因造成不必要的损失。

（二）N型结构财务管理模式的构建

N型结构使用的财务管理模式是"独立核算、关键点控制"的财务管理模式，针对这种财务管理模式出现的缺点，对其构建策略进行探讨。第一，建立完善的财务预警系统。中心公司要对N型组织结构中的各个分公司建立完善的档案，对分公司的各种业务进行有黼黼虉麟篠研究效的分析，在资金的使用方面要建立明确的风险预警指标，以保证资金使用的安全性，以提高资金的运转效率。第二，建立完善的质量监控体系，建立科学的成本挂靠机制。因为在这种组织形式下，很多产品都是通过外包的形式进行生产的，所以要对产生的质量进行严格的控制，对于不合格的产品要建立相应的档案，屡禁不止者终止合作关系。通过成本挂靠机制的实行，可以合理地选择合作厂家，以维持企业的可持续发展。

（三）H型结构财务管理模式的构建

H型结构使用的财务管理模式是"分权型"的财务管理模式，针对这种财务管理模式出现的缺点，对其构建策略进行探讨。第一，在母公司和子公司的基础上，建立统一的财务管理制度。通过统一的财务管理制度的建立，对报表的报送时间、审批程序、档案管理进行规定，以保证各个子公司财务数据的真实性、可靠性。'第二，通过委派财务人员的方式，建立比较完善的企业内部控制体系。母公司可以在产权关系的基础上，向子公司委派相关的财务主管人员，以对子公司的财务管理活动进行有效的监督，将子公司的信息及时的向上反馈。第三，建立完善的审计体制，促使审计作用最大限度地得以发挥。母公司要加强对子公司进行审计工作，审计工作可以从独立审计和内部审计两个方面入手，对子公司的财务进行监控，以保证子公司财务活动的合法性、有效性和真实性。除此之外，还可以委托专业的会计师事务所对子公司的财务活动进行独立的审计，以确保多方监控的有效性。

企业组织结构形式不同，需要的企业财务管理模式也不相同。企业财务管理模式的选择要遵循和企业组织相适应的原则。目前，企业的组织结构形式主要有三种，分别是 U 型结构、N 型结构和 H 型结构，每种结构相对应的财务管理模式分别是"集权型""独立核算、关键点控制型"和"分权型"。但是每种财务管理模式在使用的过程中都有一定的缺陷，通过一定的实现构建完善的企业财务管理模式对企业的财务安全，对维护企业的可持续发展具有重要的意义。

四、中小企业财务管理模式的选择

（一）我国中小企业财务管理模式存在的问题

1. 中小企业财务管理理念落后

中小企业的经营过程自始至终都伴随着高风险性，对此许多中小企业的管理者并没有引起足够的重视，在企业财务管理问题上始终将企业的财务管理等同于日常的会计核算，这种对财务管理的错误认识导致财务管理被排除在企业的管理活动之外，企业的经营活动缺乏长远性，企业的财务工作更多的是核算，财务管理的"管理"职能完全没有发挥作用。这种状况的出现一方面是因为我国中小企业的管理者的能力和管理素质比较差，对财务管理的理论方法缺乏认识，对财务管理的有关原则、运行管理的程序认识不到位，导致相关制度的制定与执行不力。另一方面中小企业受制于自身的经营规模、盈利能力的限制，机构设置不健全、人员配置不到位，先进的财务管理方法依靠这样的财务基础很难得以实施。

2. 企业财务管理目标不明确

我国中小企业在设置企业的财务目标时往往忽视了对企业内外部环境

的考虑，很多企业没有明确的财务目标，财务管理活动的目标基本上类似于获取更多的利润，至于一些细节性的东西也是模仿其他企业。财务管理目标定位不明确致使企业财务管理活动缺乏方向性，相关的制度、程序没有针对性，这样既不利于企业的长远战略发展，也为企业日常的财务运行带来了隐患。

3. 财务机构设置不科学

我国中小企业的财务机构一般比较简单，在实际运行过程中主要存在以下两个问题：

（1）财务管理活动的涉及面偏窄

中小企业的财务组织规模较小，财务管理活动往往仅限于单位的日常会计核算，在融资、投资问题上，财务部门参与的程度很低，一般都是由企业所有者自己去谈这方面的问题，这种垂直式的管理模式导致财务管理活动的幅度窄，许多财务管理的职能都很难发挥作用。

（2）跨级管理现象严重

在中小企业的财务管理工作中，虽然企业设置了相关的职位，配备了相应的人员，但是企业的许多资金的收支活动往往不按照规定的程序来办理，项目投资、资金划拨、融资筹资及日常的财务收支等都由企业主管（企业所有者）包办，这种财务管理职权过于集中的管理模式极大地限制了财务管理职能的发挥，导致企业财务人员完全被动的执行有关的决策，不能发挥财务人员的专长，也不能保证会计人员根据单位财务状况及时提供给管理者有用的信息。

4. 财务管理的制度不健全

我国中小企业在财务管理的制度建设方面投入的较少，很少有企业能够根据本单位的实际情况制定一套完善的规章制度，在财务岗位职责、奖惩措施、财务人员的在职培训与考核等方面缺少必要的规章制度进行指导，加上企业领导经常忽视财务制度的有关规定，导致财务规章制度的严肃性、强制性不强，财务管理人员一不能制止企业领导的一些不合理的做法，二不愿意得罪自己的同事，于是，原本就不健全的财务管理制度因为执行力度不够完全成为一纸空文。

5. 财务管理缺少必要的控制程序和方法

由于中小企业在规模、发展历程等方面的特殊性，企业管理中的"人制"现象比较严重，表现在财务管理活动中就是财务管理工作更多的以个人的经验为主，以领导的个人意愿为重，还没有在企业内部形成一个规范的、可操作性强的财务控制程序和方法。

6. 缺乏必要的激励机制

"以人为本"的管理理念并未深入人心，企业对员工的管理缺少必要的激励机制。许多企业没有建立相应的奖励措施，取而代之的是各种惩罚措施，在我国中小企业中这种正向激励少、负向激励多。部分企业虽然制定了一些激励措施，但是在实际运行时很难兑现，员工很难得到规定的奖励，尤其是物质方面的奖励。

（二）完善我国中小企业财务管理模式的对策

1. 树立正确的财务管理理念

中小企业的所有者和管理者要更新观念，加强学习，努力实现财务管理理念的转变，将企业财务管理作为企业管理的核心，正确处理好企业与投资者、受资者之间的关系，明确个人与企业、家族与企业的界限，明确企业的所有权关系从而维护企业利益相关者的利益。正确处理企业与债权人、债务人之间的关系，理顺企业内部各部门之间的财务关系，将完善企业财务管理作为提高中小企业管理水平的突破口，充分发挥财务管理的职能，克服领导者过度集权、家族式管理带来的弊端，树立适应新时期企业发展要求的多元化风险理财观念。

2. 明确企业财务管理目标

中小企业所有者和管理者要根据企业发展的内外部环境确定企业发展的财务管理目标，这是提高中小企业财务管理水平的必然要求。企业在建立企业的财务管理目标时要坚持客观性、可比性的原则，充分考虑宏观经济运行情况和企业经营目标，使企业财务管理目标充分体现企业财务管理活动的一般规律，又能体现企业经营管理的独特性，兼顾企业的偿债能力、营运能力和盈利能力。根据我国中小企业发展的实际情况，按照可计量、一致性、阶段性和综合性的要求，现阶段我国多数中小企业可以将可持续发展的利润最大化作为财务管理的目标，既要重视企业的盈利性，又要避免只顾眼前利益的短视行为。

3. 完善企业的财务组织机构

组织结构式企业组织内部各有机构成要素相互作用的联系方式或形式，从而将组织成员有效的组织起来，共同协同努力实现组织目标，具体包括 U 型组织结构、M 型组织结构、矩阵制结构、H 型组织结构，中小企业在设置企业财务组织机构时，应考虑企业的发展战略、所处的发展阶段，设置组织岗位并合理界定财务组织机构的职能，整合企业会计核算流程，明确财务管理活动的重点，促进财务业务流程各个环节顺利衔接，从而明确财务人员、业务人员的权限和责任，保证财务管理工作的有序运行。从当前的情况来看，由于我国中小企业的业务并不复杂，因此采用按照职能划分的纵向一体化的U型结构即可，在这一模式下，各个职能部门的独立性较弱，但有利于发挥集中控制和统一指挥的优势，发挥专业管理的长处。

4. 合理分配财务管理权限

中小企业财务管理权限的分配要解决集权与分权的问题，要改变以往财务管理权限过度集中于企业所有者的状况，做好财务权责的集权与分权工作，既要适度放权，又要保证能够对下放的权力进行有效的控制。针对我国中小企业财务管理权限过于集中的问题，可以通过设置合理的财务管理层次和幅度，配备称职的财务人员来分散权力，由企业高层管理人员负责重大财务事项的决策，日常的财务管理业务由财务人员根据既定的规章制度来进行。合理的分权有利于调动财务人员的积极性，由被动的决策执行者变为决策参与者，克服中小企业财务决策过于集中的弊病，提高财务决策的效率。

5. 规范财务管理过程

中小企业要按照国家有关财经法规的要求，结合自身经营管理的特点，以提高企业财务管理水平为目标建立和完善企业的财务管理制度，提高企业资金的运行效率，降低运营成本。要规范企业财务审批的程序，有关业务活动必须按照财务管理制度的规定进行，对于特殊事项要有部门负责人、企业所有者共同签字审批，并且特批事项不宜过多。要扩大企业财务管理的范围，让企业的财务部门更多的参与到筹资、投资、预测、决策等管理活动中去，充分发挥财务人员的专业优势，提高财务管理水平。通过建立财务收支审批制度、财务管理岗位责任制度等规范财务管理的控制，通过财务会计信息的记录、分析、反馈等建立起一个对企业业务活动进行事前预测、事中控制、事后考核三位一体的内部控制体系。同时，中小企业要根据自身的特点建立起一套行之有效的财务监督体系，完善单位的内部审计制度，保证内部审计机构的独立性，配备称职的内部审计人员，更好地发挥和实施财务的监督职能。

6. 建立多种形式的财务激励机制

中小企业要建立适当的财务激励机制，提高财务管理人员遵纪守法、爱岗敬业的积极性。首先，企业要改变以往重视惩罚性措施而忽视奖励性措施的做法，将财务人员的个人收益与个人业绩、企业业绩联系在一起，在设计物质奖励计划时要保证能够履行诺言，避免相关物质奖励规定不落实的情况发生。要树立以人为本的管理理念并落实到实际工作中去，尊重员工，重视对员工的感情激励，与企业职工建立起良好的合作关系。

第六节　加强企业财务管理的意义与措施

企业的经济活动是以资金活动贯穿始终的，企业的经济效益最终是通过财务管理来体现，综观历史与国内外经验，一个企业财务管理得好，企业就能健康发展，否则就面临经营萎缩与倒闭，因此，管好用好资金，对于保证企业健康发展尤其重要。

一、新形势下加强企业内部财务管理的意义

（一）加强企业内部财务管理与控制，是企业深化改革的必然要求

加强内部财务管理与控制，是企业发展到一定程度的必然产物。大量的事实反复证明，每一个成功的企业背后，都有一套比较成熟的内部财务管理与控制机制；反之，经营失败的企业，它的内部财务管理与控制工作往往也是滞后的，甚至是混乱的。因此，各企业尤其是大型企业集团，需要进行管理制度创新，进一步加强企业内部财务管理与控制，以完善的内部财务控制制度体系取代传统的个人决策模式，实行分级授权、科学决策，提高决策水平，提高企业竞争实力。

（二）加强企业内部财务管理与控制，是迎接国际挑战的迫切需要

我国已经加入 WTO，企业面临空前激烈和残酷的市场竞争，从世界范围看，当今各工业国之间的竞争，已经从技术竞争、资本竞争逐渐转向管理竞争。重视和强化企业内部财务管理与控制，是市场经济国家的通行做法，尤其是近几年来，西方发达国家企业管理逐渐出现了财务导向的趋势。而我国当前企业的管理水平，与西方国家相比存在很大差距。加入 WTO 后，我国企业管理要与国际接轨，必须尽快实现从传统管理向现代管理的转变，要以加强内部财务管理与控制为重点，全面提高自身的理财水平，缩短与发达国家在企业管理上的差距，迎接国际竞争的挑战。

（三）加强企业内部财务管理与控制，是保护投资者利益的内在要求

现代企业制度最显著的特征，是企业财产所有权和经营权相分离。但是，由于企业所有者和经营者追求的目标不完全一致，部分经营者为了追求自身

利益，利用种种手段损害所有者权益的现象时有发生。为了堵塞漏洞，消除隐患，在新的形势下，企业必须高度重视内部财务管理与控制机制的建立健全，运用内部牵制、授权管理、不相容职务分离、岗位轮换、回避等有效措施，强化制约和监督。

（四）加强企业内部财务管理与控制，是落实企业负责人法律责任的必然选择

当前，由于种种原因，企业会计信息质量不高的问题还比较严重。为了规范企业的会计行为，加强企业负责人的法律意识，新的《会计法》中规定，"单位负责人对本单位的会计工作和会计资料的真实性、完整性负责"，并明确了单位负责人是单位会计工作的第一责任人。这一法律责任是十分重大的，企业负责人靠什么担当得起这样的法律责任？关键应抓住两点：一靠自己加强学习，掌握必要的财务管理知识；二靠建立起一套完善、严密的内部财务管理与控制制度和机制，用制度和机制来保证企业经济业务的合法性和会计信息质量的真实性、完整性。

二、采取有效措施，强化企业财务管理

（一）做好企业财务管理目标的创新

企业的财务管理目标由企业价值最大化调整为保证在获得社会效益和生态效益的同时获取优秀人才，形成最佳的良性结构知识流。企业已充分认识到拥有高素质的人才和员工队伍是获得更多知识和巨大财富的源泉。但由于知识的飞速发展，人的精力有限，一个人不可能掌握众多的知识，此时获得优秀人才，形成最佳知识结构及良好的知识流动秩序，便成为企业财务管理的基本目标。

（二）做好企业筹资管理

从筹资角度来看，来源于银行的银行资金比重将有所下降，这主要是因为难以满足银行经营对安全性和流动性的要求。由于信息技术的飞速发展和计算机集成制造系统的广泛应用，各种金融工具的不断涌现，使得网上融资成为可能，融资的领域更加广阔，加速了世界经济一体化。企业在筹资决策时，在筹资渠道与方式选择上，可能把视野放在国际资本大市场上选择最适合自己的资源和融资方式。更重要的一点是知识、技术创新和具有专业技术的人力资源已成为促使企业成为处于市场竞争优势地位的最关键因素。因而企业筹资的主要功能不仅仅在于解决资金短缺的问题，更在于有效地配置资

源，它不仅包括资金的筹资，而且包括专利权、专有技术、人力资源等资源的筹资。

（三）积极处理沉淀资金，盘活存量资产，加快资金流动性

工业企业存货资金闲置现象较为普遍，企业一方面背着沉重的贷款，一方面又存在着许多年不用的材料与设备，资金运用存在不良的问题，如何能够把这部分呆滞资金灵活运用起来是企业需要解决的问题。财务部门针对物资设备各部门的储备资金占用过大，积压物资较为严重的问题，每年必须集中一个月份进行调查摸底，提出积压清单，明确处理物资和处理积压的审批手续，办理报废或变卖成为货币资金，对库存物资，财务部门对每个仓库都下达库存资金定额，超过或降低部分按银行同期利率奖罚。

（四）加强货款回笼，减少费用支出

当前，部分工业企业存在着应收账款及其他应收款逐年逐月增加的问题，使流动资产失去应有的流动性。对应收账款及其他应付款的管理，首先应采取集中与分散相结合的办法进行清欠工作，对一般欠款户通过电话、信函等方式催还，对重点户列出账目清单，集中清欠，如清欠工作遇到困难应立即上报上级领导，经讨论研究采取相应整治措施，严禁资金流失。其次，对清欠遇到的困难要积极动脑去积极寻找债务链，采用实物抵债法或多家抹账方式找到解脱债务链途径，避免或减少坏账的发生，必要时，可通过诉讼程序来挽回损失。对于货款回收问题，要确定一套清欠工作奖惩机制，提高销售业务人员的工作积极性，使应收账款恢复其流动性，减少贷款及其利息。

（五）加强生产资金、产成品资金管理

企业财务部门必须熟悉生产工艺和生产过程，与生产部门一起制订合理的制品计划，并作为对分厂考核的一项内容，并与生产、技术部门一起研究生产物流的合理性，要合理布局，尽可能缩短工艺流程，使在制品降低到最低程度，生产部门要按单件小批生产，用以销代产的原则严格控制资金的占用，避免在产品资金占用过长而增加资金的投入量。同时，要加强质量成本管理，减少废品损失，减少或避免资金的积压和浪费。对产成品资金要加强管理，对产成品库存量应制定统一标准，一旦超过标准，及时分析原因，对产品质量问题及时采取措施。

（六）做好企业投资管理

人力资源、无形资产和风险投资将成为企业投资决策的重点。工业经济

时代企业生产要素的投入主要以设备、资本、原材料等为主。与之相联系的财务管理比较注重固定资产投资、金融投资和营运资本管理，而对人力资源、无形资产和风险投资的管理则关注较少。新经济最根本的特征是知识资本性经济，知识和技术对生产的作用越来越大，知识资本由于高投入的刺激而不断地扩张，企业的资产结构随之发生变化。在新的资产结构中，以知识为基础的专利权、商标权、商誉、计算机软件等无形资产和以人才引进和开发为主的人力资产的比例将大大增加，在这种情况下，人力资源、无形资产和风险投资必然成为财务管理的新领域。

（七）做好财务指标的分析

反映知识价值的指标将成为企业财务评价指标体系的重要组成部分。知识资本所反映的是市场价值与账面价值之间的差距，由于传统会计下知识指标反映的局限性，使得近四十年来，一些高新技术企业股票在上市后，其市场价值往往比其账面价值高 3~8 倍，而有限公司虽然其账面价值大，但市场价值却每况愈下，以致最后陷入破产的绝境。可见，随着知识经济时代的到来，反映知识资本价值的指标必然将成为企业财务评价指标体系的重要组成部分。无论是企业的管理者，还是企业的投资者、债权等相关利益主体，都必将十分关心和重视反映企业知识资本价值的指标。

第五章 财务分析管理

第一节 财务分析概述

一、财务分析概述

  财务分析是指分析主体即企业的利益相关者（股东、债权人、企业管理者、政府机构等）运用科学的分析方法和评判方式对分析客体（企业筹资活动、投资活动、经营活动）的状况及其成果做出判断，发现企业的财务状况、获利能力及创新发展能力。通过分析影响企业未来财务状况和经营成果的因素，预测企业将来时间段的财务状况和经营成果，从而为企业的投资决策和经营管理提供信息支撑。具体来说，财务分析一般是以企业的财务报表及其他资料为主要信息来源，以企业基本经济活动为对象，以比较、分析为主要方法，通过系统地了解企业过去，借以评价企业现状并预测其将来的过程，进而为企业经营管理者、投资者、内部职工及政府有关部门等会计信息使用者提供决策有用的信息。这也是通常所指的狭义上的财务分析。其内容和手段是"四表一注"分析，实际工作中人们往往想当然的认为财务报表分析就是财务分析，这无形缩小了财务分析的范围。真正意义上的财务分析不仅包括狭义上的财务分析还包括广义上的财务分析即企业外部财务分析。通过对影响企业外部环境因素进行综合分析从而全面、准确、客观地把握企业财务状况和经营成果的真实情况，帮助信息使用者正确做出决策。

二、企业财务分析局限性

（一）财务报告的局限性

  财务报告作为财务分析的主要对象，其编制过程是在遵循统一的会计规范和特定的会计假设为前提的，但是这种情况下形成的财务报告并不能全部反映企业的真实状况。财务报告本身具有局限性，直接导致财务分析的局限性。主要体现在：

1. 会计确认原则的局限性

权责发生制作为会计确认的基础在处理收入与费用配比问题的过程中，有时需要财务分析人员的主观估计和职业判断对企业部分资产的价值进行认定。所以基于主观方面原因，估计判断的结果与实际情况可能发生偏离，这为会计信息的真实性带来一定的影响；另外，以历史成本原则编制的财务报表所反映的数据可能与市场现行状况产生相关性误差，特别是在物价剧烈变动的情况下。如果以现行市价计量确认收入，而按照历史成本原则确认与其相关的成本费用，这样二者相互配比形成的利润就存在不真实因素。

2. 会计假设的局限性

货币计量是会计核算的基本前提，这一假设还包含币值稳定前提，即在一定时间内币值稳定不变。而事实并非如此，当发生严重的通货膨胀时，将会扭曲企业的财务状况及经营成果，不能如实反映企业的经营管理情况，从而形成会计信息的失真。另外对那些非货币计量的指标或因素也很难进行全面的分析和反应，而有的因素对企业决策有重要的参考作用。

3. 报告内容的局限性

财务信息通过通用、标准的财务报告模型传递给信息使用者。这种传递手段之所以受到企业界普遍欢迎一是因为比较快捷经济，二是因为它能在某种程度上满足不同类型信息使用者的共同或类似的信息需求。可是，这种信息传递模式显示其公用性优点的同时，不可避免地暴露出了其不能全面满足不同信息使用者的多样化需求。不同信息使用者借助通用报告模式信息作出的决策也显然不能达到满足其各自利益之目的。

（二）分析方法与分析指标方面的局限性

财务分析的基本方法主要有：比率分析法、比较分析法、因素分析法、趋势分析法等。这些方法在运用过程中基本上是根据企业现行实际数据与先前计划数据、同期历史数据、行业平均水平数据进行横向或纵向比较，而分析人员在运用这些方法时其公式或指标是否科学合理，是否适合本企业的实际等方面往往考虑的并不是那么周到具体。

财务分析指标体系存在着局限性，通常对财务指标的分析主要来源于资产负债表及损益表的有关内容，而对反映企业一定期间内现金流量的分析和评价往往不够重视，忽略企业整体价值的增量，片面追求利润表数字的增加，从而影响管理当局对决策形势的判断；财务分析个体指标存在着局限性，企业财务分析个体指标主要有营运能力指标、偿债能力指标、盈利能力指标等。运营能力指标，主要有总资金周转率、流动资金周转率、应收账款周转率等。实际运用公式时，企业营业收入的确认，赊销与实销金额比例的变化，容易使计算出来的周转率与实际发生偏离。在分析偿债能力指标时，有的企业考察流动比率，对不同流动资产的流动性没有严格区分，如存货的实际可变现性；在分析企业资产负债率时，对于少数股东权益的界定模糊不清，若归属于公司负债，则夸大了资产负债率，使企业偿债能力降低。若将其并入多数股东权益，则增加了企业净资产，使企业偿债能力增强。

对盈利能力指标而言，如在分析企业销售利润率时，容易诱发企业的短期利益行为，而不考虑当期利润的成本。在企业实现的销售净利润中有多少真正可以回笼的资金，直接影响着企业的实际运营能力高低。再如净资产收益率，即所有者权益，公司红利分配政策的变化，也导致净资产收益率呈现出不同水平。

（三）财务分析系统不完善

现在企业普遍使用的财务分析系统不外乎有以财务指标为主体的分析系统、以财务报表为主体的分析系统、以财务要素为主体的分析系统三种。其共同点就是他们都能够抓住企业发展的关键指标并以此来分析评价企业的经营业绩，但还存在不足的地方：

1. 对企业现金流量表的分析不够具体

在企业财务分析中对现金流量的分析是非常重要的，企业的创新能力及生存能力如何在很大程度上取决于现金流量的大小。而现在企业大多把利润和收入作为财务分析的主要指标，对现金流量表中的数据利用的较少。这样很难对企业偿债能力、营运能力、支付能力等做出准确全面的分析和评价。

2. 不够重视对非财务因素的分析

以往的财务分析体系注重对财务因素的分析，这样得出的财务信息缺乏及时性和前瞻性，殊不知对非财务动因进行分析往往能够更好地预测企业将来财务状况及经营成果。

3. 静态分析较多，动态分析较少

传统的财务分析观念往往习惯于对企业战略发展规划、职工需求、市场占有率、企业经营计划等方面进行静态分析；而缺乏对来自企业外部的经营环境、行业威胁、竞争对手等动态因素的收集和处理，不能动态地去修正和完善企业的战略规划并及时调整运行方案。

三、财务分析的主要内容

通常情况下，企业的财务分析工作是以财务报表中的数据作为依据的，通过一系列的会计方法与手段，反映出企业的管理运作状况与可能发生的风险。财务分析的内容也是企业日常生产运作的一项重要内容，具体而言，包含以下几个方面：

（一）对企业财务状况进行分析

想要了解企业的财务现状，就必须掌握企业现有资产与负债状况，通过数据来反映出企业的经营规模、资金周转的稳定程度。财务状况分析的主要内容有：资产结构、资产使用率、以及资金使用率等。其中，对资产使用率与资金使用率的分析构成了企业的运营能力分析。其常用指标包含有：存货周转率、流动资金周转率等。

（二）对企业获利能力进行分析

任何企业都是以盈利为目的的，它是企业生产的直接动力与源泉，企业想要获取到更多的利润，就必须不断提升自身的获利能力，这也是企业的投资者、债权人、以及经营管理人员所重点关注的问题。其常用指标包含有：销售净利率、销售毛利率、营业利润率等。

（三）对企业偿债能力进行分析

顾名思义，偿债能力即为偿还债负能力，它包含短期偿债能力与长期偿债能力。短期偿债能力即企业用流动资产进行流动负债偿还，反映企业日常债务偿付的能力。其指标包含有流动比率、速动比率、现金比率等。长期偿债能力即为企业承担债务的能力以及债务偿还的保障能力。其指标包含有资产负债率、产权比率、带息负债率、以及利息费用保障倍数（已获利息倍数）等。

（四）对企业现金流量进行分析

对企业现金流量进行分析，能够对企业现金获取能力、偿债能力、收益的质量、投资活动与筹资活动等进行评价。其常用指标包含有：现金流量与当期债务比、债务保障率、每股经营现金流量、每月销售现金净流入、全部资产现金回收率、现金流量适合比率、现金再投资比率、现金股利保障倍数等。

（五）对企业投资报酬进行分析

投资报酬即为企业在投资中得到的经济回报，它是企业获利能力分析的一个重要组成部分。其常用指标包含有：净资产报酬率、总资产报酬率、资本金报酬率等。

（六）对企业成长能力进行分析

对企业成长能力进行分析，就是分析企业的经营扩展能力。它是投资者在进行股票选购与长期投资时重点关注的问题。其常用指标包含有：主营业务增长率、主营利润增长率、净利润增长率、股本比重、固定资产比重、利润保留率、再投资率等。

四、财务分析在企业财务管理中的作用

（一）财务分析能够促进现代企业管理制度的健全与完善

伴随时代发展与社会进步，现代企业制度的管理理念逐渐被企业所认同与接受。面临竞争日益激烈的市场大环境，企业必须顺应时代发展潮流，完善自身发展。现代企业讲求管理的合理性与科学性，要求企业做到权责分明、产权明晰，企业通过一系列财务分析工作，能够促进现代企业管理制度的健全与完善。企业的日常经营包含有采购、管理、销售等众多环节，这就给管理工作的开展带来困难，财务分析能够为企业解决这一难题，它能够有效、准确、及时地发现企业经营中出现的问题，并对其做出正确、客观的评价，为企业的经营决策提供依据，从而优化了企业的财务结构，提升了企业的管理经营水平，加强了企业的综合竞争力。从这一角度来看，财务分析在很大程度上保障了企业的竞争力，促进企业朝着现代化管理的方向不断迈进。

（二）财务分析为企业开展财务状况与经营业绩评价提供依据

企业通过开展财务分析工作，能够准确、及时地了解与掌握企业的经营状况、财务状况、偿还能力、获利能力等，促进企业高层对员工业绩进行评价的客观性与公正性，真正实现奖罚分明。同时，还可以为企业的重大经营决策提供依据，通过财务分析，及时、准确地找出企业日常管理过程中出现的问题，并有效地解决问题，不断提升企业的财务管理水平。

（三）财务分析能够为投资者和债权人提供出正确的信息

伴随市场经济的迅猛发展，企业的投资主体趋向多元化，潜在的投资者与债权人逐渐凸显出来，其在进行决策制定时，重点要考虑企业的财务经营状况，要对企业的财务状况展开分析之后才能制定出决策。所以，财务分析能够为投资者和债权人提供出正确的信息，发挥着至关重要的作用。

（四）财务分析能够对企业风险进行有效防范

企业的日常生产运作本身就是一项十分复杂的系统工程，存在着很多的不确定性，而不确定性会增加企业所面临的风险。如果企业的某个部门存在风险，通常会牵连到企业的其他部门，严重时甚至造成企业的整理运营陷入瘫痪。所以，企业的风险防范工作必须站在全局性的角度，这就体现出财务分析所特有的优势。因为审计部门存在着较强的独立性，它并不从事企业的业务活动，从而促使其能够站在全局性的高度，客观、公正地识别风险与防范风险。

五、完善企业财务分析的对策与措施

（一）提升企业财务信息质量，促进财务分析的顺利开展

1. 扩展财务报告所披露信息

企业应该严格遵循财务报告的充分揭示原则，对重要的财务信息进行披露，做到信息应全面，时间应及时，地点应固定，对确定性信息与非确定性信息、定量信息与定性信息、财务信息与非财务信息都要进行披露。

2. 缩小财务报告的周期，提升财务报告及时性

面临竞争日益记录的市场大环境，企业的信息与财务报告必须要保障时效性。伴随时代发展与社会进步，电子网络技术已经逐渐运用到企业当中，企业的财务核算工作由传统方式下的人工操作逐渐演变成为计算机系统操作，提升了工作效率。所以，企业应该对财务报告披露时间进行修改；同时利用好计算机网络平台，实现定期报告与实时报告并存。企业发布的信息应具有及时性与准确性，促使用户能够选取出有价值的信息，为决策提供依据。企业可以考虑引进一套科学、完善的电子计算机系统，结合企业的实际工作状况，完善企业的日常管理，提升企业的经营效率。

3. 完善信息披露的监督机制

企业必须保障财务信息的真实性、可靠性、有效性，采取一系列对策与措施来完善信息披露的监督机制。企业应该重点强化内部控制制度的建设，健全内部控制制度，并将其切实执行到实际工作当中，配备一套奖惩措施，对于违法违规人员要进行处罚，例如罚款以及暂停执业等。

（二）健全与完善财务指标体系

企业应该积极转变思想，改变传统方式下的经营理念与方式，引进先进、科学的财务分析方法，同时与企业日常运作的实际情况进行有机结合。找出

现有财务指标的缺陷与不足，健全与完善财务指标体系，在完善财务指标建设的同时也要对非财务指标进行考虑，通过科学的财务分析，不断解决企业现有分析方法所存在的弊端，从而不断提升分析的效果。

（三）努力提升财务人员的综合素质

财务分析的质量是与财务人员的综合素质密切相关的，企业想要提升财务工作的水平，就必须努力提升财务人员的素质。企业可以考虑通过一系列的继续教育与培训工作，不断提升财务人员的基础知识与专业技能，树立其良好的职业道德，提升财务人员的综合能力水平，使其更好地为企业进行服务。

第二节 企业偿债能力分析

偿债能力是反映一个企业的财务灵活性及其偿还债务的能力。企业偿债能力的强弱关乎企业的生死存亡，是企业健康发展的基本前提，也是投资者、债权人以及企业相关利益者非常关心的问题，企业全部的经营活动——融资、投资以及经营等均影响企业的偿债能力。可见，偿债能力分析是企业财务分析中一个重要组成内容，对于提高企业偿债能力、为企业健康发展都有着重要意义。

近年来，随着经营观念、经营意识的不断转变和增强，企业的偿债能力分析也越来越受到投资者、经营者和债权人的关注。不管是中小型企业还是上市公司，都应将自身的偿债能力上升到企业生死存亡的高度来认识，应加强科学分析，将之作为企业正常经营的晴雨表。

一、企业偿债能力分析的意义以及主要内容

（一）企业偿债能力分析的意义

企业偿债能力是指企业偿还其债务（含本金和利息）的能力。通过企业偿债能力的分析，能够揭示一个企业的财务状况、财务风险的大小、筹资的潜力，也为企业的理财活动提供参考，这些对于企业的投资者、债权人、供应商以及企业管理者等利益相关者都有着很重要的意义。

1. 从投资者的角度而言

企业偿债能力的强弱对企业盈利能力的高低和投资机会的多少有着直接的影响，它的下降一般预示着企业盈利能力和投资机会减少。因此，企业偿债能力分析有利于投资者进行正确的投资决策。

2. 从债权人的角度而言

偿债能力的强弱对企业的资金本金、利息或其他的经济利益能否按期收回有着直接的影响。企业的偿债能力较弱的将会导致本金与利息收回的延迟，也有可能无法收回，因此，企业偿债能力分析有利于债权人进行正确的借贷决策。

3. 从管理者的角度而言

对企业的经营活动、筹资活动和投资活动能否正常进行有着直接的影响，也是对企业承受财务风险能力大小的分析，因此，企业偿债能力分析有利于企业管理者进行正确的经营决策。

4. 从供应商的角度而言

企业偿债能力与企业履行合同的能力有着直接的关系，它的下降会影响到资金的周转甚至是货款的安全，因此，企业偿债能力分析有利于供应商对企业的财务状况进行正确的评估。

（二）企业偿债能力分析的主要内容

企业偿债分析的内容受企业负债的内容和偿债所需资产内容的制约，偿债能力分析通常被分为短期偿债能力分析和长期偿债能力分析。

1. 短期偿债能力分析

短期偿债能力是指企业偿还流动负债的能力，或者说是指企业在短期债务到期时可以变现为现金用于偿还流动负债的能力。

2. 长期偿债能力分析

长期偿债能力是指企业偿还长期负债的能力，或者说是在企业长期债务到期时企业盈利或资产可用于偿还长期负债的能力。

二、影响企业偿债能力的主要因素

（一）企业短期偿债能力的影响因素

短期偿债能力是指企业以流动资产偿还流动负债的能力。资产的流动性、流动负债的规模与结构、企业的经营现金流量水平等是影响短期偿债能力的主要因素。

1. 资产的流动性

财务分析人员在短期偿债能力分析时，一般是将企业的流动资产与流动负债比率大小算出，并以此数据作为企业短期偿债能力强弱的依据。资产的流动性是指企业资产转换成现金的能力，包括是否能不受损失地转换为现金以及转换需要的时间。流动资产是偿还流动负债的物质保证，所以从根本上决定了企业偿还流动负债的能力。此外，它与流动资产的规模和结构有关，从流动资产的变现能力角度看，一般地说，流动资产越多，企业短期偿债能力越强；通常也分为速动资产和存货资产两部分，在企业常见的流动资产中，应收账款和存货的变现能力是影响流动资产变现能力的重要因素。

2. 流动负债的规模和结构

流动负债的规模是影响企业短期偿债能力的重要因素。因为短期负债规模越大，短期企业需要偿还的债务负担就越重；流动负债的结构也直接影响企业的短期偿债能力，比如是以现金偿还还是以劳务偿还的结构、流动负债的期限结构；流动负债也有"质量"问题，因此，债务偿还的强制程度和紧迫性也是影响的因素。

3. 企业的经营现金流量水平

现金流量是决定企业偿债能力的重要因素。企业中很多短期债务都是需要用流动性最强的现金来偿还，因此现金流入和流出的数量将会直接影响企业的短期偿债能力。

（二）企业长期偿债能力的影响因素

企业长期债务包括长期借款、应付债券、长期应付款及其他长期负债，影响企业长期偿债能力的主要因素有：

1. 企业的盈利能力

企业的盈利能力强，则长期偿债能力就强；反之，则长期偿债能力就弱。一个企业如果一直处于长期亏损，需要变卖资产才能偿还债务，企业不能正常的经营活动，将会影响到投资者和债权人的利益，可见，企业的盈利能力是影响长期偿债能力的最重要因素。

2. 投资效果

投资的效果如何将会决定企业是否有偿还长期债务的能力。

3. 权益资金的增长和稳定程度

对于债权人而言，都想增加权益资金，而把利润的大部分留在企业，减少利润向外流出，对投资者没有什么实质的影响，这样反而提高了企业长期偿债能力。

4. 权益资金的实际价值

当一个企业结束经营时，最终的偿债能力取决于企业权益资金的实际价值，是影响企业最终偿债能力的最重要因素。

5. 其他相关因素

在企业日常经营管理中，也会因为一些没有在财务报表上反映的其他因素，对企业偿债能力有很大程度上的影响，必须认真对待。

三、如何提高企业偿债能力

（一）优化资产结构

正常经营的企业，其资产总额总是大于负债总额的，但由于受资产的变现能力快慢、难易影响，导致了偿债能力强弱，因此要加强内部管理，提高资产使用效率，才能提高企业偿债能力。由于一些企业内部管理不善，导致企业资金被积压，资金得不到充分利用，直接导致企业偿还债务能力降低。因此，应尽量减少货币资金的闲置，减少流动资产的占有率，要加强货币资金的利用率，提高货币资金的获利能力，充分利用拥有充足的货币资金的强大优势创造更高的利润。加强对存货的管理，存货过多会占用资金，且通常变现能力较差，直接导致偿债能力下降，因此要减少在产品，扩大销售产成品，降低原材料库存。加强对应收账款的管理，加快应收账款回笼的速度，根据客户的不同分别制定科学合理的收账政策，谨防应收账款过大。对于长期投资，应要先对他们进行仔细地预测和分析，避免盲目投资，如摊子铺得过大，一时难以收缩。购置固定资产时要与企业的实际需要相联系，防止固定资产闲置过多，要充分利用资金。

（二）制定合理的偿债计划

在我们身边往往有一些企业破产倒闭出现，这些企业并不是因为资不抵债，而是因为缺乏合理的安排，资产不能按时变现，及时偿还债务。因此，企业事先应制定合理的偿债计划，才能为企业保持良好的信誉，避免偿债引起的风险。在制定偿债计划时要与资产负债表的数据有密切的联系，所以在提供的数据必须要准确可靠；要对债务合同、契约中的还款时间、金额和条件等详细逐笔地列明，结合企业实际的经营情况、资金收入，把每一笔债务的支出与相应的资金对应，做到量出为入，有备无患，使企业的生产经营计划、偿债计划、资金链互相的配合，尽量使企业有限的资金通过时间及转换上的合理安排，满足日常的经营及每个偿债时点的需要。

（三）选择合适的举债方式

随着各行业激励的竞争，企业的资金链也会随之变得紧张起来，在当今的资本市场上，举债的方式由过去单一的向银行贷款，发展到可利用多种渠道筹集资金，而选择合适的举债才是最主要的。一是向银行借款，其要受资金头寸的限制，又有贷款额度的制约；二是向资金市场拆借，这个只能适合那些短期内急需资金的企业，而且使用时间不长，资金成本又较高；三是发行企业债券，向企业内部发行债券，能筹集的资金十分有限。对外发行债券，可以筹集到数额较大的资金，资金成本较高，稍有不慎，会带来很大风险，如果举债的资金合理科学地使用，经营得当，不但能提高企业自身的偿债能力，还能大大提高企业的收益；四是使用商业信用，不仅成本低，而且十分灵活，但要求企业有良好的信誉。

（四）培植良好的公共关系

良好的公共关系和善于交际的能力，是现代企业不可缺少的，要让自己的企业做到诚实无欺，讲信誉、守信用，塑造企业的良好形象和魅力，这些是企业的无形资产。

（五）增强偿债意识

有的企业，虽然具有偿债能力，由于缺乏偿债意识，造成"赖账有理"的心理，能拖则拖，能赖则赖。这样的企业虽可得到暂时利益，但从长远看，企业会失去诚信，失去朋友，最终企业将会失去偿债能力，然后破产倒闭。总之，作为现代企业应居安思危，重点关注自身的偿债能力，科学地进行分析、掌握规律，努力提高偿债能力，让企业健康有序地发展。

四、短期偿债能力分析

短期偿债能力是指企业偿付流动负债的能力。流动负债是将在 1 年内或超过 1 年的一个营业周期内需要偿付的债务，包括短期借款、应付账款、应付票据、预收账款等，其主要指标有流动比率、速动比率、现金比率、现金流动负债比率等。

（一）短期偿债能力指标主要有：

1. 流动比率

流动比率＝流动资产 / 流动负债其表明 1 元的流动负债有多少流动资产做为偿还的保证。一般来说，该比率不得低于 1，2 左右最适合，若超过 5，则意味着公司资产未能得到充分利用。在运用该指标分析公司短期偿债能力时，还应结合存货的规模大小，周转速度、变现能力和变现价值等指标进行综合分析。如果某一公司虽然流动比率很高，但其存货规模大，周转速度慢，有可能造成存货变现能力弱，变现价值低，那么该公司的实际短期偿债能力就要比指标反映的弱。

2. 速动比率

速动比率＝速动资产／流动负债其中，速动资产＝流动资产－存货－预付账款－一年内到期的非流动资产－其他流动资产或速动资产＝货币资金＋交易性金融资产＋应收账款＋应收票据＋其他应收款速动比率表示每 1 元流动负债有多少速动资产作为偿还的保证，进一步反映流动负债的保障程度。一般情况下，该指标越大，表明公司短期偿债能力越强，通常该指标在 100% 左右较好。在运用该指标分析公司短期偿债能力时，应结合应收账款的规模、周转速度和其他应收款的规模，以及它们的变现能力进行综合分析。如果某公司速动比率虽然很高，但应收账款周转速度慢，且它与其他应收款的规模大，变现能力差，那么该公司较为真实的短期偿债能力要比该指标反映的差。

3. 现金比率

现金比率＝（货币资金＋交易性金融资产）／流动负债现金比率可以反映企业的直接支付能力，因为现金是企业偿还债务的最终手段，如果现金缺乏，就可能会发生支付困难，将面临财务危机，因而现金比率高，说明企业有较好的支付能力，对偿付债务是有保障的。一般为 20% 以上为好。但是，如果这个比率过高，可能意味着企业拥有过多的获利能力较低的现金类资产，企业的资产未能得到有效的运用。

4. 现金与流动负债比率

现金与流动负债的比率＝年经营现金净流量／年末流动负债如果这一比率大于或等于 1，表明公司可以用经营收入来偿还到期债务的本息，具有稳定可靠的第一偿债来源。如果这一比率小于 1，则表明公司的经营收入不能满足偿还到期债务的需要，要偿还到期债务，只能通过变卖资产或是通过投资活动、筹资活动取得的现金。该指标不是越大越好，指标过大表明企业流动资金利用不充分，获利能力不强。

（二）短期偿债能力分析方法

短期偿债能力受多种因素的影响，包括行业特点、经营环境、生产周期、资产结构、流动资产运用效率等。仅凭某一期的单项指标，很难对企业短期偿债能力作出客观评价。因此，在分析短期偿债能力时，一方面应结合指标的变动趋势，动态地加以评价；另一方面，要结合同行业平均水平，进行横向比较分析。同时，还应进行预算比较分析，以便找出实际与预算目标的差距，探求原因，解决问题。

1. 同行业比较分析

同行业比较包括同行业先进水平、同行业平均水平和竞争对手比较三类，短期偿债能力的同行业比较程序如下：首先，计算反映短期偿债能力的核心指标——流动比率，将实际指标值与行业标准值进行比较，并得出比较结论。其次，分解流动资产，目的是考察流动比率的质量。第三，如果存货周转率低，可进一步计算速动比率，考察企业速动比率的水平和质量，并与行业标准值比较，并得出结论。第四，如果速动比率低于同行业水平，说明应收账款周转速度慢，可进一步计算现金比率，并与行业标准值比较，得出结论。最后，通过上述比较，综合评价企业短期偿债能力。

2. 历史比较分析

短期偿债能力的历史比较分析采用的比较标准是过去某一时点的短期偿债能力的实际指标值。比较标准可以是企业历史最好水平，也可以是企业正常经营条件下的实际值。在分析时，经常采用与上年实际指标进行对比。采用历史比较分析的优点：一是比较基础可靠，历史指标是企业曾经达到的水平，通过比较，可以观察企业偿债能力的变动趋势；二是具有较强的可比性，便于找出问题。其缺点：一是历史指标只能代表过去的实际水平，不能代表合理水平。因此，历史比较分析主要通过比较，揭示差异，分析原因，推断趋势；二是经营环境变动后，也会减弱历史比较的可比性。

3. 预算比较分析

预算比较分析是指对企业指标的本期实际值与预算值所进行的比较分析。预算比较分析采用的比较标准是反映企业偿债能力的预算标准。预算标准是企业根据自身经营条件和经营状况制定的目标。

（三）其他影响短期偿债能力因素

一些在财务报表中没有反映出来的因素，也会影响企业的短期偿债能力，甚至影响力相当大增加偿债能力的因素有：可动用的银行贷款指标、准备很快变现的长期资产和偿债能力声誉。减少偿债能力的因素有：未作记录的或有负债等。财务报表的使用者，多了解一些这方面的情况，有利于作出正确的判断。

五、长期偿债能力分析

长期偿债能力是指企业偿还长期负债的能力，长期负债是指期限超过 1 年的债务，主要有长期借款、长期应付款等。反映企业长期偿债能力的财务比率主要有资产负债率、股东权益比率、产权比率、利息保障倍数等。对于企业的长期债权人和所有者来说，不仅关心企业短期偿债能力，更关心企业长期偿债能力。

（一）长期偿债能力指标主要有：

1.资产负债率（负债比率或负债经营率）

资产负债率＝负债总额/资产总额它反映企业的资产总额中有多少是通过举债而得到的。这个比率越高，表明偿还债务的能力越差；反之偿还债务的能力越强。一般认为小于50%较合理，我国认为小于60%较合理。

2.产权比率（自有资金负债率或资本负债率）

产权比率＝负债总额/所有者权益总额该指标反映企业在偿还债务时股东权益对债权人权益的保障程度，是企业财务结构稳健与否的重要标志。该比率越低，说明企业长期偿债能力越强，对债权权益的保障程度越高，财务风险越小，是低风险、低收益的财务结构；如果企业经营状况良好，过低的产权比率会影响其每股利润的扩增能力。

3.股东权益比率

股东权益比率＝股东权益/资产总额该比率反映企业资产中有多少是所有者投入的。这个比率从不同的侧面反映来企业长期财务状况的，股东权益比率越大，负债比率就越小，企业的财务风险也越小，偿还长期债务的能力就越强。

4.利息保障倍数指标

利息保障倍数＝息税前的利润/利息费用息税前的利润＝利润总额＋利息费用＝净利润＋所得税＋利息费用利息保障倍数反映了获利能力对债务偿付的保证程度。该比率只能反映企业支付利息的能力和企业举债经营的基本条件，不能反映企业债务本金的偿还能力。该指标反映的是从所借债务中获得的收益为所需支付债务利息的多少倍。一般情况下企业对外借债的目的在于获得必要的经营资本，企业举债经营的原则是对债务所付出的利息必须小于使用这笔钱所能赚得的利润。否则对外借债就会得不偿失。由此该指标至少要大于1。同时，企业偿还借款的本金和利息不是用利润支付，而是用流动资产来支付，所以使用这一比率进行分析时，不能说明企业是否有足够多的流动资金偿还债务本息。该指标有较大的局限性。

（二）长期偿债能力分析方法主要包括：

1.考虑资本结构

资本结构是指企业各项资本的构成及其比例关系。广义的资本结构是企业全部资本的构成，如长期资本和短期资本的结构及比例，狭义的资本结构是指长期资本的结构，如长期债务资本与权益资本的结构及比例，我们主要从狭义资本结构分析其对企业偿债能力的影响，其影响主要在于以下两方面：

权益资本是承担长期债务的基础、资本结构影响企业的财务风险，进而影响企业的偿债能力。

2. 结合企业获利能力分析

长期偿债能力与获利能力密切相关。企业能否有充足的现金流入偿还长期负债，在很大程度上取决于企业的获利能力。一般来说，企业的获利能力越强，长期偿债能力越强；反之，则越弱。

（三）其他影响长期偿债能力因素

在财务报告分析中，还有一些因素也会对长期偿债能力带来影响，报表使用者应引起足够的注意。

1. 长期租赁

企业的长期租赁有两种：经营租赁、融资租赁。融资租赁的资产视为自有资产管理，其支付的租金作为企业的负债在资产负债表中反映（长期应付款）；而经营租赁资产不视为企业的自有资产，其支付的租金不在资产负债表中反映，只出现在会计报表附注和利润表的管理费用项目中。当企业经营租赁量较大、期限较长或具有经常性时，经营租赁实际上就构成了一种长期性筹资，但是租赁费用却不在长期负债项目中反映。因此，在评价长期偿债能力时，必须考虑其对企业债务结构的影响。

2. 或有事项

或有事项是指过去交易或事项形成的，其结果须由某些未来事项的发生或不发生才能决定的不确定事项。或有事项会导致或有资产和或有负债。产生或有资产会提高企业的偿债能力，产生或有负债会降低企业的偿债能力。因此，在分析报表时，必须充分注意有关或有项目的会计报表附注的披露，以了解未在资产负债表上反映的或有项目，并在评价企业的长期偿债能力时，考虑或有项目的潜在影响。

企业出于维持日常经营活动和进行长期发展的需要，一般会采用向外举债的方式筹集资金，从而形成企业的负债。偿债能力在一定程度上反映了企业的财务状况，是企业财务分析的重要内容。因此在进行偿债能力综合分析论时还应注意的几个问题：要注意区分短期偿债能力和长期偿债能力；要注意非现金资产变现价值的不确定性；不能只看负债的规模而忽视其构成；重视现金流量对企业偿债能力的影响；重视企业短期融资能力的重要影响债能力的重要依据和有益补充；注意防范企业债务陷阱；重视外部环境对企业偿债能力的影响。

第三节 企业营运能力分析

企业营运能力分析分内部因素分析和外部因素分析。内部分析一般按照财务报表分析。企业财务报表分析中的营运能力分析包括：总资金周转率和周转天数，固定资金周转率和周转天数，流动资金周转率和周转天数，应收账款周转率和周转天数，存货周转率和周转天数。各指标都从不同角度说明企业的营运能力，但各指标也都有其不足，财务报表分析者应注意。而外部分析一般则是针对财务报表所存在的局限性和可靠性以及根据宏观的经济环境所进行分析。所以，营运能力分析包括人力资源营运能力分析和生产资料营运能力的分析。

资产是一个企业从事生产经营活动必须具备的物质基础，它们能给企业带来巨大的经济利益。企业资产不断转化的过程，其转化效率的高低就成为影响企业资产质量的高低的关键。企业资产结构是通过资产负债表的资产方表现的，因而对资产结构的分析，主要就是对资产负债表的左方进行分析。一个企业的负债及所有者权益是否有充分的保障，收益能力是强是弱，生产经营能力是高是低，在很大程度上取决于资产结构的合理与优化。资产营运能力分析为此提供了评论依据、手段和结果。

一、企业营运能力分析概述

新市场经济体制的确立，为企业营运能力体系的产生创造了宏观环境。中国市场经济由计划经济转型而来，计划经济是存在于广大发展中国家的普遍现象，这种现象不仅是历史原因造成的，而且是在其特定的政治、经济、文化等制度背景下形成和发展起来的。我国经济长时期的持续、稳定、快速增长，以及社会生产力、综合国力和人们生活水平持续上新的台阶，充分证明，党的十四大确立的建立社会主义市场经济体制的目标是完全正确的。

二、企业资产运营能力分析的目的

对资产营运能力进行分析，其目的是判断和确定资产营运状况对企业经营和财务活动的影响，并提出使用资产的对策，使企业的资产结构最优。企业财务活动的关注者不同，对资产营运能力分析的目的也不同。

（一）从企业所有者的角度

企业所有者对资产结构分析的目的是判断企业财务安全性、资本保全程度以及资产收益能力。

（二）从企业债权人的角度

企业债权人资产结构分析的目的是判断其债权的物质保证程度或安全性，以确定是否对企业给予信贷和连续房贷。即债权人的物质保障程度是研究企业存量资产及其结构与债务总量及结构之间存在的相关关系。

（三）从企业经营者角度

企业经营者资产结构分析的目的是优化资产结构，提高企业资金周转效率，减少资产经营风险。从这个角度看，资产营运状况分析的三个目的是彼此联系的。通过资产结构优化来改善企业财务状况，资金周转就能加快，而资金周转加快，资产的经营风险就能降低。

（四）从企业业务关联方的角度

资产机构分析的目的是判断在业务往来中企业是否有足够的商品供应或有足够的支付能力。企业在业务经营中，与业务关联单位发生联系主要是销售业务和购进业务。就购进业务而言，销售企业最关心企业是否具有足够的支付能力。因而，购入企业最关心存货在资产结构的比重，来判断购入合同的到期履行率，并据以确定货款的支付方式，防止预付贷款变成坏账。但任何企业运用资金、经营资产，其根本目标是取得收益或利润，使股东财富最大化。而企业在一定时点上的存量资产是企业获得收益或利润的基础。企业在生产经营过程中其资产在不停地运动，资产的结构也在不断变动。一定时期终了时，企业必须分析和掌握不断变动着的资产结构现存状况，以此判明它对企业未来收益的可能影响。

三、资产营运能力分析的内容及主要指标计算分析

资产营运能力分析也称为资产营运状况分析。营运能力是指企业资金运用能力，反映企业资产管理水平和资金周转状况，营运能力分析实际上是对企业的总资产及其各个组成要素的营运能力进行分析。资产营运能力分析的具体内容包括三个方面，即资产营运效率分析、资产规模分析、资产结构分析。其中资产营运效率是结果分析，用以揭示企业资产经营运做的结果；资产规模分析和资产结构分析则是原因分析，用以揭示企业资产经营运做高效

或低效的原因。

营运能力反映企业资产和利用的效率，营运能力强的企业，有助于获利能力的增长，进而保证企业具备良好的偿债能力。企业的管理者应该进行营运能力的分析，以便及时了解和掌握本企业的资产经营和利用效率情况。衡量企业营运能力的财务指标主要有：

1. 总资金周转率

总资金周转率是销售收入与总资产之间的比率，它是综合评价企业全部资产经营质量和利用效率的重要指标。它有三种表现方式，总资金周转次数，总资金周转天数、总资产与收入比。要对总资金周转率做出客观全面的分析，企业还应从两方面入手：（1）纵向比较。对企业近几年来的总资金周转率进行对比。（2）横向比较。将本企业与同类企业的总资金周转率对比。通过纵横比较，就可以发现企业在资产利用上取得的成绩与存在的问题，从而促使企业加强经营管理，提高总资产利用率。

2. 流动资金周转率

流动资金周转率是评价企业资产利用效率的另一主要指标。对企业来说，要加快流动资产的周转速度，就必须合理持有货币资金，加快账款的回收，扩大销售，提高存货周转速度。

3. 固定资金周转率

固定资产是企业一类重要资产，在总资产中占有较大比重，更重要的是固定资产生产能力，关系到企业产品的产量和质量，进而关系到企业的盈利能力。固定资产应及时维护、保养和更新，对技术性能落后、消耗高、效益低的固定资产要下决心处理，引进技术水平高，生产能力强，生产质量高的固定资产，并且要加强对固定资产的维护保管。

4. 应收账款周转率

应收账款周转率反映应收账款的变现速度，是对流动资金周转率的补充说明企业应加强对应收账款的管理，管理的目标应是在发挥应收账款强化竞争、扩大销售的同时，尽可能降低应收账款投资的机会成本、坏账损失与管理成本。

5. 存货周转率

存货周转率是对流动资金周转率的补充说明，是评价企业从取得存货，投入生产到销售收回等各个环节管理状况的综合性指标。企业经营的最终目的是要实现企业价值最大化，而价值最大化的实现有赖于企业资产的合理使用，不断提高资产的使用效率，这需要企业管理者学会分析，学会发现，用智慧去管理。

综上所述，企业的营运能力是企业基于外部市场环境的约束，通过对企业内部按照财务报表分析针以及对财务报表所存在的局限性和可靠性以及根据宏观的经济环境所进行分析。

第四节 企业盈利能力分析

企业的盈利能力是指企业利用各种经济资源赚取利润的能力，它是企业营销能力、获取现金能力、降低成本能力及规避风险能力等的综合体现，也是企业各环节经营结果的具体表现，企业经营的好坏都会通过盈利能力表现出来。企业盈利能力分析主要是以资产负债表、利润表、利润分配表为基础，通过表内各项目之间的逻辑关系构建一套指标体系，通常包括销售净利率、成本费用利润率、总资产报酬率、利息保障倍数等，然后对盈利能力进行分析和评价。盈利能力分析是企业财务报表分析的重要内容。笔者认为，在盈利能力分析中应注意以下几个问题。

一、不能仅从销售情况看企业盈利能力

对企业销售活动的获利能力分析是企业盈利能力分析的重点。在企业利润的形成中，营业利润是主要的来源，而营业利润高低关键取决于产品销售的增长幅度。产品销售额的增减变化，直接反映了企业生产经营状况和经济效益的好坏。因此，许多财务分析人员往往比较关注销售额对企业盈利能力的影响，试图只根据销售额的增减变化情况对企业的盈利能力进行分析和评价。然而，影响企业销售利润的因素还有产品成本、产品结构、产品质量等因素，影响企业整体盈利能力的因素还有对外投资情况、资金的来源构成等，所以仅从销售额来评价企业的盈利能力是不够的，有时不能客观地评价企业的盈利能力。

二、关注税收政策对盈利能力的影响

税收政策是指国家为了实现一定历史时期任务，选择确立的税收分配活动的方针和原则，它是国家进行宏观调控的主要手段。税收政策的制定与实施有利于调节社会资源的有效配置，为企业提供公平的纳税环境，能有效调整产业结构。税收政策对于企业发展有很重要的影响，符合国家税收政策的企业能够享受税收优惠，增强企业盈利能力；不符合国家税收政策的企业，则被要求缴纳高额的税收，从而不利于企业盈利能力的提高。因此，国家的税收政策与企业盈利能力之间存在一定的关系，评价分析企业的盈利能力，

离不开对其面临的税收政策环境的评价。然而，由于税收政策属于影响企业发展的外部影响因素，很多财务人员对企业进行财务分析时往往只注重对影响企业发展的内部因素进行分析，而容易忽视税收政策对企业盈利能力的影响。

三、重视利润结构对企业盈利能力的影响

企业利润主要由主营业务利润、投资收益和非经常项目收入共同构成，一般来说，主营业务利润和投资收益占公司利润很大比重，尤其主营业务利润是形成企业利润的基础。非经常项目对企业的盈利能力也有一定的贡献，但在企业总体利润中不应该占太大比例。在对企业盈利能力进行分析时，很多财务分析人员往往只注重对企业利润总量的分析，而忽视对企业利润构成的分析，忽视了利润结构对企业盈利能力的影响。实际上，有时企业的利润总额很多，如果从总量上看企业盈利能力很好，但是如果企业利润主要来源于一些非经常性项目，或者不是由企业主营业务活动创造的，那么这样的利润结构往往存在较大的风险，也不能反映出企业的真实盈利能力。

四、关注资本结构对企业盈利能力的影响

资本结构是影响企业盈利能力的重要因素之一，企业负债经营程度的高低对企业盈利能力有直接的影响。当企业的资产报酬率高于企业借款利息率时，企业负债经营可以提高企业的获利能力，否则企业负债经营会降低企业的获利能力。有些企业只注重增加资本投入、扩大企业投资规模，而忽视了资本结构是否合理，有可能会妨碍企业利润的增长。在对企业的盈利能力进行分析的过程中，许多财务人员也忽视了资本结构变动对企业盈利能力的影响，只注重对企业借入资本或只对企业的自有资本进行独立分析，而没有综合考虑二者之间结构是否合理，因而不能正确分析企业的盈利能力。

五、注意资产运转效率对企业盈利能力的影响

资产对于每个企业来说都是必不可少的，资产运转效率的高低不仅关系着企业运营能力的好坏，也影响到企业盈利能力的高低。通常情况下，资产运转效率越高，企业运营能力就越好，而企业的盈利能力也越强，所以说企业盈利能力与资产运转效率是相辅相成的。然而，很多财务人员在对企业的盈利能力进行分析时，往往只通过对企业资产与利润、销售与利润的关系进行比较，直接来评析企业的盈利能力，而忽视了企业资产运转效率对企业盈利能力的影响，忽视了从提高企业资产管理效率角度提升企业盈利能力的重

要性。这将不利于企业通过加强内部管理，提高资产管理效率进而推动盈利能力。

六、对企业盈利模式因素的考虑

企业的盈利模式就是企业赚取利润的途径和方式，是指企业将内外部资源要素通过巧妙而有机地整合，为企业创造价值的经营模式。独特的盈利模式往往是企业获得超额利润的法宝，也会成为企业的核心竞争力。一个企业即使是拥有先进的技术和人才，但若没有一个独特的盈利模式，企业也很难生存。显然，企业的盈利模式并不是指从表面上看到企业的行业选择或经营范围的选择。因此，要想发现企业盈利的源泉，找到企业盈利的根本动力，财务人员就必须关注该企业的盈利模式，要分析这家企业获得盈利的深层机制是什么，而不是简单地从其经营领域或企业行业特征上进行判断和分析。

七、重视非物质性因素对企业的贡献

忽视非物质性因素对企业的贡献，是指在分析企业盈利能力时只注重分析企业的销售收入、成本、费用、资产规模、资本结构等直接影响企业盈利水平的物质性因素，而忽视企业的商业信誉、企业文化、管理能力、专有技术以及宏观环境等一些非物质性因素对企业盈利能力的影响。事实上，非物质性因素也是影响企业盈利能力的重要动因，比如企业有良好的商业信誉、较好的经营管理能力和企业文化，将会使企业在扩大销售市场、成本控制、获取超额利润等方面有所收获，这都有利于企业盈利能力的提高。财务人员在对企业的财务能力进行分析时，如果只注重通过财务报表分析企业的物质性的因素，而忽视非物质性因素对企业发展的作用，就不能够揭示企业盈利的深层次原因，也难以准确预测企业的未来盈利水平。

八、不仅要看利润多少，还要关心利润质量

对企业盈利能力高低的判断，取决于企业提供的利润信息，企业利润的多少，直接影响企业的盈利能力。一般来说，在资产规模不变的情况下，企业利润越多，企业盈利能力相应越好，反之，企业利润越少，企业盈利能力越差。因此，很多财务人员在对企业盈利能力进行分析时，非常重视利润数量的多少。然而，企业的利润额由于受会计政策的主观选择，资产的质量、利润的确认与计量等因素的影响，可能存在质量风险问题。只看重利润的多少，不关心利润的质量，这在很大程度上忽视了利润信息及盈利能力的真实性，从而有可能导致财务分析主体的决策缺乏准确性。

九、不能仅以历史资料评价盈利能力

在财务分析时，大多数财务人员都是以企业年度决算产生的财务会计报告为基础计算各种盈利能力指标，来评价分析企业的盈利能力。在这种盈利能力分析中，人们所计算、评价的数据反映的是过去会计期间的收入、费用情况，都是来源于企业过去的生产经营活动，属于历史资料。而对一个企业的盈利能力进行分析评价，不仅要分析它过去的盈利能力，还要预测分析它未来的盈利能力。企业未来的盈利能力不仅与前期的积累、前期盈利能力的强弱有关，还与企业未来面临的内外部环境有关。因此，如果仅以历史资料来评价企业的盈利能力，很难对企业的盈利能力做出一个完整、准确的判断。

第五节 企业财务状况分析

面对经济体制改革的不断发展和完善，21世纪管理的现代化和国际化使我们不得不重视对企业的重视力度不断提高。对于企业而言是为了追究利益最大化，因此无疑会使对于企业的财务分析的地位不断上升。

作为社会发展支柱和推动力，企业发展的好坏直接关系着整个社会的发展前途。并且我国作为人口大国，首先是有充足的劳动力市场，其次是我们的资源有限，如何在这样有限的环境让充足的劳动力的效率发挥到最大是一个好的企业应该具有的最基本的要求。企业的经济效益在为国民经济持续发展提供了支持和保障，能够正确地评价企业的经济效益就需要我们有对于企业的经济效益分析的正确方法。

众所周知财务报表是企业生产经营状况及工作业绩的综合数字体现，如果能通过分析财务报表了解到企业存在的问题，并采取有效的措施加以解决，则会避免其对企业造成的损失。财务分析是针对企业财务状况、经营成果及发展趋势进行的分析和评价，通过财务分析，可以了解企业的财务状况及经营成果，也有助于发现企业经营活动的问题，从而为改善问题指明方向；也可以帮助利益相关者的决策。在对企业进行财务分析时，一般会从偿债能力、营运能力、盈利能力和发展能力进行综合的分析和评价。从上述分析中找到问题并且找到解决问题的办法，对于无法解决的问题就需要对企业采取其他相应的改良措施。

一、财务分析概念及相关研究

狭义的财务状况分析是指以财务报表为主要依据，有针对性、有重点的

对其有关项目和其质量进行分析和考察，进而对企业的财务状况的质量、经营成果进行评价和剖析，以反映企业在运营过程中的利弊得失、财务状况和发展趋势，为报表使用者的经济决策提供重要信息支持的一种分析活动。广义的财务状况分析是在狭义概念的基础上在补充一些关于公司概况、企业优势、企业发展前景和证券市场方面的分析。而本文主要是从狭义的概念的角度出发分析企业财务报表。

对于财务分析而言，针对的主体不一样，相应的作用也是不一样的。对公司内部而言，追求公司利润的最大化，通过对财务报表的分析可以详细的了解公司的营运能力或资金周转状况、盈利能力等方面的内容，这样也有利于经营管理人员了解本单位各项任务指标的完成情况，及时发现问题，为经济预测及做出科学合理的决策提供依据；对于政府有关部门而言，正确的财务分析有利于国家经济管理部门了解国民经济运行状况。通过该公司提供的财务报表资料进行综合分析，交接和掌握该公司所处行业的经济发展状况；对于外界投资者、债权人和其他利益相关者来说，有利于掌握公司的财务状况、经营成果和详尽流量等情况，进而分析了解公司短期和长期的收益水平高低，公司收益是否受重大变动的影响，公司目前的资本结构决定的风险和报酬如何，以及在同一行业中，与其他竞争者相比，公司出于何种地位等等。

关于我国财务状况的研究分析主要是从 20 世纪末才开始的，并且其中的大多数是以国外学者研究的为基础，其中主要可以总结为以下几个方面。首先是魏明海对于财务分析的研究分为了五个部分，分别是了解行业特征；确定企业可以提高优势的战略；对财务报表进行正确的理解与分析；运用先关的财务指标进行企业综合竞争力分析；决策者根据研究得出相应的评价分析；张先治在前人研究的基础上又重新构建了一种新的财务分析体系，形成了全面的财务分析框架。从上面的研究可以看出来，早期我国关于财务分析的研究还是相当不成熟的，大致上是运用最基本的方法对财务报表进行分析了解其财务状况。伴随着我国经济的发展，随后就出现了相应的实证会计分析、因子分析等来对财务分析进行研究，并在随后的发展中在逐步地完善。

二、从企业财务工作的实际出发，客观、深入地做好财务分析工作

财务状况是企业全部生产经营过程动态和静态的货币反映，包括所有资产、负债、资本、损益的增减变化情况和结果。以上范围内任何一个数据的变化，都会在另一相关方面显示出来，甚至发生连锁反应。如果某一方面的变化多次重复产生，就会逐步聚集，引起企业财务状况发生重大的变化（包

括良性和恶性），直至企业整体改变面貌。因此西方国家的企业家都十分重视企业财务状况的分析，经常从其变化情况和研究成果中，探索内在的资金运动规律，采取可行措施扬长避短，使一切有利于企业发展的财务活动得到鼓励和促进，使所有不利于企业生存的经营变化及时得到控制和阻止。企业财务状况所反映的内容，按其性质可分为四个方面：

（一）资产结构

企业经营运转的基础是资金，资产是资金的实物反映，其表现形势虽是财务静态指标，但反映的却是企业的经营动态结果。从资产负债表上列示的各种资料分析，其结构比例能否达到最佳状态，并取得理想的效果，是企业经营成败的重要条件。现在有些人士识别企业财务状况好坏的标准，往往集中在要有较多的货币资金方面，这是一种片面的看法，货币资金对企业确实不可缺少，但应当适度，过多或者过少都有害。还有一种倾向认为固定资产较多，说明实力雄厚；事实却相反，固定资产过多必然影响流动资金不足，运转能力失衡。凡此种种观念都应该予以纠正。

（二）循环速度

企业资金的运用是否适当，从另一个角度来判别，就是资金的循环速度，各种资产在企业经营中周期有长有短，需按照其特性分别确定。企业资产周期超逾常规，必须对企业财务状况产生影响。如全部资产的周转速度是否正常，这是企业有效运营的关键，但有些企业对此并不重视，严格影响增值能力的发挥。

（三）增值能力

企业能否创造利润是企业是否具有生命力的大事；但也不能光看"有没有利润"和"利润有多少"，更重要的是利润来源的方式，是否与企业性质任务相匹配。曾有一户工业企业，由于市场情况发生变化，当年主要产品销售利润下降较多，但在证券投资方面和外汇牌价变动方面，获得了一些利润，得以弥补缺口。对此种情况有两种评价：一种认为企业化险为夷很不容易，应该说财务状况不差；另一种认为这并非主营业务所得，对企业财务状况中存在的主要问题不能掉以轻心。笔者认为后一评价比较恰当，对企业财务状况的判别，应该从主流和长远角度来衡量，不能仅仅看利润数字。

（四）筹资方式

企业资金的来源有多种形式，在正常情况下，其主要来源是企业资本和长期负债两个方面。两者相互之间的比率并无绝对标准，要视市场情况、金融情况和企业情况来研究决定，主要原则是要有利于企业的经营和资金的增值。在此方面值得注意的是：（1）固定资产的总额不能超过企业资本和长期负债的总额，固定资产的资金来源不宜由流动负债或短期负债来提供；（2）外币负债必须与外币资产和未来的收入相适应，不能超逾过多，以防汇率上涨时带来风险损失。

对企业财务状况进行研究，要防止三种倾向：一是表面倾向。只看到某一方面而没有细察其他相关事项和原因，只看静态，不分析动态，这样作出的定论，往往容易形成片面认识。二是模糊倾向。财务状况的数据，大部分来自主要会计报表，如不深入思考或对照其他资料，很难得出正确概念。三是误导倾向。研究财务状况的目的，在于了解现状，预测未来，作出判断，从而决定后一期间的行动方针，如果所掌握的资料不能准确反映现状，或者有所偏差，必须影响对未来预测的正确程度，作出偏离现实的判断，造成误导的严重后果。

为了防止以上各种倾向，正确反映财务状况，在研究方法上应把握住以下三个方面：第一，定量和定性相结合。财务状况和研究不能专注于"量"的方面，必须抓住"性"的方面，要透过数字看到实质。无法定性的各种数字，必然无法反映财务的真实状况，因此毫无意义。例如利润金额的大小，只是一种"量"的表现，只有研究了利润的来源和形成过程后，才能判别其是否属于正常状态，并给予正确"定性"。第二，局部和整体相结合。对财务状况中的各个数字进行局部研究时，必须与整体财务状况联系起来进行分析，才能避免各种可能出现的片面性，从而得出正确的概念。例如，应收账款余额很大，并不能简单地判断其就是好事，只有在周转期加速的情况下，才能证实其属于健康状态，给予正确定性。第三，现状和预测相结合。研究本期财务状况，只是一种财务现状的分析，如果不采用适当的方式进行比较，就无法推断其本来发展的趋向，因此在研究本期财务状况时必须采用"趋势分析"的方法，与以前若干期的数据进行比较，从中观察其变化规律，预测未来。特别是对某些财务数据，原来处于偏离或偏低状态，可以从若干期的变动状况中，推导出其运动规律，从而得到正确的预测。

三、财务状况的综合分析

（一）杜邦分析法

前述讲到要对企业的财务状况做出科学评价，必须综合分析企业偿债能力、营运能力及盈利能力三个指标，并且这三个指标相互作用，互相影响。所以，要把企业财务活动当作一个整体去分析，利用各个主要财务比率指标之间的关联来分析财务状况，杜邦分析法就是最明显的一种。它分析几种财务指标间的关系，科学反映出企业的财务状况。说到杜邦分析法，我们就必然会涉及杜邦分析图。

（二）财务比率结合评价法

各种财务比率体现了企业会计报表中各项目之间的相互关系，不过，每项财务比率只能反映单个方面的情况。要全面分析，可运用指数法计算一个综合指数。运用指数法编制综合分析表的方法如下：明确评价企业财务状况的比率指标。往往要选择能够反映问题的重要指标；按照各项比率指标的重要性，规定其重要性系数；确定各项比率指标的标准值，也叫作最优值；算出企业在某个阶段各项比率指标的实际植；求出各指标实际值与标准值的比率，称为关系比率；求得各项比率指标的综合指数及其合计数。各项比率指标的综合指数，是关系比率和重要性系数的乘积这些指数将作为综合评价企业财务状况的依据。采用指数法来全面评价企业财务状况，要重点关注重要性系数和标准系数。在实际工作中，要确定这两项因素，带有较大的主观性，因此要按照历史经验和现时情况来确定，从而得出正确的结果。

1.财务分析的主要方法

财务分析主要包括四种方法：第一，比较分析：为了表明财务信息之间的数量关系与差异，为下一步分析指明方向；第二，趋势分析：为了反应财务状况和经营成果的变化及其原因，预测未来状况；第三，因素分析：其目的是分析各因素对某一财务指标的影响程度，以差异分析法为主；第四，比率分析：通过分析财务比率来把握企业的财务状况和成果，往往要在比较分析和趋势分析方法上进行。在实际工作中，比率分析方法最为常用。

2.财务比率分析

财务比率能够减少规模带来的影响，通过比较企业的收益与风险，帮助投资者和债权人制定科学决策。

（1）财务比率的分类

通常，我们会用偿债能力、营运能力、盈利能力这三个方面的比率来确定风险和收益的关系：这三个方面彼此之间有着一定的关联，如盈利能力限制着短期和长期的流动性，而资产运营的效率又影响了盈利能力。所以，在财务分析中，要综合考虑上述三个因素。

（2）主要财务比率的理解

①反映偿债能力的财务比率

短期偿债能力：短期偿债能力表现为企业偿还短期债务的能力。短期偿债能力差，企业的资信也会受到影响，今后筹集资金的难度也会增加，企业还有可能陷入财务危机，濒临破产。通常，企业会以流动资产偿还流动负债，在这里，流动资产与流动负债之间的关系就反映了短期偿债能力，流动比率越高，说明企业的短期偿债能力越强，不过如果流动比率过高，企业资金的使用效率和获利能力也会受到影响。每个企业拥有自身的经营特点，在实际工作中，要结合实情来分析。

长期偿债能力：长期偿债能力即为企业偿还长期利息与本金的能力。通常，企业借长期负债的目的在于长期投资，用投资产生的收益偿还利息与本金是最高不过的了。负债比率和利息收入倍数两项指标可确定企业的长期偿债能力。实际中，财务杠杆越高，债权人的可享受的权益就越少，财务杠杆过低反应出企业的资金利用不合理。

②反映营运能力的财务比率

营运能力就是以企业各项资产的周转速度为标准分析企业资产利用的效率。周转速度越快，企业的各项资产的速度也会越快，其经营效率也就越高。通常，营运能力包括应收款周转率、存货周转率、流动资金周转率、固定资金周转率、总资金周转率五个指标。在分析时，要注意各资产项目的组成结构，分析各指标之间的联系，才能获得科学分析结果。

③反映盈利能力的财务比率

盈利能力企业关注的核心，只有长期盈利，企业才能实现可持续发展。通常会用毛利率、营业利润率、净利润率、总资产报酬率、权益报酬率来衡量企业的盈利能力。要确定上述盈利指标高或低，将企业与同行业其他企业的水平进行对比就可得出结论。实际工作中，我们较为关注的是企业后续的盈利能力，也叫成长性。成长性好的企业，其发展前景也好，吸引的投资者也更多。

（三）现金流分析

在分析财务比率过程中，要重视现金流对一个企业发展的影响。现金流分析要考虑两个方面。首先，现金流的数量，倘若企业总的现金流是正，就表明企业的现金流入可以满足现金流出的要求。那么，企业是怎样确保其现金流出的需要的呢？这要看现金流各组成部分之间的关系。其次，现金流的质量。表现为现金流的波动、企业的管理情况如销售收入的增长速度，存货是过快还是过慢，应收款的回收性如何，各项成本控制合理与否等。另外就是企业正处的经营环境，如行业前景，行业内的竞争形势，产品的生命周期等。这些因素对企业产生未来现金流的能力都会产生很大影响。

通过分析比率可了解和掌握企业的财务状况和经营成果。衡量企业财务状况的财务比率主要包括偿债能力、营运能力和盈利能力三个方面。通过杜邦图可有机结合上述比率，综合分析企业的运营状况。在实际工作中，要结合实际情况，运用现金流分析法，科学评定其产生未来现金流的能力。要根据企业发展实情，采用合理的方式来综合评价企业财务状况。

四、加强和改进财务分析工作的几点建议

（一）财务状况分析的目的和要求，需要进一步予以明确

从目前有关企业的实践情况来看，一般都集中精力于基本数据的计算，出于第二步、第三步怎么走下去却心中无数。现在有些人陆续提出一些意见，归纳起来有三种见解：第一种认为只要计算实际数据即可；第二种认为只有实际数据还不够，应该提出一个标准数据以便对照比较，从而得出各个指标的完成程度；第三种认为有了各个指标的完成程度，还应该汇总起来作出整体评价。这三种想法各有理由，可以商榷。

（二）财务指标的内容和公式，需作一些补充和修正

财务指标的内容很多，不可能全部列入考核范围，但对于一些关键性的指标，如全部资金周转率、销售毛利率等反映资产实力和创利基础的指标，应该充实作为考核指标。有些指标的计算公式，如速动比率的计算内容，应该具体分析各种流动资产和负债的变现偿付情况，剔除无关项目，有些指标合理又不够确切，如资产负债率的主要作用按"工业企业财务指标"的规定是："衡量企业利用债权人提供资金进行经营活动的能力"以及"反映债权人发放贷款的安全程度"。按前者来说，指标数据应越大越好，按后者来说，则数据应越小越好，两者互相矛盾。因此，两种方法都有待改进。

（三）财务指标的检查、公布和监督，需采取有力措施

对财务状况进行必要的检查和公布，是转换经营机制以后加强企业管理的必然课题。目前新的《会计法》和《企业财务报告条例》虽已做了规定，但其执行情况并不理想，执行规定不认真的根源，主要是对"财务指标"的信息作用缺乏正确理解和认识。如有人甚至认为财务指标可以分为三部分：一部分是公布给投资者看的，另一部分是送给债权人看的，还有一部分是留

给经营者看的，对不同的人可以使用不同的指标，应该说，财务指标可以分别从各个角度进行计算和分析，但决不能以某一方面的数据来判定整个企业经营成果的好坏，不论是投资者、债权人或经营者，对企业的各项主要财务指标应该全面考虑，才能作出正确决策，为了促进企业财务状况分析的重视，须加强管理，既要规定财务指标的内容，又要对其分析数据的检查、公布和监督方法作出具体的规定。

第六章 营运资金管理与决策

第一节 营运资金管理概论

在企业整个生产经营的全过程中，营运资金的管理是重中之重、它涉及企业的采购、生产、销售以及财务等部门的努力与合作。营运资金是企业得以生存的血脉、只有在这种优良的营运资金管理和运作环境下，企业才能有发展的基础，企业的目标才有可能实现。通过健全的营运资金管理、可以做到一方面确保企业资金的充分流动性，用来维持正常生产经营活动、保证良好的偿还债务能力、预防企业破产以及强大企业筹资能力；另一方面加快营运资金周转速度、减少持有成本，尽力实现尽可能多的稳定持续的利润和现金流量、使企业的投资风险下降。在大多数情况下，运营资金管理直接反映了整个企业经营管理水平、也是企业生存和发展的基础。有效的改善企业运营资金管理、会使企业更加健康地适应社会主义市场经济的发展、促进企业的进步。

一、营运资金管理

营运资金、也被称为营运资本，维持着企业平常的出产与谋划。狭义的营运资金是在必然区间内的全数流动资产减掉流动负债的剩余、也称净营运资金。营运资金管理是经过管理流动资产与流动负债、使公司拥有持续良好的偿还债务能力和获取利润能力，以经营活动现金流量控制为核心的一系列管理活动的总称。营运资金管理一般上具体包括对现金、存货、短期投资有价证券和应收账款的管理。

二、营运资金管理的原则

首先，企业要有恰当的现金需求量。当公司在实行营业资金的监管中，要确定恰当的现金需要是最重要的内容也是其重要的要求。公司运行资金的需求量对公司生产经营方面具有明显联系、营运成果中需要的资金的多少同样也会导致公司流动资产和流动负债的增增减减。因此，从公司会计人员看来、必须仔细剖析公司的经营情况，准确展望资金的需求量，以便合理安排使用公司的运营资金。

其次，提高资金使用效率。资金使用效率的程度在一定范围上同样能反映运行资金监管成效。假如公司资金使用效率高，这表明公司在经营过程中，资金得到有效的利用，所以显而易见、这会带给公司前所未有的巨大经济成果。

再次，节约资金使用成本。不管发生任何事件，公司应树立节约观念，理所应当节俭资金，降低资金的使用成本。但是企业的目的是通过生产经营来获取利润、因此、企业应该要在保证能进行正常的生产经营的前提下，遵守勤俭节约的原则，合理的节约资金的使用成本、充分挖掘资金潜力。

还有，企业要有足够的短期偿债能力。营运资金可以反映公司的活动资产与活动欠债的比例形态。如果营运资金数为正，则表示流动负债小于流动资金，说明了公司在较短时间内的偿还贷款能力相对具有优势；相反的，就说明了公司在短时间内的偿还贷款能力比较弱。所以，为了企业健康快速发展，必须要运用恰当的运营资本、确保拥有充足的在短时间内偿还债务的能力，从而降低公司的会计风险指标。

三、中小企业营运资金管理中存在的问题

营运资金管理就是通过规划与控制流动资产与流动负债，使企业保持良好的偿债能力和获利能力，以经营活动现金流量控制为核心的一系列管理活动的总称。只有营运资金不断处于良好的管理和运转之中，企业才能得以生存，才有发展的基础。尽管在转制过程中，不合理的因素正在逐步得到改善，但由于种种原因，中小企业在营运资金管理上仍存在许多问题。

（一）融资困难，周转资金严重不足

中小企业内外部融资环境不完善是引起融资难的一个主要原因。目前，我国大多数中小企业都渡过了创业的初期阶段，并已进入了一个快速增长的阶段，企业能否持续发展壮大主要取决于融资结果。中小企业融资难的原因主要有以下几点：金融扶持政策体系不完善，担保机构不健全，融资信用不佳，直接融资状况不理想。

（二）现金管理混乱

流动性最强、获利能力最低是现金资产的特点。有些中小企业认为现金越多越好，造成现金闲置，导致现金的管理成本和机会成本上升。其实，现

金过多或不足均不利于企业的发展。目前，许多中小企业的财务管理机构不健全，财务人员短缺，没有制定合理可行的最佳现金持有量，没有编制现金预算，并且没有采取有效措施对现金日常进行控制。还有部分中小企业投资盲目，投资方向难以把握，现金管理有很大的随意性，经常出现没有足够的现金支付货款和各种费用或现金过剩现象。这种对现金的粗放型管理模式是不能适应市场竞争趋势的。

（三）存货过多占用资金

一般情况下，中小企业存货资金平均占用为流动资产总额的40%—50%（也可因行业的不同而有所不同）。大多数中小企业凭经验进行管理，缺少科学合理的存货管理方法，没有可行的存货计划和有效的定期监督检查。有的中小企业的仓库虽已建账，但不及时不完整，直接影响采购计划的制定及销售，平时出库记录没有及时交财务入账，只有销售开票时财务才知道该存货已出库。另外，从财务账上体现不出产品的加工生产过程，通过会计账簿资料不能完整及时地反映存货的收入、发出和结存情况，导致当期企业资产不实，甚至存货积压、资金占用过多，造成资金停滞、周转迟缓。

（四）应收账款管理不善

许多中小企业为了尽快打开营销局面、抢占市场，事先未对付款人资信度做深入调查，未对应收账款风险进行正确评估就赊销了。绝大多数中小企业的赊销是靠老板的经验和感觉进行的，没有建立与之相适应的信用制度和严格的赊销政策。另外，在赊销发生后，企业没有进行事后跟踪，而且没有相应的收账政策，缺乏有力的催收措施。对信用制度不够重视，应收账款周转缓慢，造成资金回收困难。

（五）流动负债使用率较差

其一，中小企业中广泛存在将短期借款用于投资回收期长的项目或者是短筹长贷的问题。银行短期借款的资金成本往往高于短期融资债券和商业信用，而占多数比例的中小企业的财务部门没有对短期借款的使用情况和数额进行核查和管理。资金取得困难加上资金缺乏妥当的管理，构成了短期借款的内忧外患。

其二，应付账款周转期越短，说明企业的偿债能力越强，无限制延长则会降低企业信用等级。企业若能在一定期限内有效地使用商业信用这种无息借款，必然会减轻企业的利息负担，增加收益。中小企业由于自身原因，较难获得商业信用。还有一些具备利用商业信用条件的企业却抱着不欠债的传统保守观念，放弃了这种无息的资金来源。应付账款融资方式在许多中小企业中没有达到充分而有效的利用，降低了营运资金的运营效率。

四、完善中小企业营运资金管理的对策

（一）完善金融市场，加强自身管理，拓宽融资渠道

1. 规范自身发展，提高融资信誉

中小企业只有通过提高自身管理水平，达到金融机构的指标要求才能顺利融资。首先，解决一股独大的致命顽疾，即引入战略投资者，稀释股权。也有不少中小企业主不愿意引入战略投资者，企业内部实行的股权激励计划和管理层收购也是解决决策层与管理层分离的行之有效的方法。其次，中小企业在各种经济业务活动中，要注重企业赊购中的商业信用记录和在银行的短期借款偿还信用记录等，积累企业信誉，提高行业或市场地位。第三，规范财务管理，做到信息透明。企业要严格遵守相关法律、准则和制度的要求，同时要提高财务信息化水平，不仅要财务实现信息化，更重要的是企业整个经营活动都要实现信息化、流程化，为金融机构了解企业建立良好的平台。

2. 完善信用担保体系并积极寻找合适的担保公司

构建和完善中小企业信用担保体系，可以补充中小企业信用的不足，克服中小企业向金融机构申请贷款时抵押物不足的劣势，为金融机构对中小企业贷款分担风险，这样可以提高金融机构对中小企业贷款的积极性。信用担保贷款的缺点是担保费用高，优点是中小企业可以以较小的资产进行较大资金的融资。为积极促成担保融资，解决融资瓶颈，中小企业要积极寻找适合自己的担保公司。担保公司越来越看重企业的发展潜质和经营管理能力，为此，企业要诚实守信，合法经营，提高自己的核心竞争能力。

3. 改善直接融资

我国创业板的开市，对于那些潜力巨大但风险也很大的科技型中小企业通过发行股票融资是加快企业发展的一条有效途径。创业板股票相对主板股票来说收益较高，但风险也较大。上市公司的规模较小，一般是高科技企业或者潜在增长型企业，上市条件比主板要宽松。创业板的开设拓宽了中小企业的直接融资渠道，一方面企业通过上市从市场募集到资金，另一方面创业板为私募股权投资提供退出渠道，使股权投资的发展得到进一步鼓励，从而引导社会资金投向中小企业，这种综合效应使得中小企业的融资环境有所改善，也为中小企业直接融资提供了一个较好的通道。

（二）建立现金预算管理和现金流量分析制度

现金是企业运营的血液，充足的血液循环才能保持企业正常生存和发展。中小企业可以借助信息手段，实现会计核算与预算控制同步进行。通过资金预算可以预测各期间现金流量情况及资金需求，以便于及时筹措、调度资金，保证企业经济业务活动有序进行和保持按期偿债能力。建立现金流量分析制度，它综合反映了企业每一项财务收支的现金盈余水平，同时也在很大程度上体现着企业盈利的风险程度。通过对现金流量的分析，能找出一定时期内真正代表企业实际财务能力的现金性收益。根据企业经济业务经营中现金流入与流出状况预测企业收入、成本、盈利水平及可能引发的财务风险状况。

（三）加强库存管理

在采购阶段可以采用经济进货批量模式和提前订货模型，来核定经济进货批量和提前订货时间。在储存阶段可以通过计算存货保本储存期和保利储存期来衡量存货的经济状态。在存货的日常管理上，一是采用 ABC 分类管理法，以集中有限的人力重点管理价值较高的存货。二是结合企业的特点，采取定期盘点和轮番盘存的方法，清查财产物资的实有数量，妥善处理盘盈盘亏，确保账实相符。三是尽可能压缩过时的库存物资，避免资金呆滞，并以科学的方法来确保存货资金的最佳结构。另外，随着效率意识的增强和市场竞争的加剧，零库存观念及相应的适时制管理系统正在国外得到迅速推广，虽然我国企业目前还很难一时实现零库存，但可以将其理念和基本做法吸收到企业的存货管理之中，极大的压缩存货资金和节约流动资金。

（四）加强应收账款的管理与控制

有的中小企业为了增加销售额、减少存货、实现利润，经常采用赊销形式，但对赊销对象的现金流动情况及信用状况缺乏了解，以及未能及时催收货款，容易出现货款被客户拖欠，造成账面利润很高，但现金流却很少的局面。对此，中小企业应该严格的要求经手应收账款的业务员，详细了解赊销客户的信用品质和货物去向，进行追踪分析，从而制定相应的应收账款控制制度，加强对应收账款的管理，及时收回货款，减少风险，提高资金使用率。

（五）合法有效地利用流动负债

流动负债包括自发性筹资的应付费用，商业信用筹资的应付账款、应付票据、预收账款，银行信用的短期借款等，不同筹资项目所表现的风险与成本也各不相同。因此，建立起合理的短期筹资内部组合也是财务管理的一项细致工作，充分而有效地运作可以缓解目前中小企业融资难的问题。中小企业应当在合法利用自发性筹资的基础上，尽量利用商品采购结算所形成的商业信用筹资，并将短期银行借款纳入事前计划之中。中小企业的财务人员要在分析、比较的基础上选择筹资组合，在尽可能多地使用流动负债的基础上注意本企业的清偿能力，保证企业的信誉，给企业带来最大的收益。

第二节 货币资金管理

现阶段中小企业在内部资金管理中经常会出现内部资金浪费，管理意识不强等问题，为此，中小企业必须加强对货币资金的使用管理工作，对生产和经营过程中的每个环节进行严格控制，减少资金浪费，确保企业各项工作的有序运作，实现企业的长期可持续发展。

一、货币资金管理相关理论概述

货币资金管理的概念。货币资金管理是指中小企业现金资产和准现金资产（有价证券、应收应付账款等）的管理，通过对现金和准现金资产的管理使整个中小企业系统管理范围内对本公司资金流动和资金来源进行了合理利用。

货币资金的流入、流出和结存情况是否维持了财务资金上的流动性，这些情况将会对中小企业的财务流动性产生了很大的影响。中小企业的流入和流出应该较好地配合，才能维持中小企业的支付能力和偿债能力。在日常的工作中，中小企业应时刻做好货币资金的使用计划，提前对货币资金的收支做好合理的安排。因此，除预留满足正常收支所需以外，还要拨付流出安全储备的资金，以此满足面临未来紧急情况的需要。由于货币资金流动性强，但盈利性比较弱。中小企业可以将部分资金存入银行来获取一部分利息。对于中小企业而言，之所以能够运转自如，资金的流动是必不可少的一个环节。中小企业的资金以货币资金的形态存在能够满足中小企业应付日常交易的需求，对此，中小企业必须留有一定的货币资金来满足日常收支的各种需求。

二、现阶段中小企业货币资金管理中存在的问题

（一）货币资金资金管理制度不健全

货币资金的内部控制制度要求中小企业在经营管理过程中，注重规范各种会计行为，并严格依照国家的相关法律规范，完善资金内控制度，不断健全监督管理约束机制。但是，现阶段在很多中小企业内部缺乏健全的管理制

度，各个部门的预算计划、企业内部的实物资产、项目招标、采购、经济担保等各项经济活动中的管理权限模糊不清，忽视我国相关法律规范的要求，审批权限、方式、方法、程序等内控制度缺乏，使得很多中小企业内部难以建立起科学的货币资金管理制度，最终导致企业货币资金的无序使用。

（二）缺乏科学的货币资金预算制度

货币资金预算制度是对企业整个预算期内的资金支出和收入的整体估计，同时也是对企业预算期货币资金收支结果的预算。货币资金预算是整个财务管理中的重要组成部分，它一方面可以帮助中小企业加强内部的资金管理，另一方面也可以有效的组织整个财务活动。货币资金预算作为控制企业内部资金管理流动的有力凭证，对中小企业内部货币资金的管理也具有重要的考核作用，与此同时，还可以增加企业内部资金运行的透明度。但是，在很多中小企业内部都忽视了预算制度的重要性，在实际的工作中会计部门没有制定相应的预算制度，任何生产和货币支出都是随意性的，最终导致货币自己不足和过剩的现象。

（三）企业货币资金浪费严重

由于缺乏对企业货币资金的使用管理工作，导致很多中小企业内部的资金浪费严重，对生产和经营过程中的每个环节缺乏严格控制，相关部门没有制定现金合理的消耗定额，也没有严格控制开支范围，资金消耗严重，与此同时，中小企业还缺乏对存货的合理控制管理，存货数量没有得到有效控制，存货的流动性较差，货币资金的不合理占用较多。

（四）中小企业货币资金管理问题的成因

首先，现阶段很多中小企内部的资金管理水平不高，企业员工整体素养较低。为此，中小企业要想不断提高企业内部的资金管理水平，还必须注重对企业干部职工职业素养，注重开展各种形式的职业培训，以不断提高企业内部干部职工的职业道德，在工作中严格遵守企业内部的规章制度，保护企业机密。比如，对于企业内部的管理层人员来说，其对货币资金的管理理念和管理方法较为陈旧落后，难以适应新时期企业发展的需要，加之，中小企业不同于大企业，企业的管理决策人员对企业内部的决策直接关系到企业的未来发展，为此，对于很多推行个人负责制的中小企业，高层管理者必须注意不断提高自己的资金管理意识、风险意识、法治意识和道德观念等；此外，企业的普通职工的综合素质较低也是影响中小企业资金管理问题频繁出现的主要原因，特别是对于会计部门的工作人员来说，其基本职业道德素养会会直接关系到企业的未来发展。

其次，中小企业内部的资金管理力度不足，相应的监督检查对策不完善。企业资金管理是企业生产经营的过程中形成的，涉及范围十分广泛，单纯地依靠财务部门进行管理是一种错误认识，只有以财务部分为基础其他部门共同合作下才能真正做到有效的资金管理，实现企业效益的提高。另外，我国财务工作长期对实际流程和企业经营过程中财务控制重视度不足，导致企业各部门的工作实际与各环节的具体要求不相符，造成了资金浪费现象居高不下。同时，企业生产过程中的过度浪费和生产漏洞，都造成了生产和运营成本增加。虽然企业意识到节俭工作力度不足的问题，采取了相应措施但是并未取得显著效果。

（五）货币资金内控行为不健全

有些公司的出纳人员不仅从事现金收付、银行存款的存取等自己的本职工作，同时还要担任监管会计凭证、账簿和会计印章的工作；甚至有的会计也收取现金，一个人办理货币资金业务的全过程。使得公款私用，甚至私吞公款现象层出不穷。原始凭证的真假难辨使得会计监督变得越来越困难，一些公司的经办人通过各种渠道来逃避会计监督，开具大量的虚假原始凭证，行贿和送礼变成了业务招待费；滥发款物变成了够购买材料、办公用品等的一些不符合实际的支出项目。中小企业的现金管理制度形同虚设，这些现金支出超规。中小企业货币资金内部管理混乱，企业内部缺乏健全的控制制度，造成以下问题：出纳人员的工作岗位职责不明确；会计凭证的真假难辨令会计监督越来越困难；报销审批制度管理不善；会计核对工作和登记入账不及时；单位的现金管理制度不严，现金支出超出规定范围。因此，完善内部控制制度是中小企业必不可少的工作。

三、加强中小企业货币资金管理的对策

（一）健全企业内部控制制度，确保企业资金的安全完整

首先，在企业内部确立授权审批制度。中小企业应该建立严密的授权审批制度，所谓授权审批制度是指各级工作人员应该经过授权和审批对各类相关的经济业务进行处理。授权审批制度中要求必须对工作人员的主要职责和业务类型进行限制，并进一步确定相关的审批方式、方法、秩序和责任等，对于未经授权和审批的业务类型，不管是何种职责的工作人员都不能处理这类业务。中小企业可以采取以下措施，其一，对企业内部的货币资金收

入进行有效控制，确保每一笔收入和支出都有发票，并尽可能地采用转账结算，其二，对货币资金实行支出控制，中小企业内部的货币资金收付只能交给专门的出纳人员，经过会计人员的复核，出纳人员每一笔款项都应该具有健全的会计凭证和完备的审批手续，严格按个照国家的相关规定使用货币资金，并尽可能地对大额交款利用转账支付。其次，编制中小企业货币预算制度。从企业自身的发展规划和生产规模出发，经由企业内部的专业人员、销售人员和采购入员依照企业内部的业务需要，从企业的基层开始编制资金预算，并逐级上报，通过企业内部各相关部门的认真研究和评价审核之后，由企业内部的最高管理层审核批准。实行货币资金预算，可以有效的避免货币自己不足和过剩的现象，从而不断提高企业内部的资金利用率，提高中小企业在社会主义市场经济环境下的市场应变能力。

（二）加强制度执行情况的检查

对于中小企业货币资金管理制度的执行情况，相关部门还必须加强监督和检查工作。鉴于企业内部控制的重要性，中小企业要不断完善内部审计制度，尤其加强对企业内部货币资金的使用状况进行监督审查。因为完善的内审制度可以及时发现企业财务管理中存在的问题，并提出相应的改进措施。此外，企业内审制度的完善还可以对企业财务管理工作进行有效的监督，及时向管理者做出汇报，为企业的财务活动的财务决策提供信息，将企业财务风险降到最低。

（三）利用现代信息化手段，加强财务管理

首先，减少资金浪费，加快企业货币资金的周转。中小企业应该学会依据企业产品在市场占有率、产品质量等方面的竞争能力，确定合理的企业信用标准，并对企业的应收账款机会成本、坏账成本、现金折扣成本进行合理考虑，制定相应的折扣期限和信用期限，减少应收账款以及坏账损失等。

其次，注重对企业内部现金流的管理，防范货币资金风险。企业内部的经营活动、投资活动以及筹资活动等都与企业的现金流相关，如果一家企业在运营过程中，仅仅将目光集中在如何获取利润上，而不关注企业内部的货币资金使用状况，就会丧失企业的发展经营之本，企业也就难以在激烈的市场竞争中立足。为此，中小企业要想在市场经济中得到较快的发展，注意对各种现金流进行严格管理，高度重视企业内部存在的支付风险和资产流动风险。此外，中小企业还必须严格执行只建设一个财务机构的工作原则，确保企业内部的财务状况都由专门的统一进行管理，避免企业内部出现账外账的现象，对于企业内部的大型经济活动，必须经由各个部门的严格审批和审核，不断提高中小企业管理者的资金风险意识，从源头上禁止货币资金被非法挤占或挪用，防范各种可能的货币资金风险。

综上所述，中小企业的货币管理工作直接关系到企业的未来发展方向，为此，企业内部的管理人员应该充分认识到货币资金管理的重要性，加强对相关管理人员的监督，确保企业内部资金使用的高效率，减少资金浪费，以不断促进企业的长期可持续发展。

第三节 其他流动资产管理

当企业的流动资产过多或者过少的时候都会出现对企业不利的情况，如果流动资产过多，证明企业的财务部门没有很好地利用资产，降低了企业本应该有的利润。如果企业的流动资产过少，则会使得企业资金周转出现困难，严重的情况下使得资金周转链断裂，从而使得企业不能正常经营，出现经营困难状况。由此可见，对于企业来讲对于流动资产的管理是十分重要的。由于资产管理的主要任务就是对资金的筹资以及使用方面加强核算，从而保证生产经营的合理性，进而可以提高企业的经济效益。

一、中小企业流动资产管理的内容

流动资产的定义：所谓的流动资产是指在企业里能够在一年时间或者超过一年的一个营业周期中变现或者可以被企业运用的资产。而对于中小而来讲，往往企业的规模和企业的经营内容相对较小，所以指的就是一年时间内可以被企业运用的资产。例如：货币资金，是指企业在生产经营过程中不管什么原因始终保持货币形态的资金；应收账款、预付账款，指企业没有按照预定时间将其账款收回或者出于某种目的已经对其他企业采取了应付的账款；存货，是企业在生产中日常准备的可以随时出售的产成品或者在产品，包括一些企业中的原材料、企业包装材料用的包装物、一些机器的修理备用件等一些外购产品。当然流动资产还包括其他会计科目：短期借款、短期债券、待摊费用、应收项款等。

二、企业流动资产管理中存在的问题

（一）对企业的现金管理不到位，导致资金紧缺或者闲置

在一些中小企业中，由于企业规章制度尚不完善、企业财务人员的专业素质相对较差，使得企业的现金管理方面出现疏漏，当企业的闲置资金增大

的时候，企业财务人员没有快速敏感的做出反应，没有将闲置的资金进行良好的投资方面，浪费了闲置资金资源从而使企业失去投资机会，降低了企业的机会成本，使得企业价值也随之下降。

（二）应收账款难以实现恢复

由于中小企业在如今的经济市场中的竞争能力相对较弱，为了在市场中最快速地占据竞争力，企业往往采取赊销的方式快速打开销售市场，从而增加自己的收益，最终导致企业的应收账款居高不下，如果企业没有很好的制定有关赊销政策，并且在打开市场的时候销售状况也良好以至于使企业忽略了资金的回收。等到需要资金运转企业的生产经营时，已经到了周转不懂的状况的时候。这样一来降低了企业资金运转的速度，使得企业财务困难。

（三）企业存货管理成本过高

存货对于企业，尤其是传统企业来讲，占去了企业资产的中非常重要的一部分。存货的管理也成为企业在资产管理中的一大问题。如果企业的存货不能及时地处理，就会导致存货积压、造成企业的资金呆滞，存货的销售与企业产品的生产环节节奏脱失，这样对于企业讲会出现资产的严重损失。

三、中小企业流动资产管理策略研究

（一）流动资产管理策略研究

前面我们已经分析过，流动资产管理的目标就是在确保企业正常经营的前提下降低财务负担，也就是在保证企业正常经营的前提下尽可能地降低各类流动资产的数额。从理论上讲，如果能正确预测的话，企业应该持有确切数额的货币资金，以备支付必要的生产性支出保持确切数量的存货，以满足生产与销售的需要在最优信用条件下进行应收账款投资，而不做有价证券的短期投资。如果能达此目标，则流动资产总额可以掌握在最低的水平，流动资产结构也最为合理。但是，这只是一种理想化的状况，实际工作中，未来的情况存在不确定性，企业不可能做出准确的预测，从而不能确定准确的各类流动资产的数额。

因此，企业必须根据本企业经营方针和战略目标以及经营风格，制定出切实可行的流动资产管理策略，确定合理的流动资产持有量。通常，企业流动资产管理策略分为三种类型稳健型策略。指流动资产占全部资产的比例较高，同时保持较低水平的流动负债比例，使企业净营运资金水平提高、变现能力提高，使企业偿债风险和资金短缺风险趋于最小。激进型策略。要求流

动资产占全部资产的比例较低，同时提高流动负债的融资比例使净营运资金变小甚至为负数，使企业的资金短缺风险和偿债风险趋于最大。中庸型策略。适中型策略可分为两种一种是流动资产占全部资产的比例较高，且保持较高的流动负债水平另一种是流动资产与流动负债占全部资产的比例同时下降，而固定资产的投资比例和长期资金融通比例同时提高，使企业风险居中。

风险与收益通常并存，高收益伴随着高风险，低风险意味着低收益，企业应根据自身的内外部条件，制定适宜的流动资产策略。

制定了合适的流动资产管理策略，就可以对各类流动资产的需求情况进行预测，制定出需求计划并严格执行，在执行过程中进行有效控制，并及时总结、修正计划。只有这样，才能达到流动资产管理的目标。

依据以上思路并根据中小企业的特点，本文分别对各类流动资产管理策略进行研究，分述如下。

（二）货币资金管理策略

定期编制现金预算，编制现金预算主要有三个方面的作用：（1）事先掌握现金流动的信息，搞好资金调度；（2）事先获得企业是否潜伏着现金短缺的风险，将被动应付改变为主动防范；（3）发现企业资金的潜力所在。

1.确定最佳的现金持有量。当企业实际的现金余额大于最佳的现金持有量时，可采用偿还债务、投资有价证券等策略来调节实际现金余额反之当实际现金余额小于最佳现金持有量时，可以用短期筹资来调节实际现金余额。

2.制定严格的收支管理规定，明确各部门的职责和权限。对一般的开支由职能部门审批即可对于较大的资金支出，如投资等，则要由董事会、经理及财务部门、家族制企业也要由各股东和专业财务管理人员共同研究商定。

3.严肃财经纪律、杜绝账外资金。在资金使用上坚持一支笔审批制度。一切资金的收支必须交财务部门入账，坚决杜绝"小金库"和资金体外循环，确保资金管理的完整统一。

4.实行钱账分管，明确责任严格遵守现金收支规定，不得滥用现金坚持查库制度，每天核对库存现金，每月核对银行存款，保证账账、账实相符。

5.定期检查。检查内容主要包括核算资料的真实性、结存数量的合理性、收支项目的合法性和支出项目的节约性，有变动时应对预算进行修改。

（三）应收及预付款项管理策略

1.加强对客户信用管理，制定信用政策。建立专门的信用管理部门、进行信用调查分析、制定合理的信用政策等，根据自己的实际经营和客户的信誉情况制定合理的信用政策。合理的信用政策应将信用标准、信用期间和收账政策三者结合起来，综合考虑三者的变化对销售额、应收账款各种成本的影响。

2. 建立应收、预付账款催收责任制度。对相关人员的责任进行明确界定，将应收款项的回收与内部各业务部门的绩效考核及其奖惩挂钩。积极催收，对故意拖欠不还的单位，采取行政的、经济的甚至法律的手段进行清理。对于经确认已构成坏账的应收、预付款，按规定及时列销，不长期挂账。

3. 正确核算应收、预付款。企业在发生应收、预付款时，要坚决按规定核算。特别是涉及经济合同的，要明确收款方式，防止收款时相互扯皮和不正常挂账现象的出现。

4. 编制账龄分析表，认真分析应收账款的账龄，看有多少欠款在信用期内、有多少欠款超过了信用期。密切注意应收账款的回收进度和出现的变化，掌握应收账款的存量、增量以及成为坏账的可能性等信息。对可能发生的坏账损失，提前提取坏账准备，充分估计这一因素对损益的影响。

（四）存货管理策略

1. 建立存货控制制度

根据各种存货的耗用或销售情况确定存货合理库存量及最低库存量。通常采用分类法确定最佳的存货持有量。

2. 进行采购控制

当存货低于最低库存量时，仓库部门填写采购申请单，采购部门根据采购订单确定订购多少货物、订购对象、订购什么货物、采购时间、采购方式、供应商的选择、采购价格、结算方式等。

3. 把好采购关

进行采购时必须进行市场调查。调查的内容主要包括物资的质量、价格、购货地点和运输方式等内容，并建立企业物资采购信息库，采取货比三家的办法，使企业购入的存货物美价廉。同时要按预先制定的计划采购，提倡经济采购批量。

4. 把好验收关

仓库部门在验收入库时，要根据采购合同或送货清单验收，并根据实际入库的货物登记入账。

5. 制定存货保管制度

仓库部门对存货的保管要注意保持适宜的温度、防水、防火、防虫、保持清洁。定期盘点货物，及时对存货的盘盈、盘亏做出相应的处理，保证账卡物三者相符。还要经常对呆滞积压物资进行清理。

6. 领用与发出控制

建立领发料制度，对领用较大而频繁的存货，在制度上严格控制等等。业务员根据客户下的采购订单，出具送货单交与仓库部门进行备货。仓库部门根据送货单出货，保证出货正确率与出货速度。

7. 盘点与处置控制

建立盘查制度，对盘盈、盘亏及时进行处理。不定期地检查，督促管理人员和记录人员保持警戒而不至于疏忽。

8. 资产负债表日

若有证据证明存货成本低于存货可变现净值的，则应以可变现净值计量，并计提存货跌价准备。

（五）短期投资管理策略

制定合适的投资计划，确定合理的投资结构，对各种数量的各类闲置流动资产进行投资规划。根据资金闲置情况及时投资，确保收益。

四、稳健型流动资产管理策略

在稳健型流动资产管理策略下，流动资产占全部资产的比例较高，同时保持较低水平的流动负债比例，使企业净营运资金水平提高，变现能力提高，使企业偿债风险和资金短缺风险趋于最小。也就是说，这种策略不但要求企业流动资金总额要足够充裕，占资金总额的比重大，而且还要求流动资产中的货币资金和短期有价证券投资也要保持足够的数额，占流动资产总额的比重较大。

该策略的基本目的是使企业的变现能力保持在一个较高的水平上，并且能足以应付可能出现的各种意外情况。企业采用这种稳健型流动资产管理策略，由于保持较高的变现能力，可为意料之外的销售增长提供存货和应收款项的资金保证，因此可以减少放弃这部分销售的风险；由于剩余的变现能力还可及时提供偿还到期债务的资金，因此可以避免或减少无力偿付到期债务的风险。

稳健型流动资产管理策略虽然具有减少企业风险的优点，但却有获取收益率低的缺点。这不是因为货币资金和短期有价证券投资收益率低，而是因为在预期销售水平上超值存货会使企业资金严重积压，不能发挥其应有的作用而影响企业的盈利水平。所以稳健型流动资产管理策略是一种风险小、收益低的流动资产管理策略。一般来说，稳健型流动资产管理策略只适用于企业外部环境不佳的企业发展的初期阶段。

五、激进型流动资产管理策略

激进型流动资产管理策略，要求流动资产占全部资产的比例较低，同时提高流动负债的融资比例使净营运资金变小甚至为负数，使企业的资金短缺风险和偿债风险趋于最大。较多的流动负债融资使资本成本下降，同时提高了固定资产投资比例，使企业盈利能力提高，还解决了部分永久性资产的资金需要。其结果使企业具有最高的盈利能力。这就是说，这种策略不但要求最大限度地削减流动资产，使其占资产总额的比重尽可能小，而且还应尽量缩减流动资产中的货币资金和短期有价证券投资，使其比重也要尽可能小，甚至还要求尽可能地减少存货。

激进型流动资产管理策略的目的是试图通过削减流动资产的占用资金来提高企业的收益率。由于临时性负债的资本成本一般低于长期负债和权益资本的资本成本，所以该政策下资本成本很低。但是，企业采用这种激进型流动资产管理策略，虽然可以增加企业的收益，但也增加了企业的风险。因为货币资金和短期有价证券投资大幅度缩减以后，企业为了满足永久性资产的长期资金需要，必然要在临时性负债到期后重新举债或申请债务延期，这样企业更会经常举债和还债，从而加大了企业的筹资困难和风险，还有可能面临由于短期负债率的变动而增大企业资本成本的风险。

此外，企业的应收账款策略过严会影响到企业销售，企业的存货减少则会增加企业停工待料或生产中断的风险以及产品销售收入减少的风险等等。所以，激进型流动资产管理策略是一种风险大、收益率高的管理策略。一般情况下，激进型流动资产管理策略只适用于企业外部环境相当稳定的情况。

六、配合型流动资产管理策略

配合型流动资产管理策略可分为两种：一种是流动资产占全部资产的比例较高，且保持较高的流动负债水平。由于较多的流动负债融资，而固定资产则以长期资金融资，使企业风险居中，同时由于流动负债融资所带来的融资成本节约为流动资产的低报酬所抵消，使企业获利能力居中；另一种是流动资产与流动负债占全部资产的比例同时下降，而固定资产的投资比例和长期资金融资比例同时提高，使企业风险居中。由于较大比例的固定资产投资给企业带来较高的报酬，而较多的长期资金融资使企业的融资成本提高，二者在一定程度上互相抵消，也使企业获利水平居中。一般情况下，企业大多采取中庸型管理策略。

市场经济中，风险与收益的关系是辩证的。不同的流动资产管理策略会给企业带来不同的风险和收益。企业财务管理者应该根据不同的融资环境和不同的融资策略，选择一个适合自身企业的有效方案。一般情况下，如果企业能够驾驭资金的有效使用，应该采用介于稳健与激进之间的配合型的流动资产管理策略，使企业避开高风险和低报酬，走稳健发展之路。

中小企业要想在激烈的市场竞争中取得成功，除了其市场定位合理、领导者有工作能力外，还必须强化以财务管理为中心的内部管理，提高竞争能力。财务管理的核心是资产管理，流动资产管理是资产管理的重要内容，因此，能否有效合理地管理流动资产、控制流动资产的占用、监督流动资产的使用是节约资金、加速资金周转的前提，是中小企业提高竞争力、获取收益的关键。在流动资产的管理上，不管是哪一类流动资产，其管理的宗旨都是"精心计划、准确控制、及时反馈"。只有做到这几点，才能做好流动资产的管理，使流动资产顺畅流动、加速循环，为企业增加效益。我国中小企业普遍存在轻视流动资产管理的倾向，严重妨碍了企业的成长。尤其是当前，国际金融危机的冲击依然很大，中小企业如果不强化管理提高竞争力，必将在这场冲击中崩溃。然而，事情总有其两面性，危机是危害也是机遇，中小企业应借此机会，提高认识转换观念，对内部管理做个彻底的整顿，建立先进的管理模式，只有这样才能冲出危机、走向成功。

第七章 融资管理与决策

第一节 筹资概述

随着市场经济体制的发展和对外开放的不断深入，我国中小企业的筹资渠道和筹资方式日趋多样化。通过剖析我国中小企业的筹资发展现状，并具体分析中小企业的筹资难的原因，着重从内部原因和外部原因两方面分析了企业的融资难的根本所在，然后根据这些筹资原因自身的特点分析了缓解企业筹资难的方法。最后，结合文章的脉络为中小企业的筹资决策提出几点建议和对策。

一、中小企业及中小企业融资概述

对于中小企业的界定国内外学者都存在争议，对于不同的行业不同的国家以及不同时期，中小企业的划分也不同。目前国内对于不同企业类型中小企业的定义也存在差异，而中小企业的员工少、规模小、资金缺乏以及管理不规范是中小企业普遍特征。不同行业对于中小企业员工人数的 0 定存在很大差异，但是对于销售额的差异较小，一般都是在 30000 万元以下的销售额为中小企业，而员工人数却是从 200 以下到 3000 以下不等。

融资就是企业通过银行贷款、民间集资等方法筹集所需要的资金的一种方法。自中小企业发展起，融资问题就一直困扰着中小企业的发展。在金融危机时期，部分中小企业由于缺乏资金而被迫破产。近年来，由于政府高度重视中小企业的发展，为中小企业融资提供很多优惠政策。

二、中小企业筹资现状

传统的分析基本认为中小企业筹资的现状主要表现为以下几个方面：第一，中小企业的筹资方式呈现多元化趋势；第二，内源筹资渠道一直是中小企业筹资的主要渠道；第三，中小企业筹资结构不稳定。为了更清晰的分析中小企业筹资现状，本文从以下两个方面进行分析。

（一）筹资渠道多元化与形式单一化共生

我国很多中小企业的筹资以银行信贷为外源筹资主体渠道为主，而银行等金融机构主要以传统的融资结构为主，其自身性质并未改变，使得筹资形式出现单一化。再加上中小企业自身存在不稳定、不规范等问题，企业担保也存在问题，由于存在这些高风险，使得部分中小企业无法获得金融机构的支持，银行的借贷行为在一定程度上受风险转移机制的影响，而回避中小企业的借贷行为。从而，中小企业筹资只能依赖民间筹资，使得形式更加单一，虽然筹资路径存在很多种，但是基本上都是走不通的，使得中小企业筹资渠道多元化与筹资形式单一性共生。

（二）筹资方式多样化与结构不稳定并存

企业筹资渠道的增多，使得企业筹资方式也相应地增加。当前我国中小企业的筹资方式呈现多元化趋势，在原有的内部筹资、银行信贷、政府财政支出等传统筹资方式的基础上，逐步发展出风险投资、供应链筹资、租赁筹资等筹资方式，而一些上市中小企业则推行股票、债券发行等作为筹资方式。

对于企业筹集的资金主要有权益资金和负债资金，使得企业可以通过投资者直接投资、发行股票、银行贷款、租赁和民间集资等方式进行筹资。而中小企业由于自身经营与运作存在不稳定性，因此许多资金机构对究竟要不要贷款存在疑义，虽然目前中小企业筹资方式较多，但许多资金机构对此却持规避态度。中小企业由于自身基础较低，其经营运作也存在很大风险，因此许多资金机构考虑到这一点而在筹资方面给予回避。又由于很多中小企业信用观念较单薄，因此银行等资金机构在贷款之前必须投入人力和物力对中小企业的实际运营情况进行调查，导致中小企业和资金机构陷入两难的状态。企业内部的财务管理欠规范，企业对经营运作中风险准备也不足，管理水平较低，使得中小企业发展更加不稳定。目前我国中小企业筹资结构主要是以内源筹资、银行信贷和民间筹资占较大比例的一种结构，而且其中商业银行贷款具有绝对支配地位。但考虑到中小企业的经营运作及风险问题，资金机构不愿对其长期贷款，而在短期内许多资金机构也会反复对中小企业的运营现状进行考核并进行贷款取舍，这直接导致中小企业筹资结构的不稳定。

三、中小企业融资难的原因分析

（一）中小企业内部原因

中小企业离不开规模小、职工人数少、资产少、管理不规范等特点，可以看出中小企业相对而言较不稳定，投资的风险也较大，这也是造成中小企业融资难的重要内部原因之一。下面具体来分析中小企业融资难的内部原因。

1. 中小企业内部财务状况

中小企业内部的财务状况主要是指企业的运营能力、固定资产投入能力、偿债能力及盈利能力等状况，但是由于中小企业的财务问题所呈现的财务报表通常不太规范，存在被粉刷的可能，造成了财务状况的虚假问题，导致中小企业给投资者提供不完全信息的财务状况，从而反映给投资者不真实的财务状况。

2. 中小企业内部管理问题

中小企业内部管理问题主要受企业内部员工人数较少的影响，没有专门的管理人员，导致了企业内部出现较为不科学的管理方法，员工人数较少但又难以管理的主要原因在于员工的素质也较低，管理者没有实施科学合理的管理方法。由于中小企业的工资收入较不稳定，普遍工资也较低，这样也导致了中小企业内部人才的缺失，从而造成了管理者的流失，加大了中小企业内部的管理问题。

3. 中小企业的信用状况

中小企业的信用体系不完善直接导致了企业信用状况难以预测，评估信用度也难以进行，从而导致了投资者认为中小企业的信用度较差，影响了投资者的投资喜好，也降低了中小企业的信用度。影响了中小企业融资能力，加大了中小企业资金缺乏的可能，进而造成了中小企业融资难的问题。

4. 中小企业投资回报率问题

投资回报率是指投资的预期收益与投资额的比率，与此关系较为密切的还有投资与回报时间的问题。由于中小企业经营的业绩较不稳定，无法较好的预见未来企业的绩效及盈利水平，导致投资回报率较不稳定，再加上资本回收的时间也更难以估计，经营状况的不确定性直接导致了投资者的投资回报率得不到保障，从而造成了中小企业融资难的问题。

5. 中小企业市场化及信息化程度问题

由于受不规模经济的限制，中小企业市场化程度相对而言较低，再加上中小企业本身就存在融资难的问题，导致了企业无法进行信息化管理，从而可知，中小企业市场化及信息化程度都较低，这也影响了中小企业的发展前景，从而使投资者不看好中小型企业，也阻碍了中小企业的筹资正常进行，进而导致了中小企业融资难。

（二）中小企业外部原因

与中小企业内部原因相比，外部原因也是影响中小企业融资难的主要原因之一，而外部原因主要是指国家政府的宏观政策、市场供需的变化及金融危机等因素影响中小企业融资的问题。下面，具体来分析中小企业的外部原因。

1. 受银行等金融机构政策的影响

政府宏观金融政策的影响是显而易见的。就银行政策来说，当政策鼓励银行扩张信用时，企业就比较容易得到贷款，从而顺利开展经营活动；当政策要求银行紧缩银根时，企业就不但很难得到贷款，甚至还会因此陷入资金周转困难，到期无法偿还债务的困境。所以无论是大型企业还是中小企业都十分重视政府金融宏观调控的信息，因为越早知道相关信息，就越有可能促进企业发展或者规避风险。

2. 政府政策的扶持及优惠政策

政府对中小企业的支持不足也是造成中小企业融资难的重要原因。如国家选取温州金融改革促使香溢融通的股票价格三日上涨40%以上。在许多方面，政府对于中小企业仍有政策上的歧视，并没有给予其充分的政策扶持。同时，受计划经济体制的影响，现行的中小企业和民营经济政策缺乏系统性和整体性。尽管我国已经设立中小企业科技创新基金和中小企业国际市场开拓基金，但仍然无法满足中小企业发展的需要。

3. 资本货币市场的供需关系影响

资本及货币市场是资金交易的平台，中小企业可以通过资本及货币市场获取资金，但是由于银行等金融机构、其他投资者都十分重视资金的余缺及价格流动方向等，都会严重影响投资者的投资趋向，从而也影响了中小企业融资的难易问题。

4. 金融危机的影响

金融危机对外商直接投资的影响较大，当国际金融环境不景气时，外商直接投资将会大幅度的减少，从而导致资金的获取渠道减少，增加中小企业融资难的问题。

四、缓解中小企业融资难的建议

中小企业融资难的问题一直是困扰中小企业家的焦点问题之一，如何缓解中小企业的融资问题是亟待解决的重要问题，本文通过上述分析的几点原因来剖析，寻找缓解中小企业融资难的方法，提出以下几点建议。

（一）提高中小企业自身素质

中小企业虽然存在规模小、资金缺乏，但是存在较强的灵活性。缓解融资难的问题就要从自身出发，避免缺点对融资的影响，发挥自身的优势，提高自身员工的素质，进行诚信经营，对不合理的地方进行改革，真正建立符合中小企业长远发展目标要求的体系。

（二）加强中小企业的内部管理

加强中小企业内部管理也是促进中小企业发展的重点方向，尤其是资金财务管理，做好科学合理配置人力、物力和财务资源。吸收大型企业的管理精华的同时引进国外先进的管理方法和理念。建立健全的会计体系，实行信息化的管理方法，利用一切可以利用的资源进行管理。将资金成本降至最低，权衡收益与投资的关系，缓解中小企业融资难的现状。

（三）树立良好的企业形象

树立良好的中小企业形象，增强企业的信用是缓解中小企业融资难的基石。中小企业融资难的主要原因在于企业内部发展不稳定，信用度不够高，从而对投资者产生较大的投资风险。从而造成中小企业融资难的问题。中小企业在立足长远利益的同时，积极恪守信用关系，树立良好的企业形象，加强企业对外界的诚信度。建立担保机构也是树立企业良好形象，也是解决中小企业融资难的重要方法之一。

（四）求助银行机构和进行民间集资

银行等金融机构是缓解中小企业融资问题的重要途径之一，在借助银行贷款的同时，中小企业也应开展民间集资的方法来解决融资难的问题，双管齐下这样才能尽可能地获得更多的资金。政府也应开展民营银行或者民间互动金融机构，将部分储蓄转化为投资，这样就为中小企业的融资提供了更多的来源。目前，各大银行推出"易贷通""手机银行""中小企业联保贷款"等多种服务，在一定程度上缓解了中小企业融资难的问题。作为低成本的一种直接方式，中小企业集合中票可以增加企业债务的筹资来源，减少对银行等金融系统的依赖，缓解中小企业的资金财务问题。

（五）借助政府的扶持

政府政策及扶持策略也是缓解中小企业融资难的重要途径之一。提供减免税收的政策，对中小企业进行贷款等方面进行扶持，保证中小企业的贷款能力，减轻中小企业的经济负担，促进中小企业的发展。例如温州的民间资金充裕，金融活动，可以为中小企业提供一部分的资金。为了加强和鼓励民间融资，国务院设立温州为金融改革的试验区，规范温州的民间融资，加快发展新型金融组织，与此同时增设专业资产管理机构。从而深化温州的金融机构改革，培育温州新型的地方特色资本市场等，深入细致的带领温州民间融资机构的发展。中小企业还可以设立贷款风险基金，努力获取政府政策的支持，促进中小企业融资。

总而言之，缓解中小企业融资难的问题，不仅要从企业自身出发，也要利用外界的有利条件。除了以上的一些方法外，还可以借助基金的方式进行融资，如新三板、创新基金等方式。建立第三方的股权投资协会也是缓解中小企业融资的重要方法。目前，我国各地纷纷开始建立，北京、天津、上海等地股权投资协会的建立，大大促进了中小企业的贷款服务。综上所述，科学合理的利用资金，缓解中小企业融资难的问题。从而促进中小企业的快速发展，进而加快我国国民经济的增长。

第二节　企业资金预算管理

资金预算实际上是其他项目预算有关资金收支部分的汇总，以及收支差额平衡措施的具体计划。资金需要量的预测，能够保证企业某一时点或时段的生产经营活动顺利进行，而资金预算则真正动态地反映了企业的资金余缺。

一、企业预算管理的内容

企业的财务部门作为日常的工作机构，负责企业预算的研究和编制工作，并通过企业相关制度进行约束，保证预算计划的实施。企业预算管理是指企业在一定的经营思路和发展目标的指导下，对未来一段时间内企业资金收支情况的预测以及使用的规划，并对企业经营和发展的实际情况提供参照标准，以确定企业发展的正确性，帮助企业合理决策。

预算管理主要分为投资预算管理和生产经营预算管理两类。投资预算是对企业固定资产进行采购、改造等行为进行的安排与计划，以合理地确定投资时间、投资规模等决策行为，保证企业投资的成功和可观的回报。生产经营预算是指企业为实现某一时期经营目标而制定的经营计划，主要包括生产预算、销售两部分。可以通过建立生产经营预算模型，把生产预算和销售预算的各部分的内容套入生产经营预算模型进行模拟，从中选择最合适的方案为执行方案，明确了企业的工作目标和企业各个部门每名工作责任者的工作任务。

　　企业预算的编制应注意以下几个原则：预防性原则，即企业在编制预算时，要对各种可能发生的情况有所准备，做好各方面的准备，留有预备资金，做到有备无患，从而保证企业生产和运营的安全性；可行性原则，指预算的编制必须要以企业的实际情况为依据，实事求是，保证预算的可行性，并且编制要避免过于烦琐，保证预算程序的可操作性，避免预算管理的失效；经济和效益的原则，企业预算的编制要以尽可能地为企业节省开支和创造效益为原则，毕竟企业的根本目的就是为了盈利。

二、资金预算管理的意义

（一）降低企业财务风险

　　资金预算管理对资金的使用进行全程的跟踪，提高了对资金的内部控制，通过对各预算单位的货币资金、票据、预算内收支、预算外收支、借款、担保等的预算工作可以有效加强货币资金和金融风险的管理，保证资金活动的有序进行，降低财务风险。

（二）提高资金利用率

　　资金预算的编制过程，对不同的筹资渠道、筹资方式分析比较，权衡筹资成本和承担的风险，优化资金结构，降低了企业的筹资成本。在资金投放使用过程中，通过资金预算使资金的投放按照计划进行，避免资金的无效使用和出现偏差，优化了投资结构，提高了投资的报酬率。资金预算通过有针对性的压缩应收账款、控制存货水平、削减资本性支出等优化了现金流量的质量。

三、中小企业资金预算管理过程中存在的问题

（一）资金预算缺乏科学性

　　从编制形式上看，当前很多中小单位并没有单独编制资金预算，而是与经营预算混合在一起，预算与理论脱节，缺乏科学性。从编制内容上看，预算编制以历史指标值居多，缺乏体现对未来预测的指标值，预算指标值缺乏客观性。资金预算流于形式，仅仅是数据的汇总，缺少对数据的分析和预测。从编制方法上看，目前采用的编制方法更多的是财务核算的方式，缺少财务管理的意义。一些先进预算编制方法（如弹性预算、零基预算等）并没有得

到广泛应用，预算的事前控制和指导作用受到影响。

（二）资金预算缺乏全面性

在预算编制过程中，主导部门市场和经营财务人员缺乏对企业整个经营过程的全面了解，经营预算结果整体缺乏合理性。同时，预算编制方法往往采取静态的测算方式，缺乏对经营环境变化的掌控和突发事件的防范，使得预算与实际存在较大偏差。预算的指导和控制作用削弱，执行力自然降低。

（三）资金预算缺乏执行力度

首先，资金预算的编制不能体现单位业务开展的实际情况，预算缺乏过分强调刚性，缺乏弹性，致使单位业务因资金预算的编制不合理受到限制。其次，各单位在对资金预算执行、控制和调整未给予足够重视，财务部门对各经营单位经营和资金预算执行情况进行检查和反馈，但没有对资金预算执行偏差做出处理。第三，资金预算对实际行为的预控作用严重削弱，一些业务的资金预算编制相对简单，超资金预算或无资金预算的项目由于资金预算调整权的滥用而照样开展，致使预算控制流于形式。

四、统一资金预算管理的重点

（一）加强现金流量分析、预测，严格控制现金流入、流出

各部门应按照期间内现金流出量和流入量实施控制。通过定期编制现金流量表，分析经营、投资、筹资各项目的资金占有使用情况，分析其规模、比例、流向是否合理。结合企业经营目标，合理确定下一阶段资金流向，确保良好的支付能力，保证到期债务及时清偿，克服资金利用上的短期行为造成资金循环受阻。

（二）严格财务收支两条线管理

不论是专项资金还是营业资金都要全部一条线上缴；经费、工程支出和专项支出等开支，要按另一条线拨出，防止坐支、垫支和挪用现象。

（三）优化资金投向，加强工程管理，提高资金使用效益

加强资金投入之前的控制和管理，建立项目的经济审查制度，各类项目立项前要进行经济评价，实行效益否决制。要按项目的轻重缓急予以排队，先生产，后建设，保证重点，兼顾一般，以控制成本为中心，努力降低投资，提高投资效益。加强投资计划管理和概预算控制，跟踪管理，不准超计划和

超预算，以拨代报、以拨代支。

（四）建立健全资金的评价和监督管理制度

企业的资金使用和分配，都要进行经济分析和财务评价，以效益为主要指标，实行效益否决制，减少资金使用上的随意性。

（五）建立和健全资金的预算管理制度

其一，要利用先进预算作为资金管理的工具。对企业的现金流有一个整体的认识。控制了现金流量就控制了企业的资金运动；其二，在预算的编制上以现金流量表为核心，确定其理想现金流入、流出曲线，绘制出现金流量实迹，找出理想与实际现金流量间的差距，合理安排余量资金；其三，在预算的执行上以货币量化手段考核，对基层单位上报的当月现金流量表进行全面审核，保证资金使用最优化，根据预算拨付资金。

五、加强企业资金预算管理的措施

（一）资金预算编制阶段

1. 完善资金预算编制的管理体制

成立多级资金预算管理体制，各级预算单位成立由本预算单位领导负责的预算委员会，下级预算单位对上级预算单位汇报，提高成本核算和预算编制的准确性，使预算目标更具科学性和挑战性，也有利于落实责任。

2. 提高资金预算编制的准确性

资金预算的编制是一个动态过程。由上级预算部门制定目标，下级预算部门根据部门实际制定方案，具体的执行部门还需要对方案的可行性进行分析，修正、改善经营预算和资金预算，明确各单位的资金投入和支出。

（二）资金预算执行阶段

1. 细化资金预算

根据年度预算制定月度资金收支计划。按月份具体编制资金使用计划，在月末及时对资金计划进行修正，为下月的资金执行提供依据，并将修正的资金计划反馈到各经营单位，规避资金短缺风险，及时采取措施保证全年预算的顺利实现。

2. 建立目标责任制

预算指标细化到责任人，主要责任人负责预算偏离预警和重大事项的即时报告。对资金流转和预算执行情况进行全程动态跟踪和监控，及时发现问题并采取对策，提高防范风险的能力。

3. 及时反馈执行过程中存在的问题

通过定期召开预算执行情况汇报会议，向上级预算单位递交预算执行情况分析报告，详细说明预算执行偏差、原因及补救措施。上级预算单位根据分析对下级预算单位提出要求和指导。

4. 加强资金预算调整的审批

一般情况下，没有预算的支出要坚决控制其发生，预算项目之间不得挪用。特殊情况确需超出预算，必须提出申请，由预算委员会批准纳入预算外支出。预算节余不能转入下年度。当经营形势发生较大变化时，由预算执行单位提出预算修正申请报告，报财务部并提交预算管理委员会。

（三）资金预算的考核阶段

1. 确立"以人为本"的理念

企业在制定考核指标是充分考虑到责任人的实际情况，不能让其对不可控的经济责任负责，使资金控制指标既可执行又富有激励性，还要求考评部门保持公平、公开、公正的工作态度，对预算及其执行情况进行及时披露，以加强预算对经营行为的监督约束作用。

2. 建立科学合理的预算考核和奖惩制度

考核制度应该明各单位的指标和奖惩办法。定期对资金预算的执行情况进行考评，据此对责任人进行评价，并将评价结果递交人力资源部，作为预算执行奖惩的依据；年终决算并通过内审确定实际完成情况，与责任书目标进行对比，人力资源部按奖惩办法对各责任人进行奖惩。

第三节　筹资方式

近年来，我国中小企业迅速发展，逐渐成为我国国民经济中的重要组成部分。资金是企业的血液，那么融资问题就成为关乎中小企业发展，乃至生存的关键。融资方式的选择更是决定了中小企业是否能成功融资的关键之一。因此，中小企业融资方式的选择对中小企业能否发展壮大具有重要意义。从资金融入的角度，从融资风险，融资成本等五方面对融资方式的利弊进行了比较，并提出不同类型的企业，企业的不同发展阶段应采用不同的融资方式。企业应选择最优融资方式使得企业健康发展。

随着我国市场经济的飞速发展，中小企业在我国国民经济中占有越来越重要的地位，它对促进我国经济发展，缓解就业压力，振兴地方经济等方面发挥着重要作用。然而，融资问题已成为制约中小企业发展的瓶颈之一。解决中小企业融资问题成为一个重要而又紧迫的现实问题。在这种状况下，企业选择最优的融资方式不仅关系到企业能否成功融资，更关系到中小企业能否发展壮大以至于我国整个国民经济更好更快向前发展。

一、融资关乎中小企业的生存发展

企业融资是指企业作为资金需求者进行资金融通活动，并且把其他部门以及自身储蓄通过一定机制转化为企业生产经营或扩大再生产所需资金的过程。它有广义和狭义之分，广义上来说，融资就是指资金在持有者之间流动，它是资金双向互动的过程，既包括资金的融入，也包括资金的融出，即包括了投资、筹资、集资。狭义上来讲，融资仅指资金的融入，即仅包括筹资和集资。本文所研究的中小企业融资主要是指狭义上的融资，即仅指资金的融入。融资是企业理财的重要手段，是从企业自身生产经营状况和资金运用情况出发，考虑企业未来经营策略及发展需要，通过科学的预测和决策，采用一定的渠道和方法，利用内部积累和外部筹集，保证企业经营发展需要的一种经济行为。

如果把中小企业比作一个人体，那么企业的资金就像人体的血液一样。人体的血液应具备哪些特性呢？第一，血液应该是纯洁的；第二，血液应该是流动的；最重要的是血液应该是再生的，也就是我们常说的造血功能，那么一个企业的造血功能是什么呢？那就是融资。现在中小企业发展面临挑战，关键是失去了企业的造血功能，也就是忽视了融资的重要性。所以中小企业融资就具有了十分重要的现实意义。

（一）融资解决中小企业的生存问题

由于受到金融危机的强烈冲击，相当一部分中小企业的生产经营遇到前所未有的考验，甚至面临破产的境地。在众多中小企业破产倒闭后的"死亡"证明书上都有"资金链断裂"的评价。中小企业生产规模有限，经营方式单一，内部积累有限，想要通过自己的一己之力解决生存问题，是相当的不容易。当许多中小企业遇到资金短缺致使生产经营无法正常进行的情况，那么首先应该想到的是适时的融资。适时的融资能帮助中小企业获得维持企业正常生产经营的资金，解决中小企业的燃眉之急，帮助中小企业起死回生，有利于中小企业的重新崛起。如果中小企业没能及时地融资从而导致资金链断裂，企业就此陷入财务危机，正常生产经营无法继续，严重时就会导致企业的破产倒闭。

（二）融资解决中小企业的发展问题

中小企业完成起步后，就到了扩大规模高速发展的新阶段。这个时期，企业为了扩充设备、扩展产品市场、扩大生产规模，以求在竞争中脱颖而出，就需要大量的资金支持。而当中小企业处于发展起步阶段，显然很难有充分的内部积累以满足中小企业扩大生产规模的要求。那么适时的融资，无疑是帮助中小企业解决发展问题的有效途径。融资给中小企业插上了腾飞的翅膀，有助于中小企业自身的发展壮大。中小企业想要做大做强，解决发展问题，仅靠自己的钱是不可能的，那么融资就是企业用好别人的钱赚取自己的利润，用好明天的钱做今天的事，用好虚拟资本做实实在在的事。

二、融资方式的选择是中小企业成功融资的关键

（一）中小企业的主要融资方式及其特点

1. 内源融资

内源融资是指企业依靠内部积累进行的融资，包括三种形式：资本金、折旧基金、留存收益。内源融资是企业生存和发展不可缺少的重要部分。

内源融资具有以下特点：自主性；有限性；低成本；低风险；最后内源融资还可以增强企业的剩余控制权。

2. 权益性融资

权益性融资指融资完成后增加了企业权益资本的融资，如：股权出让、增资扩股、发行股票等。权益性融资具有以下特点：融资期限最长；融资成本较高；融资风险较低；资金使用自由度较高；资金到位率较低。

3. 债务性融资

债务性融资指融资完成后增加了企业负债的融资，如：普通贷款、发行债券、民间借贷。债务性融资具有以下特点：融资期限较短；融资成本较高，民间融资成本最高，债券融资成本次之，普通贷款的融资成本最低；融资风险较大；资金使用自由度较低；资金到位率较高，股权融资和债券融资资金到位率相当。

（二）选择最优融资方式帮助企业做大做强

由于中小企业生产规模较小、经营灵活、变化快捷、资产规模较小，从而造成中小企业在资金需求的时间和数量上具有很大的不确定性。中小企业一次性融资的量较小但融资的频率较高，使得中小企业融资复杂性加大。企业融资涉及许多问题，如融资的时机、融资的数量、融资的方式等，其中，

融资方式的选择应该是极为重要的一环。如上所述，目前中小企业普遍采用的融资方式有内源融资、权益性融资、债务性融资，而每一种融资方式都各有利弊。低融资成本就伴随着低融资风险，而低风险就意味着融资期限短和融资资金小。在融资中，企业选择适合的融资方式，不仅决定了企业融资的顺利进行，而且帮助企业筹集到发展壮大的所需资金。如果企业选择了不适合的融资方式，那么企业的此次融资就不能达到融资的目的，从而导致企业不能筹集到发展壮大的所需资金，更严重时企业会陷入生存危机。在融资实践中，有些中小企业就通过合理的融资方式的选择成功融资，筹集到资金从而解决企业生存发展问题。而大多数中小企业由于自身融资方式的选择错误，不仅没有筹集到资金，而且还会使企业陷入更为严重的财务危机。下面就是中小企业在融资过程中通过选择最优融资方式帮助企业融资，从而发展壮大的成功案例。

1. 公司简介及主要业绩

维达纸业有限公司是一家研究、生产、销售一体化的生活用纸制造企业。维达公司的前身是广东省一个只有几十个残疾人的镇办福利厂。1993 年，经广东省人民政府批准，该厂改组为广东维达纸业股份有限公司。1997 年，公司收购和兼并了湖北孝感卫生纸厂和上海利民造纸厂。1999 年，公司通过资产重组，正式更名为维达纸业有限公司。维达纸业先后进行了两次转制融资，转制过程中进行了竞争导向型融资安排。

2. 两次转制融资方式的选择

（1）第一次转制融资：既有内部融资又有外部融资

建厂初期高档生活用纸较为短缺，他们抓住这一机遇，不到一年，福利厂就赢利 10 万元。为了筹集进一步发展资金，1993 年进行了第一次股份制转制，即镇政府拥有 55% 的股份，剩余 45% 的股份既面向社会又面向企业内部员工筹集。

（2）第二次转制融资：股权出让

1997 年国内生活用纸行业出现了异常激烈的竞争，为了抢占市场，企业需要注入新的资金，这时，镇政府做出完全退出维达公司的决定，同时银行也退了股，将股权转化为债权。镇政府和银行原持有公司股份占 80%，其中在任经营班子受让了 60%，其余的 20% 由一家广告公司持有。

3. 思考与启示

从一家镇办福利厂发展成为大企业，从不为人知发展到家喻户晓，维达纸业的如此成就很大程度上应归功于公司这两次重要转折。正是融资方式的正确选择，企业成功筹集到发展所需的资金，保证了维达公司两次转制的顺利完成，帮助企业做大做强。维达公司从小到大，从弱到强的发展途径给了我们很多的启示：在融资中，综合考量各种融资方式的利弊，结合企业资金需求特点，正确选择融资方式，企业才能顺利筹集到发展资金，做强做大。

（1）维达公司在第一次融资时不限于企业内部，既有内源融资，又有外部权益性融资。内源融资主要是公司的自有资金以及在生产经营中资金的积累，如维达公司建厂初期，抓住市场高档生活用纸较为短缺这一机遇赢利的10万元。内源融资有许多优点：一是自主性高。内源融资从企业内部中来，在融资时基本不受外界的影响和制约。资金到位迅速、资金使用的自由支配程度最高。二是低成本。内源融资不需要对外支付利息及股息，不发生任何融资费用。三是低风险。内源融资不存在支付危机，更不会出现因支付危机而导致的财务风险，而且不会削弱企业的控制权。正是内源融资如此的优点，使得内源融资成为中小企业选择融资方式的首选。然而内源融资存在最大的缺点就是有限性，内源融资总要受到企业自身积累能力的影响，融资规模受到较大限制，往往不能满足企业对资金的需求。

这时企业适时选择权益性融资方式用来弥补内源融资所没有筹集到的资金。权益性融资不仅弥补了内源融资规模小的缺点，又具备了不同于其他融资方式的优点：一是融资期限最长。权益性融资一般无固定偿还日期，不需归还，能满足中小企业长期资金需求。二是融资风险较低。权益性融资因是利润分享、损失共担，企业没有还本付息的压力，所以风险较低。三是资金使用自由度较高。在实际融资操作中，只要及时披露，上市企业可以随意更改资金使用方向。维达公司改组为股份制企业，镇政府拥有55%的股份，这样既达到了融资目的又保留了政府的控制权。但是权益性融资有成本高的缺点，中小企业一般不愿承受高的融资成本，这也就是维达公司在内源融资不足以满足资金需求时才考虑到权益性融资的原因。其次，向企业内部员工出让股份也是中小企业的一种传统的融资方式。为了自身资金需要，向本单位内部员工以债券、内部股等形式筹集资金的融资方式，是企业较为直接、常用、迅速简便的一种融资方式。

（2）维达公司第二次融资时采用股权出让的方式。选择这种方式需要特别注意股权的出让比例。股权出让比例过大，就会失去对企业的控制权；出让比例过小，又达不到对资金的需求。在第二次融资中，企业的股权合理的进行了重新分配，管理层也掌握了60%的股份，通过这次股权出让，企业不但得到进一步发展资金，而且使企业的竞争力增强。其次，中小企业在创业之初，注册资本较少，生产规模也很小。这时企业可以考虑引入必要的战略投资伙伴，一方面吸引新的股东入股注资，使企业股权多元化；另一方面解决企业资金需求。比如在维达公司第二次转制融资时广告公司的入股就达到了这样的效果。

中小企业在融资时还有另一种选择，那就是债务性融资。债务性融资相较其他两种融资方式显然处于劣势。一是债务性融资期限较短。二是融资成本较高。民间融资成本最高，债券融资成本次之，普通贷款一般由债务双方直接谈判达成，不需要企业承担评审费、发行费、证券印刷费等，因而普通贷款的融资成本最低，但是普通贷款需要房屋、机器设备等作为抵押物或是有良好的信用记录，这对中小企业资产规模较小、平时缺乏与银行的往来无疑是一大难题。三是融资风险较大。企业到期必须将债务性融资如数偿还，如果到期无法偿还，企业将面临丧失市场、丧失信誉等风险，其次，债务性融资成本具有刚性，债务利息将成为企业的一个沉重负担。四是资金使用自由度较低。借贷协议中一般都规定了资金的使用，债权人也往往关注资金的去向，债务融入资金受债权人监督，使用相对来说不自由。由于以上缺点，维达公司在两次融资过程中都没有考虑到债务性融资。

三、中小企业如何选择融资方式

既然已经明确融资关乎中小企业的生存与发展，而融资方式的选择又是融资中极为重要的一环，那么，融资方式到底如何选择就成为下面将要讨论的问题。中小企业在融资时有很多融资方式可供选择，而每种融资方式给企业带来的影响也是不同的。企业在选择融资方式时应充分考虑到企业所处的行业类型和不同的发展阶段对融资的需求。

（一）根据企业所处行业类型选择融资方式

1. 高新科技中小企业

（1）高新科技中小企业的融资特点

高新科技中小企业主要包括在计算机、网络、通讯、生物科技、新能源与高效节能技术、光电子与光机电一体化等16大类领域进行生产或提供服务的中小企业。高新科技中小企业一般具有以下几方面的特点：风险高、收益高、资金需求的长期性、所需资金多、外部收益大。正是以上特点，决定了高新科技中小企业融资的特殊性。由于风险大，它很难像其他中小企业一样以普通融资方式筹集到资金。如银行贷款，这类贷款注重安全性，一般回避风险且需要资产抵押担保，有时还要求企业资金具有一定流动性，有良好的偿债能力。所以，从理论上来讲，普通贷款并不是高新科技中小企业的适合的融资方式。而通过发行股票的权益性融资，一般要求企业有几年的赢利记录，而大多数高新科技中小企业并不满足。因而高新科技中小企业不适合传统型的融资方式。

（2）高新科技中小企业适合创新性的融资方式

从表面上看，高新科技中小企业的融资方式受到许多限制，但实际情况并不然。尽管采用传统融资方式很难，但并非所有的融资方式都不可行，最重要的一点是，高新科技中小企业与传统意义上的中小企业相比有一个很关键的优势—"概念优势"。所谓概念优势，是指高新科技中小企业所占有的"高新科技"这个概念顺应了社会发展，容易受到具有冒险精神的风险投资家、风险投资基金青睐。甚至高新科技领域巨大的赢利前景也会吸引一些传统投资领域的资金提供者的重视。而且由于"高新科技"对于一个国家经济的重要性，国家也会对这类企业给予充分的政策、法律，甚至是直接的资金支持。所以这类中小企业适合风险投资、买壳上市、融资租赁等这类创新型的融资方式。

2. 传统中小企业

（1）传统中小企业的融资特点

传统中小企业主要是指在农业、制造业、餐饮业、建筑业、医药业、商业和其他传统型非科技行业进行生产和提供服务的中小企业。与高新科技中小企业相比，传统中小企业具有如下特点：低风险、收益稳定、享受较少的政策优惠。基于以上特点，传统中小企业缺乏足够高的盈利前景，很难获得风险投资，而且在资本市场上融资也较难，此类中小企业只有寻找传统意义上的融资方式。

（2）传统中小企业适合传统的融资方式

传统中小企业有其自身优势，由于其资产中有形资产占主体，市场成熟，产品需求稳定，风险相对较低，传统中小企业比较容易获得亲友的借款，以及利用银行贷款、商业信用等传统融资方式进行融资。

（二）根据企业的发展阶段选择融资方式

中小企业发展周期可分为四个阶段：种子阶段、创业阶段、成长阶段、成熟阶段。在不同的发展阶段企业对资金的需求有不同的特点，所以，筹集资金的方式也不同。

1. 种子阶段——内源融资为主

在这一阶段，中小企业主要从事研究开发工作，活动比较单一，组织结构十分松散。由于仅有产品构想，未见正式产品，所以很难确定产品在商业上、技术上的可行性，企业的前景始终笼罩在风险之中。就整个财务情况看，企业处于亏损期。此时企业尚无正式销售渠道，未有销售收入，只有费用支出。企业处于"种子阶段"的失败率很高，大部分的"种子"都被淘汰掉了。

该阶段，由于企业技术不成熟、产品无市场、生产无规模、经营无经验，因而风险很高，敢于投资的机构和个人非常少，企业取得风险投资的可能性很小。又由于这时产品市场不明确，生产也未正式开始，企业可供抵押的资产少之又少，想要取得普通贷款也并非易事。然而此阶段又需要一定的资金投入，因此，处于种子期的中小企业应首选内部权益融资，主要是自有资金，其余是民间借贷，此外企业还可以寻求政府创业基金的帮助。

2. 创业阶段——权益融资为主，债务融资为辅

中小企业进入创业阶段就意味着已经掌握的新产品较为完善的生产工艺和生产方案，接下来就是将研究成果向商品化转变的阶段。这一阶段的资金主要用于形成生产能力和开拓市场。由于要组建厂房、购买设备、后续研发、对企业未来发展做出战略性规划，这一系列活动的开展需要大量的资金—约是种子期所需资金的 10 倍以上。处于创业阶段的中小企业，其内部已形成一定的资金积累，融资条件相对较好。这时，融资方式应以权益融资为主，债务融资为辅，重点是吸引投资机构或个人，如创业风险投资、中小企业投资公司投资、担保下的普通贷款等。

3. 成长阶段——银行信贷为主

闯过创业期后，中小企业在生产、销售方面基本上有了成功的把握，组织机构已经有了一定的规模，新产品的设计和制造方法已定型，也具备了批量生产的能力，企业的风险已大大降低。但企业在成长期仍要保持不断地技术创新，扩大生产能力，牢固树立企业品牌形象，确立在业界的主导地位。因此，企业在这一阶段也需要大量的资金投入。

成长期的中小企业已有了较为稳定的顾客和供应商以及较好的信用记录，影响企业发展的各种不确定因素也大为减少，财务风险也大大降低，吸引商业银行的信贷资金和利用信用融资成为成长期中小企业融资方式的最佳选择。其次，在创业阶段投入资金的风险投资机构提供追加投资也是一个选择。由于此时中小企业极具发展潜力，为了避免稀释股权，一般不宜采用股权融资。

4. 成熟阶段——资本市场大规模融资

进入成熟期的中小企业经营发展稳定、组织机构完善、管理经验丰富、产品销售量和利润持续增长，但行业整体的销售增长率和利润率会逐步下滑。企业获利的关键因素可能就是对大规模生产进行有效的成本控制，改革组织模式，增强或重建管理制度，开拓新的品牌，以适应市场创新的要求，所以企业仍需要大批资本投入。

处于成熟期的中小企业应主要考虑在资本市场上进行股票、债券等形式的大规模融资，适度的债务融资可以降低企业综合资本成本，而有条件做强做大的中小企业应主要考虑实现企业上市。

综上所述，企业所处不同发展阶段，具有不同的融资需求，而不同的融资方式所发挥的作用也不尽相同，中小企业应充分了解各阶段资金需求特点和权衡各融资方式的利弊，选择最优的融资方式。

四、改善中小企业融资方式的措施

（一）进一步完善和规范民间借贷

银行贷款手续复杂，所需时间较长，不能及时满足中小企业资金需求。对于大部分中小企业的资信程度不够，而且没有足够的资产作为抵押，很难进行担保融资。在这种情况下，民间借贷就成为中小企业的一种有效的融资方式。民间借贷作为一种客观存在的现象，指居民个人向集体及其相互间提供资金，一般采用利息面议、直接成交的方式。民间借贷存在的优势有以下三方面：一是社会传统渊源；二是手续简便；三是民间资金充足，这些优势使它能够在一定程度上解决正规金融机构在中小企业融资过程中遇到的难题。在我国浙江、广东等沿海地区，民间借贷非常活跃，对当地的中小企业融资发挥了重要作用。但是我国金融监管部门对民间借贷还持一种漠视和敌视的态度，因此，政府及相关部门应该从态度上正视民间借贷在中小企业融资中发挥的作用，重视民间借贷这一有效地融资方式，将其纳入法制的轨道。

（二）中小企业融资方式要创新

中小企业涉及的行业类型十分广泛，经营模式也千差万别，当前传统的融资方式显然不能满足中小企业的资金需求，中小企业就应当寻求更多的融资方式。中小企业融资方式的创新是与扶持中小企业发展的政策目标相一致的。如股权融资：有发展战略思路的企业要考虑创业板市场的上市；项目融资：以独到的市场眼光，研究开发出与高新技术紧密结合的项目，来吸引风险投资和国家扶持基金；债务融资：知识产权担保融资、应收账款融资、存货融资等。

（三）中小企业要提高信用能力

大多数中小企业的主要融资方式还是银行贷款，但是中小企业资信程度不高是银行惜贷的主要原因。企业只有不断提高自身经营能力，才能及时偿还贷款，取得银行的信任，建立良好的信用记录。而现在一些中小企业在需要资金时才找银行，平时也不和银行打交道，做交易时直接使用现金，与银行一直都没有业务往来。此外一些中小企业不能如实纳税，缺乏建立良好的信用记录的意识。

（四）商业银行应加大对中小企业的信贷支持

商业银行在我国金融体系中的主导地位，决定了中小企业的发展离不开商业银行的支持，因此，商业银行要把支持中小企业作为信贷工作的重点，制定有针对性的贷款政策和办法，增加贷款种类和贷款抵押物种类，如现在有些商业银行在经济发达地区设立了专门从事对中小企业发放贷款的支行。虽然国家相关部门出台了扶持中小企业贷款的诸多政策，但是这些政策不能从根本上解决中小企业贷款难的问题，只有银行方面全面开展中小企业信贷业务，才是破解中小企业贷款难的根本之道。

综上所述，当企业需要资金解决中小企业生存发展问题时，融资是一条有效途径。而融资方式的选择是融资成功的关键之一。中小企业只有根据企业所处的行业类型和自身的发展阶段选择适合的融资方式，才能成功融资，帮助解决企业正常有序经营和发展壮大。最后，中小企业应该通过创新自身的融资方式和提高自身的信用能力、建立信用意识改善融资方式。其次，商业银行和社会要支持中小企业的融资，以使中小企业健康发展。

第四节 资本成本

资本成本是现代公司财务理论中的一个重要概念，是决定企业融资效率的决定性因素，一旦理解错误或是计算错误，都将导致项目的决策错误，影响企业的资源配置，造成企业资源浪费。然而现行资本成本概念的界定存在着某种程度的混乱，文章对最易混淆的两个概念即资本成本和资金成本的区别进行了分析，并对资本成本内涵提出了自己的观点。同时，在对资本成本与资金成本概念进行区别的基础上，拟从资本成本的角度，探讨正确界定资本成本概念对中小企业投融资的意义。

一、资本成本与资金成本的差异

（一）内涵方面的不同

西方财务理论对资本成本内涵的描述：《新帕尔格雷夫货币金融大辞典》给出："资本成本是商业资产的投资者要求获得的预期收益率。以价值最大化为目标的企业的经理把资本成本作为评价投资项目的贴现率或最低回报率"。可见，资本成本是投资者所要求的预期报酬率，等于无风险利率加上投资项目的风险补偿。MM定理对资本成本的内涵的描述："任何公司的市场价值与其资本结构无关，而是取决于将其预期收益水平按照与其风险程度相适应的折现率进行资本化。"这其中的"与其风险程度相适应的折现率"指的就是资本成本。

然而理论界和实践中，资本成本往往被理解为资金的筹集和使用成本，即为了取得和使用资金而发生的价值耗费，包括筹资费用和用资费用。笔者认为，这实际上是对资金成本这一概念的描述，而非资本成本，反映出理论界和实践中对二者的混淆。笔者认为资金成本的概念仅是基于表面上的观察，是从资金使用者的角度出发，分析的是资金使用者的融资成本，并没有充分考虑资金投入者的回报要求。

对于资本成本含义的理解可以分为两个方面：一方面，资本成本的实质是机会成本。根据《简明帕氏新经济学辞典》的定义，"机会成本就是对大多数有价值的被舍弃的选择或机会的评价或估价。它是这样一种价值，为了获得选择出来的对象所体现更高的价值所做的放弃或牺牲"。在企业实践中，投资者将资金投资于某一企业或项目，就不能再投入另一个企业或项目，由于投资于此项目而丧失的投资于另一个企业或项目可获得的潜在收益，就是投资者投资的机会成本。因此，投资者所要求的报酬率不应低于其机会成本。而投资者的报酬率对企业来说，就是资本成本。可见，资本成本的实质是机会成本。另外，企业资本成本的高低取决于投资者对企业要求报酬率的高低，而这又取决于投资项目风险水平的高低，即资本成本归根结底是由投资风险决定的，而不是由融资活动决定的。

（二）风险考虑方面的不同及其在计算公式中的具体体现

从二者使用的不同期限看，资本一词在这里与资本市场中的资本一词是相通的，是指为公司的资产和运营所筹集的长期（大于等于1年）资金。从资金成本定义对资金筹资费和占用费的强调可以看出，我国理论界的资金成本其实相当于西方财务理论中企业发行的短期（小于等于1年）融资工具的成本，与资本成本具有不同的使用期限。

由于使用期限长，资本资产的收益具有不确定性即风险，其长期性又决定了资本资产的风险要大于货币资产的风险。货币资产由于期限短，其风险可以忽略，因此可以直接使用筹资费用和占用费用来对其定价。而资本资产的定价则必须考虑风险的大小。西方企业在融资决策中主要使用风险定价的资本成本概念。相反地，我国理论界过去一直都忽视了资本定价中的风险因素，在我国理论界缺乏风险报酬意识的背景下，企业融资时侧重使用建立在筹集费和占用费基础上的资金成本概念也就在情理之中了。

以普通股为例，在资本成本计算中，普通股的资本成本计算方法，通常包括资本资产估价模型（CAPM）、债券收益率加权风险报酬率、折现现金流量模型等方法。而资金成本的计算通常仅简单表示为用资费用与实际筹资额之间的比率，没有体现风险因素。

二、资本成本概念的界定

由于资本成本信息的直接使用者为公司管理者，所以人们往往站在公司的角度提出资本成本的定义。然而，实质上公司资本成本的决定者是投资人而不是企业的管理者即资本的使用者。站在投资人的角度看，融资者的资本成本即是投资人要求的投资回报率，由于投资人享有公司的终极财产所有权，所以其承担了公司的最终风险。因此投资者要求公司对其所承担的风险给予相应补偿（既投资者的要求的投资报酬），这对于公司而言即为资本成本。若投资者所获报酬与其承担的风险不对等，投资者将选择把资金投入其他公司或项目，迫使得不到资金的公司不得不提高对投资者的报酬来吸引投资。因而资本成本的大小是投资者通过对资本投向的选择来决定的。由此可见，资本成本的定义应从其决定者投资者的角度提出。

综上所述，笔者认为，基于资本成本在公司财务理论和实践中的重要性：资本成本是选择资金来源，确定融资方案的重要依据；是评价公司融资策略合理与否及资本结构优劣的重要标准；是企业取舍投资机会的财务基准；是资本市场评价企业是否为股东创造价值、资本是否保值增值的指标，资本成本应从资本的提供者即投资者的角度提出，它体现的是完善的公司治理机制和对资本风险报酬的尊重，而资金成本只能反映企业单方面的融资成本。在我国财务理论界和实践中应使用资本成本的概念，即资本成本是企业投资者所要求的预期报酬率。

三、正确界定资本成本概念对中小企业投融资的意义

（一）有利于中小企业资本的合理使用以及投资者投资信心的增强

由于资金成本这一概念没有考虑风险因素，仅是从融资者角度出发，因此资金成本必然小于已考虑风险的资本成本。若以资金成本来代替资本成本，即用资本使用者决定的资本成本作为折现率来计算属于资本提供者的企业价

值，在实践中会高估项目的净现值，导致投资过渡和资本浪费。特别是在当前依然存在严重代理冲突以及信息不对称的情况下，会加大资本使用者处置所筹资本的自由度，并且认为这一处置过程和投资者是无关的。

我国中小企业融资难已是不争的事实。其融资的多样性和复杂性，是造成当前中小企业（尤其是民营中小企业）融资难问题的主要原因。一方面，与国有大企业相比，中小企业规模相对较小、经营变数多、风险大、信用能力较低；另一方面，资金作为一种特殊的服务性商品，在它的出租或委托经营中极易受到侵蚀，成为所谓"坏账"而得不到归还，因此资金所有者或金融机构在资金融通上都普遍采取谨慎性原则，审批手续比较严格，这就先天决定了中小企业比国有大企业融资难。因此，从中小企业（融资方）角度而言，要改变融资难的现状还有许多工作要做，还有许多观念要树立。正确界定和使用资本成本的概念，一方面可以促使中小企业合理使用所筹集到的每一笔资金；另一方面可以促进中小企业树立为投资者创造市场价值，实现投资者价值最大化的财务理念，从而有助于增强投资者的投资信心。

（二）有利于企业资本结构的优化

在实际经济生活中，一方面，中小企业在资本结构上，风险大成本小的负债资本比重较高，而风险小成本大的权益资本比重较低，导致潜在的财务风险较大；而从负债结构内部看，短期债务负担过重，对偿债能力带来不利影响。另一方面，中小企业经营情况波动较大，高负债和低盈利会使每单位利润承担较多的财务成本，财务杠杆产生负面作用，容易引发财务危机。债权人提供资金的安全度较低，影响了企业的信誉和再融资能力。因此，在其资本构成中保持较高比例的相对稳定的股权融资，有利于控制财务风险，有利于保持经营活动的相对持续性和稳定性。而正确界定和使用资本成本的概念，如前所述，可以促进中小企业树立为投资者创造市场价值，实现投资者价值最大化的财务理念，从而有助于中小企业积极吸纳权益资本，而适当扩大股权资本的比例，可以降低企业的财务风险，使得企业的资本结构得以优化，增强了企业的发展后劲。也有观点认为，由于中小企业的融资总量较小，融资频率较高，同时考虑到中小企业的高风险性和难以有效监管的特点，其负债融资的成本也并不低。

（三）有利于进行正确的投资决策

企业的融资决策往往与投资有关，通常企业是在有一定的投资机会的前提下进行融资活动的。在投资决策中，资本成本一般作为企业取舍投资机会的财务基准，即当投资项目的收益率超过资本成本时，投资项目才是可行的。

显然，如果以资金成本（企业实际承担的融资代价）作为衡量标准，将会导致企业接受一些收益率达不到投资者期望收益率（资本成本）的项目。因此，正确界定和使用资本成本概念，可以促使企业进行正确的投资决策，从而保证了投资者的实际利益不受损害。

第八章 投资管理与决策

第一节 投资概述

自 20 世纪 90 年代以来，随着全球经济一体化的深入，国际贸易自由化呈日趋扩大化趋势，全球共同大市场加速形成，客观上把我国众多中小企业推向了国际竞争的最前沿。与此同时，一些采用先进技术、现代化机器设备和专业化生产工艺的中小企业逐渐壮大起来，处于领先地位的自然不满足国内市场，进入国际市场已成必然选择。于是，我国众多中小企业纷纷跨出国门，开展对外直接投资。然而，处于起步阶段的中小企业对外直接投资仍存在一系列问题，很大程度地制约其进一步发展壮大。

一、我国中小企业对外直接投资概况

（一）境外投资覆盖率高

目前，91% 以上的国家有我国直接投资的企业。从国别分布来看，香港、美国、俄罗斯、日本、德国、澳大利亚的聚集度最高，集中了全球 43% 以上的境外企业。

（二）投资行业分布广泛

我国中小企业对外直接投资主要集中在能源、制造、服务各个领域。而且其中的科技研发企业、名牌企业起带头作用向外进军，如 TCL 在越南设立年产 50 万台生产线以及年产 30 万台数码相机和机电产品生产线；海尔在全球 30 多个国家建立了工厂等。

（三）规模较小区域集中

按数量来计算，其中约 90% 的海外投资项目是由国内中小企业投资的，而且规模普遍较小，且投资在 100 万美元以下的项目居多。根据商务部近期

的调查数据显示，在投资区位上，我国中小企业对外投资首选非洲，比重达32%。此外，东南亚占20%、拉美18%，余下则依次为中东、东欧、中亚等地区。那么现今的国际和国内投资背景下，尤其是处在金融危机的大环境下，我国中小企业对外直接投资如何才能异军突起，这是一个很热门的课题，但要研透它还需要科学分析我国对外投资的优劣势。

二、我国中小企业对外直接投资优劣势分析

（一）优势分析

1. 相对区位优势

首先，周边国家多数经济正迅速崛起并和我国有着长期、广泛的联系。其次，我国的华侨遍布世界各地，靠着这种"纽带"关系，我国的企业可以减少跨国经营的障碍，降低风险，并有利于同当地企业进行更为密切的合作。再次，因为经济、技术、环境的相似性，我国企业在海外就地取材和适应市场的能力较强，生产商品或提供服务的成本较低。最后，我国中小企业可以通过政府和行业协会的支持等来获取信息，全面了解国外投资地的区位优势。

2. 特色产品优势

经营凝聚有中国文化的特色产品是我国中小企业海外投资企业的独特优势。一些长期形成具有鲜明特色的产品，如中式菜、中药、丝绸等，享有很高的国际声誉，并具有不可模仿、难于替代等特性。加之中小企业在开发这些特色产品方面比国有企业更有效率，因此其在这方面的发展空间很大。

3. 小规模化优势

我国中小企业利用东道国廉价的劳动力和丰富的资源输出本国的设备，建立小规模劳动密集型的公司，使生产成本相对低廉。这些不像大型跨国公司那样付出昂贵的广告费和庞大的管理费用，再加上派出人员的费用和出口设备、零部件相对便宜，使产品能以低价进入国际市场，获得丰厚的利润。所以这种小规模制造产品是境外直接投资的重要竞争优势。例如我国在纺织、玩具、制伞、鞋帽等行业有较强的竞争优势。

（二）劣势分析

1. 管理水平低，人才资源缺

我国大部分中小企业是民营企业，基本上还沿袭着家族式的管理模式，在人力、财务、生产、营销等方面的管理缺乏规范，且面对陌生的海外市场环境缺乏市场调查能力。此外，中小企业由于自身规模小，对外投资所占资

源的份额要比大型企业大得多，所面临的风险也更大，总是希望尽快收回投资，缺乏长远战略眼光和品牌意识。因此，它们会避开存在更多不确定因素的长期目标，侧重能很快带来收益的短期项目。外贸经营是项复杂的工作，需要具备长远的战略视野、丰富的操作实务知识经验和通晓国际惯例的复合型经营管理人才，还要求具有较高的外语运用能力、强大的沟通能力和组织能力。而我国大多数中小企业这方面的人才少，且整体素质不高。此外，管理方式相对落后，任人唯亲的用人方式使得中小企业难以营造良好的外部环境来吸收科技、管理等优秀人才。

2. 技术含量低，创新能力差

我国绝大多数中小企业的技术科技含量偏低，属劳动密集型技术，缺少产品技术优势。对中小企业的长远发展而言，技术创新能力尤为重要。目前，我国中小企业大多数还属以半机械化为主的劳动密集型企业，高新技术企业所占比例不足 10%。且中小企业投入技术开发的经费仅占全国研究经费的40%，远远低于发达国家的 70% 水平。

3. 国际竞争弱，融资困难大

国际竞争以质量为中心，包含高品质、高档次、高附加值、高技术含量的产品竞争，而品牌则是这种竞争力的综合体现。我国中小企业恰恰缺少这方面的竞争力。例如，温州的打火机在欧洲主要占据 2 欧元以下的市场，而同样的由温州加工经韩国、日本包装贴上他们的商标的打火机每只售价都在10 欧元以上。由于没有名牌产品，高额的利润只能任由他国谋取。中小企业因自有资金不足、贷款难和融资渠道少，造成市场开拓能力弱和业务难以做大做强，这是目前我国中小企业发展最为突出和普遍的问题。尤其是企业要从事跨国经营，就需要投入大量的费用进行市场调研和市场开拓、建立销售渠道和组织规模化生产，这对于既没有太多国际市场经验，又没有形成雄厚资金积累的中小企业来说困难很大。

4. 体制不健全，法规很滞后

目前，我国对海外企业的管理采用综合和专业相结合的体制，并以原外经贸部为主，没有统一的、专门的管理机构，如境外非贸易性企业归国际经济合作司管理，贸易性企业则归进出口司管理。另一方面，计委、财政、银行、外汇管理局以及企业主管部门也都参与管理，但又只管某一方面，且各专业部门都只从各自管辖权限和部门目的出发，经常出现多头管理的混乱局面。因此，包括中小企业在内的各企业在对外投资中常常各自为战，甚至在国际市场上出现互相争斗的局面，造成国家不必要的损失。此外，在具体的运营中，境外企业的主管部门为了各自不同的局部利益而主观割断正常的经济联系的事情也时有发生，使得中小企业处理外贸事务十分不便利。此外，商检、海关、税务、外汇、公安、发改委、劳动等部门都时有歧视中小企业的现象发生。与此同时，迄今为止我国没有一部完整的海外投资法律，且海外投资中介服务机构欠缺。虽然我国制定了关于对外投资办企业的审批制度，也实施了一定的扶植措施，但缺乏行之有效的后期管理办法，涉及跨国经营的财务、税收、信贷、外汇、统计等制度也不完善。此外，国家制订的对外投资总体规划和具体的产业政策、技术政策和国别政策也不够明确，缺乏统一的权威性管理机构，也在一定程度上影响了对外投资的管理和引导。要改善我国中小企业对外直接投资的现状，扬长避短，实现质与量的双重提升，不仅要从政府角度完善相关政策，同时也要实施企业主体经营方式及理念的有效改进策略。

三、我国中小企业对外直接投资策略

（一）组织形式选择

我国中小企业要"走出去"，直接参与国际市场竞争，应根据自身特点，调整策略，在规模、资金等限制下，采取与之相应的投资方式。

1. 国际连锁和超级市场

连锁经营和超级市场，被称为是"现代流通革命"的两大标志。20 世纪中期以后，现代连锁经营在发达国家取得普遍成功。世界上最大的商业零售企业美国沃尔玛公司，原本是一家属于传统产业的零售企业，2000 年销售总额达到 1913 亿美元，超过了通用汽车公司，也超过一些大银行、保险公司等金融机构，超过引领"新经济"的信息企业，其中的奥秘之一就是发展连锁经营。我国自上世纪 90 年代初开始发展连锁经营，目前势头良好。此后国家经贸委将坚定不移地继续推进连锁经营，提高商品流通的组织化程度，发展现代流通组织形式和营销方式。因此，我国中小企业应加快发展连锁经营和超级市场，用新的经营组织形式改造传统商业。

2. 跨国公司

跨国公司的出现及其在国际经济活动中所起作用的日渐显著，使协调国际分工的机制也呈现多样化和复杂化。由于跨国公司企业内部交易的增加，使得国际贸易中企业内贸易的比重不断上升。国际分工也不再单纯依靠市场机制来协调，跨国公司已成为国际分工日益重要的协调者和组织者。

3. 境外加工

境外加工贸易的实质是境外投资。随着国际分工的发展，以跨国公司为

主要动力的世界经济加速融合；以 WTO 为代表的全球性经济贸易机构正推动国际贸易、投资和金融的自由化，且各国纷纷开放市场，参与全球产业分工。为实现经济效益的最大化和经营成本的最小化，跨国公司加速了产业内分工和公司内部的分工，在世界各地设立了生产加工厂和分支机构。以跨国公司为主要载体的世界性产业结构调整推动了经济的增长。美国经济的持续增长，就是利用世界各国的经济资源和劳动成本优势，依托自身的技术实力，进行产业结构的调整和升级换代。

（二）建立创新机制

目前我国中小企业国际竞争力低下，不仅规模小、效益差、产业协作程度差，而且科技创新能力弱，这在很大程度上制约其对外直接投资的健康发展。通过建立创新机制，提升我国对外直接投资国际竞争力有深远的意义。

1. 组织创新

我国中小企业首先要通过加强国内外专业化协作来促进企业组织形式的创新。我国工业生产的专业化协作水平极低，大中小企业间分工不够合理。相反，美欧企业在组织形式上越来越多采取虚拟企业，从虚拟生产到虚拟营销，从国内协作到国际战略联盟，创造了一系列提升企业国际市场竞争力的有效形式。鉴于此，我国中小企业应通过加强国内外专业化协作来提升其国际竞争力。

2. 技术创新

目前，我国中小企业一部分是属于那种拥有成熟技术、低成本运作经验的企业，大部分是属于拥有一定技术基础，能够不断吸收先进技术、积累技术能力的企业，只有少部分是具有一定技术优势、规模优势和国际化经验的企业。这就要求我国中小企业在进行海外投资时大力推进科技创新以提升其国际竞争力，要从战略高度上意识到未来世界经济的竞争说到底就是科技的竞争。中小企业要通过建立健全技术创新机制、跨国并购、在海外设立研究开发机构等来提升其综合竞争力。

（三）国内外融资策略

1. 国内融资

为解决我国中小企业的融资难题，国家经贸委开始尝试建立以信用担保为突破口的融资体系，并通过加强与财政、银行、税务、工商等部门的配合创造了一个良好的外部环境。人民银行已要求各商业银行建立负责中小企业信贷工作的专门机构，将解决中小企业融资难问题列为工作重点。其他商业银行随之采取了积极地办法和措施，一些省市也制定了鼓励政策。出台的这些全国性和地方性政策，缓解了其融资难的矛盾。此外，各部门在通过担保方式支持商业银行增加对中小企业的信贷规模外，还通过利用外资、吸引民间投资、资产重组和加强内部资金管理等方式来缓解融资难的矛盾，为促进企业的发展起了积极地推动作用。

2. 海外融资

由于东道国的经济和金融环境各不相同，因此，中小企业在利用当地资金来源时的情况也不尽相同。有些国家如美国、加拿大、德国、日和英国等，它们既是世界最大的资本输出国，又是最大的资本输入国，这些国家对外国投资者在本国市场上进行融、筹资活动则要实行不同程度的限制。在欧洲，由于存在庞大的欧洲货币市场，资金的拆借比较容易。所以在不同的地区，应根据不同情况采取不同方式，因地制宜地进行海外融资。

（四）风险规避策略

1. 政治风险防范

要区别对外直接投资流入国（地区）的不同情况采取不同的措施。对政局稳定、支付能力强且信誉好的，应集聚优势，精心组织，全力开拓；对政局相对稳定，但对外政策因外国势力影响有较大变数倾向的，应冷静思考分析，密切观察，作好应变准备；对政局不稳、内忧外患且投资风险较大的，应谨慎行为，果断决策，努力减少损失。

2. 经济风险防范

防范经济风险，首先，要认真研究世界经济形势，关注经济全球化的周期性、阶段性和区域性变化，关注汇率、利率、税率、重要工业品价格、重要期货交易价格和股市行情变化，关注上述变化对直接投资流入国（地区）的政治、经济等方面的影响，并采取相应的措施。其次，要认真研究 WTO 规则，重点研究对外直接投资流入国（地区）的法律体系、政府行为和 WTO 规则的相关程度，并据此采取合适的进入和退出策略。最后，对当地市场进行认真的调查研究，对对外直接投资流入国（地区）的市场化程度、市场交易办法、市场发展潜力、市场饱和情况和市场消费（购买）力等方面进行较为详尽的调研，以制定合理的市场策略。

综上所述，对外直接投资已经成为我国国民经济中的一个越来越重要的组成部分。虽然近年来我国对外投资发展迅速，但目前还面临不少问题，如无法回避的全球金融危机大环境。为此，我们要从政府及企业两个层面上积极实施应对策略，完善政府的相关政策体系，改变企业的经营理念，这样才能更好地实现"走出去"战略，真正又好又快发展国民经济。

第二节　固定资产投资整体预测

中小企业的固定资产投资金额较大，对企业的发展有着深刻的影响，且定资产投资之后不易发生变动。因此，中小企业固定投资面临着大的风险。固定资产投资是中小企业最主要的内容，需要中小企业认真管理。随着现代管理制度的发展，中小企业越来越重视固定资产的投资管理问题。但是，由于受传统投资和管理模式的影响，我国中小企业固定资产投资管理过程中存在着很多矛盾和问题需要解决。研究我国中小企业固定资产投资管理的完善策略不仅能够降低中小企业固定资产投资管理的风险，而且对中小企业的长远发展有着深刻意义。

一、固定资产投资预算管理的概念

现代企业管理中讲的预算就是用数量表示的对未来某一特定期间企业财务、实物及人力等资源的取得和运用的详细计划，主要用来规划预算期内企业的全部经济活动及其成果，以实现企业既定的战略目标。预算包括财务预算、业务预算和专门决策预算三大类，财务预算是各项经营业务和专门决策的整体计划，因此也称为"总预算"；而各种业务预算和专门决策预算称为"分预算"，全面预算就是由总预算、分预算构成的经济内容和数字相互衔接的一套完整体系。全面预算管理体系既包括预算编制，也包括预算的执行、监控以及事后对预算的考评，并且在这个过程中始终贯穿着价值和行为的双重管理。固定资产投资预算就是资本性支出预算，是根据预算期内将要实施的全部固定资产投资项目所编制的预算，是对企业未来一定时期内固定资产投资项目、投资规模、建设方案、实施进度的总体安排。在企业全面预算管理体系中，固定资产投资预算作为专门决策预算的主要内容，具有十分重要的作用。

二、固定资产投资预算管理的特点

投资预算管理是一种管理机制而非仅仅是一种方法，它一方面与市场机制相衔接，通过投资预算目标的确定反映市场对企业发展的要求；另一方面与企业内部管理、内部组织及其运行机制相衔接，通过责任中心的确定、预算指标的分解与落实、预算调整与执行考核等，反映企业对市场需求的应变和措施、反映企业在市场竞争中的位置。以战略目标管理为导向、体现企业全方位要求的投资预算管理模式，打破了传统计划管理模式的约束和局限，构建了一整套全新的管理运行机制。

投资预算管理作为一种管理机制，通过预算目标的分解、编制、汇总与审核、执行与调整、评价与考核，将对企业起到规划发展、统一认识、协调行动、提高效益等方面的作用。投资预算的编制和管理表明了在一定期间内，公司管理层对投资所涉及的所有部门和单位的期望和要求，投资预算管理的过程，就是明确任务、发现问题、协调努力、不断改进的过程。因此，投资预算管理既非投资主管部门的特权也非他们的专利，而是整个企业运营管理系统的总协调和总配合，任何一个部门、单位或工作环节上的松怠和脱节都将影响投资预算的执行，进而可能影响企业的发展。

三、我国中小企业固定资产投资的风险

（一）债务风险

固定资产投资与其他投资一样要开展筹资活动，保证资金支撑。筹资活动中，负债形式是最主要的筹资方式。但是，由于固定资产投资周期较长，借款种类不固定，需要根据借款数量与借款种类进行合理安排，同时也要考虑还款的本金和利息。如果中小企业在筹资的过程中不能保证长期的还债能力，会面临资金周转失灵的状况和批产的风险。

（二）投资总额变动风险

固定资产投资的预算和最终投资总会存在一定的差异，而这种差异将会给企业带来投资总额变动风险。资总额变动风险的原因主要有以下几个方面。一是投资预算不准确，企业在开展投资预算的时候，缺乏科学的预算方法，导致投资预算与实际投资之间存在着差异；二是投资实施过程中的管理漏洞。企业在固定资产投资的过程中，投资管理不够科学规范可能导致固定资产投资存在漏洞，导致投资总额下降，与预算存在差异；三是筹款渠道变化。企业在固定资产投资的过程中，如果预期的筹款渠道发生变化，投资计划和投资总额也会发生相应的变化。

（三）估算风险

企业在进行固定资产投资的时候，会运用经济数据对投资项目进行估算。但是，这种估算处于一种假设状态，会与实际状况存在一定的差异。而且，

固定资产投资还需要对市场营销、人力资源、生产技术等进行预测,一旦某一项预测不准确,便会导致估算风险,严重影响企业的生产和销售。

（四）投资期变动风险

固定资产的投资都有一定的过程,这一过程被称为投资期。并且,固定资产的投资期可能会发生变动。例如,当投资项目未能计划进行将会严重影响到固定资产的使用状况,引起投资时间和投资收益的变化。另外,如果固定资产未能使投资到位或出现其他突发性事件也会造成投资的变动,引起投资期变动风险。

四、我国中小企业固定资产投资管理的现状

（一）固定资产投资管理存在的矛盾

一是投资方向和投资数量。大多数中小企业十分重视企业的发展问题,探索企业快速发展的方法。但是,在发展过程中很多中小企业没有明确企业的发展方向。这就导致中小企业在固定资产投资的过程中将投资作为扩大规模的重要手段,进而引起了投资方向和投资数量的矛盾。具体来说,中小企业为了实现自身的发展,必须在短时间内扩大投资。但是,资金限制要求中小企业合理分配固定资产的投资。二是投资成本和效益。在正常情况下,投资成本与效益是成正比的,投资成本越高,收益越大。但是,由于资金限制,中小企业虽然期望较高的投资效益,但是却难以接受较高的投资成本。因此,中小企业在固定资产投资管理的过程中需要正确处理投资成本和效益的问题。三是投资风险和收益。投资风险对投资收益有着直接的影响,一般情况下,投资收益越高风险就越大,收益越低,风险越小。但是,大多数中小企业都希望投资风险最小化而投资收益最大化。因此,当投资风险与投资收益之间形成某种合理的关系时,才会吸引中小企业进行固定资产投资。也正因如此,中小企业在固定资产投资的过程中需要面对投资风险和投资收益的矛盾。

（二）固定资产投资管理存在的问题

一是缺乏战略眼光。大部分中小企业在固定资产投资的过程中倾向于较短的投资回收期和较小的投资规模。这种只注重眼前利益而忽视长远发展的方法很难促进中小企业的发展。另外,中小企业在投资的过程中没有将固定投资是否符合企业战略目标的发展放在首要位置,很容易造成企业投资盲目化和简单化。二是投资资金短缺。中小企业普遍面临着筹资困难的现象,而这一现象使得中小企业的固定资产投资资金主要来源于其他非金融机构或企

业内部，严重影响了企业的投资热情，增大了固定资产投资的难度，导致固定资产投资项目无法顺利实施。三是缺乏科学管理。大多数中小企业缺乏专门的投资管理团队，没有对固定资产投资进行专业化管理，使得固定资产投资问题得不到及时有效的解决。并且，缺乏专业化管理容易导致固定资产投资存在漏洞，严重影响企业的资金安全。另外，由于中小企业缺乏专业的财务管理人才，无法对投资项目进行科学的评估，固定资产投资主观性和随意性较强。

五、我国中小企业固定资产投资管理的完善策略

（一）明确管理原则

一是明确投资方向。中小企业在管理固定资产投资的过程中要充分重视企业战略管理对固定资产投资的指导作用，树立战略管理理念，将战略管理作为企业的常规工作，明确规划企业的发展方向和发展步骤，制定出明确的企业行动计划和行动纲领。另外，企业应正确处理好投资风险、投资效益和战略发展的关系，寻找投资风险和效益的最佳平衡点，积极遵从战略优先的原则，注重固定投资的战略发展；二是坚持筹资活动先行。中小企业应积极重视筹资困难的问题，保持对待筹资的谨慎态度，不能采取非法手段进行筹资。并且，中小企业在管理固定资产投资的过程中应坚持筹资活动优先的原则，充分考虑筹资的数量和途径，对于成本过高的投资项目要慎重考虑，避免造成资金损失。另外，中小企业在管理固定资产投资的过程中要积极采取灵活的管理方法，根据企业的实际状况对投资决策和企业财务管理进行分析，提高投资决策质量。

（二）做好前期评价

一是分析投资环境。投资环境主要指投资项目所面临的经济、政治、社会文化等各个方面的环境。企业在管理固定资产投资的时候要充分了解投资项目所处的政治背景、经济趋势和社会文化的发展趋势，选择适合政治、经济和社会发展的投资项目。另外，中小企业应积极分析固定资产投资的微观环境，深入了解投资项目的市场、技术、资本、硬件设施、政策等因素，做好市场调查，根据市场调查选择具有发展潜力的项目进行投资；二是分析投资必要性。中小企业在管理固定资产投资的过程中应深入分析企业的发展规划对固定投资影响，使固定投资服务于企业的发展，避免投资的盲目性。另外，中小企业要重视固定投资对资产结构的影响，重视固定资产的合理配置，

避免出现固定资产过剩的现象；三是分析固定资产投资总额。中小企业在投资之前要对企业固定资产总额和投资总额进行估算，并深入了解投资项目的资金需求和投资项目的发展前景，根据对投资项目的预算选择合理的投资总额，避免投资决策失误现象。

（三）科学设计投资决策分析指标

一是投资决策分析指标要坚持安全第一，加强重视固定资产投资的安全性。为此，中小企业应充分考虑投资回收期、投资风险和投资的安全程度，根据企业的发展状况和资金状况选择较为安全的投资项目，尽可能地降低投资风险；二是中小企业固定资产投资应坚持效益优先，充分了解固定资产投资的获利规模和投资效益，从获利角度出发选择效益较好的项目进行投资。

六、加强固定资产投资管理制度建设的建议

在改革和完善我国固定资产投资管理制度过程中，我们可以适当借鉴日本的经验。

政府投资是日本政府推动经济发展的主要手段之一，也是日本政府实施宏观管理的重要组成部分。半个世纪以来，日本的政府投资以高于其他发达国家的增长速度得到适度增长。政府投资、个人消费、企业固定资产投资，成为拉动日本国民经济增长的三台"牵引车"。战后日本政府的投资调控，既包括政府对公共领域的直接投资，也包括政府对私人企业投资的间接调控。政府在间接管理投资过程中，既发挥市场机制作用，又重视必要的计划、立法及行政主导作用。

日本政府对企业投资的资金，来源于财政投资贷款。财政投资贷款，是政府通过国家信用活动积聚邮政储蓄存款和其他公有资金。按政策目的从事的投资贷款活动。财政投资对产业的投资代表国家的意志，体现了政府的产业政策。日本政府通过财政投资引导社会投资方向，政府带头向战略产业提供社会资本，而且谁能得到财政投资谁就能得到国家的保护和扶植，这对私人企、世也有引导作用。例如：从1968年开始日本开发银行实施"振兴国产技术"贷款制度，支持私人企业独立自主开发新技术。于是，众多机械电子企业申请贷款扩大投资。索尼公司的单枪三束彩色显像管电视机、东洋工业公司转子发动机等技术，均是在开发银行贷款支持下取得成功并获得发展的。

战后，日本政府为切实保障政府投资以适应经济社会发展的需要，逐步健全了投资立法。其中，在经济恢复时期颁布的有《财政法》（1947年）、《国有财产法》（1948年）、《建筑基准法》（1950年）等；在高速增长时期，又颁

布了《城市计划法》（1968年）等；在此后的稳定增长时期，制定了《国土利用计划法》（1974年）等。这些法律的制定，为政府投资提供了法律依据。战后日本政府每开展一项新的投资活动或变更一项比较重要的投资活动，都要先制定或修改一项法令，然后再展开投资活动。日本政府的投资活动完全纳入立法的保护和监督之中。这有利于排除各项干扰，促成投资活动高效运行。

目前，我国固定资产投资管理中存在许多有待解决的问题。日本的政府主导型发展模式，比较适合我国国情。适当借鉴日本的经验，有助于解决我国的现实问题。

首先，要完善政府投资调控法律制度。政府可以采取入注资本金、贷款贴息、税收优惠等措施，鼓励和引导中小企业资本以独资、合资、合作、联营、项目融资等方式参与投资。为了方便中小企业筹集建设资金。国家应当努力发展多层次的资本市场。拓宽企业融资渠道。组织和建立中小企业的融资和信用担保体系，推动设立面向中小企业的投资公司，建立和完善创业投资机制。

其次，完善固定资产投资贷款管理制度。目前市场还不能做到对投资资源的优化配置，对中小企业固定资产投资的方向尤其有必要进行规制和引导，以避免造成资源浪费。可以按照中小企业投资建设项目的不同类别，实行区别贷款期和利率的制度，以此引导和扶持国家重点项目以及适销对路产品所依赖的固定资产投资建设。

最后，健全企业自筹资金投资管理制度。建立相应的银行审核制度。对于资金来源途径应有相应的审核制度把关，避免不法资金来源以及洗黑钱犯罪行为发生。在资金使用方面，企业自筹资金应当专户专用，避免交叉使用或者再次转贷情况的发生。银行要加强监督管理，坚持企业先存入资金。再将固定资产投资项目交由审核部门审批，之后再使用资金。

固定资产投资活动无法可依、有章不循，是我们长期存在的问题。建设资金不到位、"首长工程""条子项目"等不正常现象难以禁止。特别是中小企业固定资产贷款投资，自筹资金投资管理制度不健全。相关部门应该尽早出台相应的法律制度，填补中小企业固定资产投资管理的法律空白。

第三节 投资决策

决策是企业进行一切经济活动的前提。决策是否正确与科学，直接影响企业的兴衰成败。因此，如何使用好企业投资决策权，保持良好的经营状态和盈利能力，是所有企业经营者思考的首要问题。

一、企业投资主体地位的确立

随着企业改革的不断深化，从体制上确立了企业的主体地位。并把企业投资决策权当作企业振兴和发展乃至在市场竞争中保持不败之地的重要保证。目前我国中小企业正在扮演着越来越重要的角色，逐步形成新的经济增长点。如何保证中小企业的健康成长与发展就成为目前经济改革中的热点问题。不可回避的是中小企业在发展过程正中面临诸多困难，从而严重地制约着其经济健康顺利地发展。因此，尽快制定和实施中小企业促进政策，既符合世界经济发展趋势的要求，也是激活我国经济活力，解决当前问题和保证长远发展的现实选择。按照《企业法》和《转换企业经营机制条例》的规定，企业享有生产经营权、产品销售权、投资决策权等十四项权力。其中企业投资决策权是我们论述的重要根据，其关系到中小企业投资决策的科学性、效益型和长远性。

二、制约中小企业投资决策的因素

目前我国中小企业已初步建立了较为独立、渠道多元化的融资体系。但是，融资难、担保难、投资决策更难仍然是制约中小企业发展最突出的问题。

（一）收益的不确定性

中小企业投资根本动机是追求投资收益最大化。在投资中考虑投资收益要求、投资方案的选择，必须以投资收益的大小来取舍；要以投资收益具有确定性的方案为选择对象；要分析影响投资收益的因素，并对这些因素及其对投资方案的作用、方向、程度，寻求提高和稳定投资收益的途径。影响收益的不确定因素很多，其不确定性显而易见。

（二）风险的多样性

在投资中，考虑投资风险意味着必须实现投资收益与投资风险的匹配，要求充分合理预期投资风险，防止乃至减少投资风险给企业带来损失的可能性。也需用提出合理规避投资风险的策略，以便将实施投资的风险降至最低程度。投资风险与筹资风险有着很大的联系，即投资风险的长期存在，也必然导致筹资风险或财务风险的存在。

（三）财务控制薄弱

一是对现金管理不严，造成资金闲置或不足。有些中小企业认为现金越多越好，造成现金闲置，未参加生产周转；有些企业资金使用缺少计划安排，过量购置不动产，无法应付经营急需资金，陷入财务困境。二是应收账款周转缓慢，造成资金回收困难。原因是没有建立严格赊销政策，缺乏有力催收措施，应收账款不能兑现或形成呆账。三是存货控制薄弱，造成资金呆滞。很多中小企业月末存货占用资金往往超过其营业额两倍以上，造成资金呆滞、周转失灵。四是重钱不重物，资产流失浪费严重。不少中小企业管理者对原材料、半成品、固定资产等管理不到位，出了问题无人追究，资产浪费十分严重。

（四）管理模式僵化，管理观念陈旧

一方面，中小企业典型管理模式是所有权与经营权高度统一，企业投资者同时就是经营者，这种模式势必给企业财务管理带来负面影响。中小企业中相当一部分属于个体、私营性质，在这些企业中，企业领导者集权现象严重，并且对于财务管理理论方法缺乏应有认识和研究，致使其职责不分、越权行事，造成财务管理混乱，财务监控不严，会计信息失真等。企业没有或无法建立内部审计部门，即使有，也很难保证内部审计的独立性。另一方面，企业管理者管理能力和管理素质差，管理思想落后。有些企业管理者没有将财务管理纳入企业管理有效机制中，缺乏现代财务管理观念，使财务管理失去了它在企业管理中应有的地位和作用。

（五）约束条件多，投资弹性大

目前制约和束缚中小企业发展的主要约束包括控制权约束、市场约束、用途约束、数量约束、担保约束以及间接约束等。它们与投资风险密切相关，也与投资目的相联系，并长期影响着中小企业的投资决策。

投资弹性涉及两个方面，一是规模弹性：投资企业必须根据自身资金的可供能力和投资效益或者市场供求状况，调整投资规模，或者收缩或者扩张。二是结构弹性：投资企业必须根据市场风险或市场价格的变动，调整现存投资结构。这种调整只有在投资结构具有弹性的情况下才能进行。投资企业要扩张投资只需追加投放资金，这取决于投资企业是否能筹措到足够的用于扩张的资金。从这个意义出发，投资扩张与投资本身是否具有弹性通常无直接关系，即投资弹性主要是指投资收缩和投资结构调整的可能性而言。中小企业经常徘徊于规模弹性与结构弹性间举棋不定。

三、中小企业的投资风险

投资风险是指某一主体对其投资行为结果的不确定性。预期的回报率愈高，该项投资的风险就愈大。中小企业的投资风险，指中小企业设立后，中小企业的经营者对该企业如何经营而承担的风险。包括对内投资风险和对外投资风险。对内投资风险与其本身经营风险密切相关。对内投资后的投资风险也就转化为经营风险。经营风险是指生产经营方面的原因给企业盈利带来的不确定性。主要有来源于企业外部和内部的诸多因素的影响，比如，由于商品、材料等供应的变动，材料价格的变动等因素带来的供应方面的风险；由于产品生产方向不对路，产品质量不合格，新产品、新技术开发试验不成功，生产组织不合理等因素带来的生产方面的风险；由于出现新的竞争对手，消费者爱好发生变化，销售决策失误，贷款回收不及时等因素带来的销售方面的风险；此外，劳动力市场供求关系变化，发生通货膨胀，自然条件变化，税收调整等方面的困素，对企业经营成果均会带来不确定性。所有这些生产经营方面的不确定性，都会引起企业的盈利的变化，从而给企业对内投资带来风险。这种对内投资一旦形成后，其投资风险大小是由企业本身的经营风险所决定，是企业本身可以控制的。

中小企业对外投资风险和本企业的经营风险没有直接关系。它包括企业特别风险和市场风险。企业特别风险是指某些因素时单个对外投资项目造成经济损失的可能性。如：被投资企业在市场竞争中的失败等。这种风险可以通过投资的多样化来抵消。市场风险指的是由于某些因素给市场上所有的投资者都带来经济损失的可能性。如：宏观经济状况的变化、国家税法的变化，国家财政政策和货币政策变化等。这种风险是无法消除的。

当然，中小企业本身也是一种投资，即对设立中小型企业的单位（或个人）来说是它的一项投资。这种风险对设立中小型企业的投资者来说是一种投资风险，但对设立后的中小型企业本身来说是经营风险而不是投资风险。投资风险与经营风险虽有区别，但它们之间也有一定联系，在一定条件下又能相互转化，从严格意义上讲经营风险是投资风险的延伸。在讨论企业投资风险时，也离不开企业的经营风险。

四、中小企业防范投资风险的措施

投资活动一般分为四个阶段，即投资准备阶段（也称决策阶段）、投资实施阶段（也称投入阶段）、投资回报阶段（也称经营阶段）和投资收尾阶段（也称清理阶段）。要防范风险必须对投资活动进行全过程的监督与管理。为防范投资风险，投资者一般在投资的各个阶段要采取以下一些措施。

（一）投资决策阶段

在投资决策阶段，首先要认真收集相关信息，做好方案的优化工作。其次要规范投资决策的程序，投资者亲自参与可行性研究报告的编制。最后要做好对可行性研究报告的专家评审工作。相关信息收集的内容，涉及的面很广，主要有经济环境、金融市场环境、政策法规环境、产品市场环境、消费者分布状况、相关技术的发展以及竞争对手的实力等。投资方案的优化是综合运用现代决策理论的过程，其中涉及"运筹学""统计学"以及"概率论"等方面的知识，对一个或多个投资方案进行优化，通过优化可使被选中的投资方案产生更大的预期经济效益，以及防范更多的预期风险。编制可行性报告是对投资方案的进一步细化和具体化，其内容相当丰富，包括资金来源、能源原材料、交通运输条件的成立、产品销售的预测及财务分析等等。投资者在审查已编制好的可行性报告时，着重注意对该项目投资回报的动态财务分析，该项目是否可行关键是看其回报率和回收期。对可行性报告的专家评审是全面检验可行性报告编制的合理性与完整性，实际上是对可行性报告的评估。首先应该对投资方案是否可行提出专家意见，甚至可以否定方案本身。如方案可行再请专家们提出建议和意见，这是进一步优化投资方案的有效措施。

（二）投资实施阶段

在投资实施阶段需要做好两件事，第一是选择最佳投资时机，第二是加快实施投资计划，缩短投入期尽快进入回收期。把握时机，抓住机遇，不要放过最佳的投资机会，这是任何投资者都必须具备的素质。一旦作出投资决策，应尽快实施，缩短建设期，以降低风险。

（三）投资回收阶段

投资回收阶段是投资过程最精彩的阶段，也是最需监理的阶段。投资回收阶段也就是投资项目的经营管理过程。在投资回收阶段必须做好以下几件事：一是做好投资项目相关信息动态的反馈工作；二是当反馈的信息显示投资的实际效果与计划有偏差时应及时研究对策，改进投资方案；三是当反馈信息连续发生严重偏离轨道的现象并经调查证实问题出在投资方案上，如：原材料供应量与方案不一致，交通运输条件根本不具备，市场预测不准确，或者发生了不可抗力的因素等。在确认使用任何方法调整均无济于事的情况下，投资者应该考虑改变整个投资方案或提前清理该投资项目，以避免造成更大的损失。

（四）投资的收尾阶段

投资的收尾阶段也称之为项目清理。项目的清理一要做好残值的变现，二要做好整个项目成功经验的总结。如果现剩的实物资产还能继续利用或是通过增加投资进行技术改造可再创造财富的，可以通过多种方案的优化进行新一轮的投资。

五、对中小企业投资决策的建议

中小企业投资决策是在对投资项目的全面分析的基础上进行的，是科学决策理论及其方法在投资领域的运用。中小企业投资决策要结合自身的实际制定切合实际的决策方案，除了考虑影响投资的因素外，还必须以企业总体发展战略为导向，以投资战略选择的具体原则为基础，服从和服务于企业发展战略。

（一）科学建立投资决策责任制

近年来决策民主化、制度化、科学化和规范化虽然得到了倡导，但以相应的责任制度对决策者加以约束并没有纳入决策制度化建设的轨道，因决策失误或错误而使国家和企业利益受到损失的事例屡见不鲜，而且得不到及时处理。究其原因，就是因为决策者的权利与责任脱节，决策不负责任，凭想当然"拍板"决策，凭意气办事，这种决策的主观性和随意性，必然带来极大的危害性和负效应。因此，不负责任的决策，在客观上造成决策者缺乏高度的责任感和事业心，轻率从事，感情用事，从而使决策者走向误区。享有多大的权利，就应负多大的责任，这是现代法制社会的一个基本特点。由于投资决策权对一个企业的发展和经济运转具有其导航作用，投资决策正确与否，都直接或间接影响企业的利益，影响企业的成败和社会效益的大小。因此，建立中小企业的投资决策责任制，促使决策者精心决策、科学决策、正确决策，显得十分迫切和重要。一是要分清或明确决策者应负哪些相应的责任：即对国家方针、政策负责的政治责任；对国家、企业和职工所有者权益负责的经济责任；对上级主管部门和领导负责的行政责任；受法律条款、法规限制的法律责任；对人格负责、对公平、公正负责的道义责任。二是要使责任形成有章可循的制度和有据可依的条文同决策权相呼应并融为一体。三是要狠抓责任制度的落实和执行，对决策者的失误，该追究什么责任就追究什么责任，该怎样处理就怎样处理，不避重就轻或碍于情面，要实事求是和赏罚分明。四是要坚持一视同仁和人人平等的原则，减少或避免在决策责任制度实施过程中的弹性和不公平，有利于起到约束机制的效应。

（二）正确把握投资方向

目前中小企业正处于孕育期和发展期，因而在发展方向上应选择较为积极地和进取的投资战略。对于处在孕育期、经济实力较弱的企业，受规模及内部经营管理体制不完善的限制，其对外筹资能力较低，这类企业基本上优先选择内部积累来实现企业扩张，战略选择上是内涵发展型投资战略，这种战略选择也有以下三个侧重点：一是侧重资源开发战略，包括原材料，主要配件和能源供应等。另外，对于人力资源和社会关系资源也要加以关注。二是侧重技术开发战略，主要针对产品技术含量较高的企业而言，这类企业的发展是不断依靠改进技术、提高企业生产技术水平来实现的。三是侧重销售开发战略，企业通过有效的市场开发战略来扩大企业产品的市场占有率，为企业扩大生产、增强实力打下基础。在买方市场情况下，搞好销售开发对于处于孕育期的企业尤为重要。因此，在投资方向上，企业不宜采取退却型和保守型投资战略。但在经济整体环境不景气、企业发展空间萎缩的情况下，如果企业的某些部门或某些产品因缺乏竞争力而亏损，企业又缺乏足够的资源和人才扭转这种趋势，企业应果断地采取退却型战略，及时从亏损投资领域抽回资金和人员，寻找有发展前途的投资领域。

（三）时刻瞄准产业发展导向

投资产业方向上的选择关系到企业长远发展规律的关键性问题。作为中小企业要选择自己的发展空间，首当其冲的是选择国家重点扶持的产业，在作此选择时必须充分考虑市场机会、竞争状况、企业自身综合实力及产品技术特点，选择与自身经营业务接近、市场发展前景广阔、产品适销对路的优势产业。

（四）大幅度降低资金成本

资金成本是由于资金的使用权和资金的所有权相分离而产生，体现了两者之间的利益分配。中小企业的融资"瓶颈"决定了其资金成本将远远高于大企业的资金成本。中小企业在筹资的过程中已付出了高昂的代价，因此，投资时将不得不考虑选择融资资金成本低、投入资金少、周转运筹快、利润空间大、附加值高的产业。企业进行生产经营活动所用的资本，一般通过发行股票、债券以及借入长期贷款等途径取得，其所付出的股息、债券利息、银行贷款利息就是企业资本的使用成本。货币的时间价值是企业资本的使用成本。货币的时间价值是产生资本的主要原因，资本成本是货币具有时间价值在资本使用过程中的体现。当然，资本成本不仅包含时间价值，也包含投资者（货币所有者）要考虑的投资风险报酬，在确定资本成本时，通常是根据银行正常利率、证券投资的实际利率、股东权益的获利水平，以及投资的风险程度等因素，进行周密的考虑，然后制订出该项投资的资本成本；资本成本在长期投资决策中非常重要，因为它是投资项目能否接受的最低报酬率，故称"取舍率"。如果以资本成本作为折现率，投资项目各年现金流量折算的总现值大于原始投资额的现值，那么该投资项目就是可取的，反之，就是不可取的。

（五）进行合适的投资

及时捕捉投资机会在合适的时间和合适的地点进行合适的投资，这是投资成功的基本条件。由于消费潮流、企业竞争等因素的影响，产品一般具有一定的寿命周期，企业如果过早投资或过晚投资，都将会承受较大风险。在投资机会的选择上，要发挥中小企业的灵活性和适应性强等特点使其在投资中更具有优势，做到人无我有、人有我优、人优我转，发挥其船小好掉头的作用，把握机遇，与时俱进。

（六）不断优化投资组合

由于中小企业融资比较困难，在投资时必须选择最佳的组合方式。出于其经营战略的需要，企业往往会在一定时期内组织对若干领域的项目进行投资。为此，企业应从投资方向、投资产业、投资规模、投资机会、投资的资金成本等方面统筹规划和组织协调，这对每一个投资项目的实施和总体效果的提高均具有重要作用。从广义上讲，投资组合一是指同时期内已实施项目的协调配合，二是指某时期内已经实施与将要实施的项目之间的协调配合。在实际投资决策中，一般对前者较重视，对后者比较忽视，但由于投资过程的长期性，后者也必须引起企业的高度重视，以免出现"战线"过长和投资资金占用过多、过久而影响企业发展，这对中小企业而言，更应引起高度重视。因此，中小企业一是要确保资本结构的弹性或刚性合理。二是要建立在翔实的调查研究、充分的科学论证、理智的作为等基础上进行投资。三是集中资金投入到科技含量高、适销对路、竞争相对平缓的产业和产品上。四是采用分散或者循序渐进的方式分期、分批的投入。五是科学预测市场风险，时刻关注国家宏观政策。

（七）定期评价投资方案

通过经济指标分析，对投资项目做出正确的经济评价与选优，是投资决策的重要一环。它是在资本预算、预测的基础上，根据现行财税制度和现行价格,分析测算建设投资项目的收益和费用,考察项目的获利能力和清偿能力,借以判断建设项目的经济可行性。一是评估内部收益率。它是投资方案在寿命周期内,各年净现值累计等于零时的折现率。它反映投资项目在计算期内获利能力的动态评价指标。利用内部收益率进行投资方案决策选优时,主要是将投资方案的内部收益率与理想的(基准的)内部收益率(本企业或行业先进指标)进行比较,如果前者大于后者,投资方案是可取的,内部收益率越大,说明投资效益就越高;反之,投资方案则不能接受。二是评估投资回收期。投资回收期的计算,可分静态和动态两种方法计算。动态回收期计算,需要把各年的现金流入量和现金流出量,以部门或行业的基准收益率或折现率折算为现值的基础上进行计算。利用投资回收期进行项目评价时,如预先规定有投资回收期限要求时,则以方案回收期与要求回收期对比,方案回收期低于或等于要求年限时,则投资方案是可行的;反之则不可行。在同一条件下,多种投资方案进行评价时,回收期最短的为佳,说明其投资风险程度越小,获得盈利可能性越大。三是评估净现值和净现值率。净现值是投资方案在整个寿命周期内,各年的净现金流量,按理想的(或基准的)收益率(折现率)换算为建设初期的现值之和。利用净现值指标对投资方案决策选优时,一个独立方案的净现值为正数时,说明该方案可实现的投资率大于理想或基准(折现率)的投资收益率,该方案则不可取。四是进行敏感性分析。把对影响投资方案经济效益最敏感的参数、投资总额、产品数量(规模)、产品成本、产品价格等的变动,对投资方案的经济效益指标再评价。进行敏感性分析的目的,在于各项预期参数值在多大的范围内变动,仍能保持原来的结论的有效性,超过一定范围就改变了原来经济可行性的结论。所以,对主要经济评价指标进行敏感性分析,从相互联系中,具本掌握各项预期参数值变动的幅度,对经济评价指标的影响程度,有利于在建设生产经营过程中要控制投资总额、掌握经济批量、降低产品成本,力争最佳价格,以达到投资方案的预期经济目标。

第四节 企业内部长期投资

随着全球经济一体化进程不断深入发展,企业之间的并购、控股、参股等发生频繁,长期投资的变化与增长较快,有成功也有失败,失败原因主要是缺少严格的内部监控和管理。研究认为,加强长期投资的内部监控和管理,需要做到:一是建立健全完善的内控制度和监督体系;二是建立投资风险制约机制;三是加强内部考核和监督。

一、建立健全完善的内控制度和监督体系

科学的投资决策是决策内部控制的重要内容，只有按照内部控制的程序和要求进行运作，长期投资的有效性才会得到保证，企业才能达到预想的投资目标。因此，企业应建立长期投资的内部控制制度和监督管理体系，对于大型集团公司，母公司应根据整个集团的发展战略，建立健全子公司对外投资立项、审批、控制、检查和监督制度，并重视对投资项目的跟踪管理，防止出现只投资不管理的现象，规范子公司投资行为。企业集团要设立专门机构，由专业人员制定投资决策审核办法，负责审核长期投资预算，监督长期投资计划的实施，并针对投资机会研究、初步可行性研究、详细可行性研究及方案评估与选择等各阶段进行评审，从而避免长期投资管理中常见的有头无尾、有名无实、投资决策"拍脑门"等现象的发生。长期投资的管理是企业的系统工程，其内部控制环节应包括以下几个方面：

（一）长期投资的事前控制——制定细致、完整的投资策划

投资策划应包括投资目的是否合法，是否符合国家的产业政策，是否对投资决策的各个阶段工作内容、工作的细化程度、必须解决的问题、预计达到的目标和针对投资风险采取的应对措施进行了测评，是否做到每个阶段都有工作记录和阶段性成果。投资决策程序还应包括是否有民主程序，有专家、相关部门的参与，是否经过集体讨论或广泛地征求意见，是否按照授权和报批程序依法经国家有关部门批准，对于股份制公司重要的投资项目是否经过股东大会讨论通过，是否有财务人员从会计核算、企业整体资本结构、资金筹措、产权界定等方面进行了论证。同时，建立投资决策岗位责任制，将每个长期投资项目责任到人，把投资效益作为一项硬指标纳入企业领导人业绩的考核范围，使企业利益与个人利益紧密相连，这样才能使缜密的事前控制真正成为企业减少投资风险的基础。

（二）长期投资的事中事后分析管理

现实中，有的企业虽然制定了相关的内部控制制度，但制度明显执行不力；有的对外投资的管理办法中涉及投资后管理、投资资产处置、监督与评价的内容很少，即使有也只是一些要求，并没有具体的控制措施；有些企业大额资金投出后，对投资项目不参与经营管理，只是坐等投资回报，致使对外投资造成损失；对投资效果考核没有制定出相应的指标体系及奖惩措施。因此，长期投资在实施过程中，应由专门机构和包括精通财务知识的专业人员对其进行日常管理，监督投资双方的投资合同的履行情况，及时发现问题

向有关领导汇报情况，及时采取调整措施。对投资效益不好或因经营不善造成严重亏损的项目，应根据项目执行的情况及时作出处置决定，以将损失降低到最低限度；在投资资产的处置过程中，要按有关规定进行资产清理，并对可转让和回收资产正确估价，保证资产的及时回收和及时入账。此外，年终应有对长期投资项目的投资情况分析报告。对投资收益的会计核算与资金收账，追加资金的申请批准手续与资金付出应有严格的人员分工与牵制，投资管理部门与财务部门应建立定期的核对制度，已结束的投资项目应对投资期间的盈亏进行分析，考察其是否达到了既定目标，资产的使用是否有效率。判断资产使用是否有效率的指标可以采用总资产利润率、资本保值增值率和投资收益率。在评价结果不理想时，需查找原因，并将结果反馈给管理者、决策者以求改进。投资管理部门应设立投资项目档案，对投资的全过程进行记录，对投资文件进行保管。长期投资的事中、事后控制实际上是对投资风险的控制保证。

二、建立投资风险制约机制

现代企业的一个基本特征就是企业经营管理的专家化。企业经营管理者由不具有财产所有者身份的专门管理人才担任，为现代企业建立投资决策法人责任制和投资项目审批责任制的投资风险制约机制奠定基础，可避免以往的投资失败后投资责任不清，领导者以经验不足等理由推脱责任，不了了之。在完善的长期投资内部控制制度下，投资风险制约机制的建立，可明确投资责任，规范企业的长期投资行为，从而保障企业资金的安全、完整、保值和增值，防止资产的流失。

三、加强内部考核和监督

企业应加强内部稽核制度和内部审计制度的建设，发挥企业内部审计的作用，将内部审计人员从会计、财务人员中分离出来，直接对董事会负责。有的企业高级管理人员认为，稽核部门不能创造效益，还要占用人员编制，增加经营成本，因此不重视内审机制的建设。对此，应更新观念，并且实加强考核和监督，充分发挥企业内部审计的作用。对投资项目实施跟踪监督，并对投资效果进行评价。评价的内容包括：投资方向是否正确，投资金额是否到位，是否与预算相符，股权比例是否变化，投资环境政策是否变化，与可行性报告进行差异比较分析等，并将评价结果纳入业绩考核管理体系。内部审计应就发现的重大问题或经营异常，成立专题调查组进行检查，并向董事会提出有关处置意见。

第五节 证券投资

一、企业证券投资出的主要影响因素分析

在我国金融业中证券市场是其重要的组成部分。而企业往往是进行证券投资的重要投资者，并且企业的证券投资往往也会对证券市场的走向和企业的自身发展产生较大的影响。因此在这一前提下对企业证券投资抉择做出的主要影响因素进行分析就具有极为重要的经济意义和现实意义。

（一）企业证券投资概述

通常来说对于企业而言。处于成熟期的企业往往会具有相对较为充沛的现金流。因此在这种情况下企业通过利用这些闲置资金来进行证券投资将会更好地提高企业的资金使用效率并且能够更好地提升企业的整体经营效益；这意味着企业管理层在利用企业闲置资金来进行证券投资时应当能够充分考虑到影响证券市场的因素，并且考虑到在这些影响下证券市场可能存在的波动以及这些波动所带来的风险和收益。即企业证券投资应当通过对影响因素进行分析来最大限度地提升企业在证券市场上的收益。与此同时尽可能地避免风险的出现，最终促进企业经济效益的有效提升。

（二）宏观因素

宏观因素的影响对于企业证券投资是全面性的。这主要体现在经济形势变化、政策导向、通货膨胀、货币供给量变化等环节。以下从几个方面出发，对影响企业证券投资抉择的宏观因素进行了分析：

1. 经济形势变化

经济形势变化是影响企业证券投资抉择的重要因素。通常来说在生产能源与生产用原材料的价格波动往往是影响经济形势变化的重要因素，市场经济的发展在本质上是受到能源供给和原材料供应的影响的。以 1974 年全球经济危机为例，经过研究可以发现这场金融风暴爆发的根本原因是中东战争引起的石油危机，从而在此基础上导致了证券市场的萧条并且进一步导致了全世界的经济和企业进入了不景气的时期。因此企业管理层在考虑正券投资时当注重对经济形势的变化有着清晰的了解，从而在此基础上更好地做出明智

的判断，从而促进企业投资风险的合理减少。

2. 政策导向

政策导向对于企业证券投资有着重要的影响。众所周知国家的经济政策往往会直接影响到证券市场的变化，即证券市场是经济政策的晴雨表。以我国为例。在 2008 年金融危机之后我国出台了 4 万亿的投资计划和振兴计划。这些计划的推出和资金的投入使得证券市场摆脱了金融危机的影响并且获得了新的发展机遇。除此之外，政策导向对于企业证券投资抉择的影响还体现对企业所在行业的扶持和帮助上。这些扶持和帮助能够使得企业拥有更多的利润和资金、从而在证券市场上的选择权和抵御系统性风险的能力也就会更大些。

3. 通货膨胀

通货膨胀对于证券市场的影响是不言而喻的。通常来说通货膨胀对于证券市场的影响主要包括影响国民经济的发展、转变投资者投资态度、物价水平的整体上升等方面。国民经济发展不景气则企业会受到冲击，则不会有充裕的资金投放到证券市场上、如果投资者态度转变则证券市场的波动性将会更大。而物价水平的整体上升则会导致企业生产成本持续上涨。最终导致企业经济效益受到较为严重的影响。

4. 货币供给量变化

货币供给量的变化是影响证券市场的重要因素。并且对企业证券投资抉择也有着较为明显的影响。众所周知对于证券市场而言货币供给量的变化往往起着推动性的作用。例如在金融市场上货币供给量的持续增加则会导致证券行业整体变得欣欣向荣。如果相反则紧缩的银根会导致证券市场萎靡不振并且进一步影响到企业的证券投资收益。因此在这种前提下对于货币供给量变化进行分析能够促进企业证券投资决策正确性的有效提升。

（三）微观因素

通常来说影响企业证券投资抉择的微观因素往往是企业自身的因素。例如盈利能力变化、经营能力变化、债务情况变、化资产情况变化等。以下从几个方面出发，对影响企业证券投资抉择的微观因素进行了分析。

1. 盈利能力变化

盈利能力变化对于企业证券投资抉择的影响是基础性的。通常来说对于企业而言其盈利能力越强其发行证券或者购入证券就显得越安全。众所周知企业的盈利能力指标主要是通过净资产收益率、总资产报酬率、销售利润率、成本费用、利润率等重要指标来反映企业的具体经营情况和盈利能力。因此

在这些因素的变化下企业的整体资本和可用资本都会产生较大的变化。最终影响到企业的证券投资抉择，

2. 经营能力变化

经营能力变化是指企业的经营管理能力的变化。对于企业而言其经营能力往往直接反映出企业的发展潜力和预期盈利水平。并且会影响到企业的资本增值状况以及相应的投资者回报、因此在这种前提下注重企业经营能力的提升，并且促进企业的资产、销售、收益等数据都得到较好的增长就显得极为重要了。因此企业在进行证券投资过程中也应当对自身的管理层和管理方式进行合理的改良，从而促进企业证券投资整体水平的有效提升。

3. 债务情况变化

债务情况变化是影响企业证券投资抉择的核心因素之一。通常来说对于企业而言债务情况和偿债能力的变化会反映出企业的财务状况和相应的长期现金流，这些因素都是关系到企业生存、竞争、发展的重要因素与此同时也是影响企业证券投资抉择的关键因素。除此之外，债务情况变化对于企业证券投资抉择的影响还体现在健康的财务状况是企业进行证券投资的基础。如果没有健康的财务状况则企业是无法进行正确的证券投资抉择的。

4. 资产情况变化

资产情况变化是影响企业证券投资抉择的重中之重。通常来说对于企业而言自身业资产总量和可用资产的状况，往往会直接反映出企业所占用的经济资源的具体利用效率和相应的资产管理水平以及企业资产的安全性等因素。除此之外，企业资产情况变化还会影响到企业的总资金周转率和应收账款周转率以及资产现金流动情况和不良资产比率等因素、这些因素对于企业证券投资抉择都有着千丝万缕的影响，因此只有当企业资产情况良好时企业才能更好地进行正确投资抉择，否则企业的证券投资抉择就会收到财务指标的制约，最终促进企业证券投资经济收益收到较大的影响。

随着我国国民经济整体水平的持续进步和金融行业发展速度的不断加快、在企业证券投资过程中影响着企业抉择的因素变得越来越多。因此企业在进行证券投资抉择时应当从宏观和微观两方面进行考虑，从而在此基础上促进我国企业证券投资整体水平的有效提升。

二、企业证券投资风险控制研究

证券是一种特殊的商品，由于其自身的运行机制必然会导致泡沫的存在，而这种泡沫风险在一定时期内积累到一定程度必然会有释放的要求。所以需要对证券投资所带来的风险有较为清晰、透彻的认识，以便因地制宜地采取

风险控制的方法。另外，收益和风险始终是共同存在的。在试图获得利益的同时，也要做好承担风险的准备。

（一）企业证券投资风险分析

证券投资的风险因素，可分为宏观风险和微观风险两个组成部分。宏观风险是指由于企业外部、不为企业所预计和控制的因素造成的风险。微观风险是指由股份公司自身某种原因而引起证券价格下跌的可能性，它只存在于某个具体的股票、债券上的风险，与其他有价证券无关。它来源于企业内部的微观因素。具体来讲，企业进行证券投资时急需应对的内外部风险主要有以下几种：

1. 政策风险

由于我国证券市场建立时间不长。各种法律法规还不健全，在从试点到规范的过程中，不断有各种各样的法律法规出台和调整，这势必对证券市场造成极大的影响。

2. 市场价格波动风险

证券市场运行存在着自身的规律，其价格波动不可避免，投资者介入时机如在高位将有可能使未来一段时间产生投资损失。同时，上市公司经营业绩未达到预期、财务状况出现困难等情形也会导致证券价格下跌，使投资者蒙受损失。

3. 流动性风险

企业的证券投资资金主要由长期沉淀资金和短期闲置资金组成，企业证券投资像开放式证券投资基金一样存在着不定期赎回的问题。如果证券投资无法及时变现。业务支付和其他用款就会出现困难。出现流动性风险。

4. 决策与操作风险

同其他机构投资者一样，企业进行证券买卖时同样面临着决策与操作风险。对市场行情或市场热点判断失误，买入或卖出时机把握得不好，对上市公司情况了解得不充分，或者操作流程出现漏洞、未能有效实现内部控制以及操作者违规操作等原因，都有可能给企业带来投资损失。

（二）企业证券投资风险控制研究

企业证券投资风险控制是一个系统性、整体性的工程。所以需要综合各个环节的措施，综合性地加以控制。

1. 组织专业投资人才、建立科学决策机制、执行严格操作规程

为了防范证券投资风险，使证券投资稳健高效地运行，企业必须具备一定的条件：组建专门的证券投资队伍。建立科学的决策机制和规范的操作规

程，完善各项投资制度。

（1）组建专门的证券投资部门，配备专业投资人才

企业必须在原有优势的基础上重新组织一批专业化的证券投资人才，设置独立的证券投资部门，使证券投资稳健高效地进行。在证券投资的具体实施过程中，应实行资金管理部门和资金运作部门适当分离。即资金管理部门根据业务需要统筹安排企业的各类资金，闲置资金由资金运作部门进行证券投资。

（2）建立科学的决策机制

证券市场是一个机遇和风险共存的市场，为了在一定风险下获得最大的利益。任何投资主体都必须建立科学的决策机制。对企业来讲，科学的决策机制主要包括。集体决策、额度管理、分级授权、自主经营"等几个原则。

首先，企业证券投资是在保障资金安全性的前提下进行的大规模的收益性投资，因此，为了避免个人判断失误。必须发挥集体的智慧，进行集体决策。其次，无论是在企业层面还是在证券投资部门内部。都应该进行额度管理，根据对证券市场全年走势的判断和集团内部资金的安排以及风险承受能力的变化，确定当年证券投资的总体规模和具体投资品种结构，投资额度由企业和部门逐级下达，最终落实到投资小组。分级授权是在额度管理的基础上进行的权责安排，每一级投资主体享有逐级递减的投资决策权。在授权额度内自主选择投资品种，自主确定投资组合。

（3）在进行证券业务操作过程中应遵循以下原则

①证券账户上持有的权益类证券按成本价计算的总金额不得超过证券营运资金的80%。②持有一种非国债证券按成本计算的总金额不得超过证券营运资金的20%。③买入任何一家上市公司股票按当日收盘价计算的总市值不得超过该上市公司已流通股总市值的20%。④买入任何一家上市公司股票持仓量不得超过该上市公司总股本的5%。

2.权衡收益与风险。关注证券价格波动

（1）按照收益性和风险性相匹配的原则

企业的投资方式可以有以下三种：第一种是激进型，直接在二级市场买卖股票和参与配售新股的比例较大：第二种是保守型。闲置资金主要存放于银行，投资于股票市场的相对较少；第三种是稳健型，其投资风格介于前两者之间。因此，企业为了充分利用好自己的闲置资金，就必须在收益性和风险性之间进行权衡，制定适合自己的投资组合，合理地分配资金，将系统风险控制于一个可以承受的水平。尽量消除非系统性风险。

（2）关注证券价格波动所带来的市场风险

控制市场风险应做到如下几点：①加强信息收集研究工作。建立强大的决策支持系统。②交易人员应敏锐地分析、判断市场变化。随时准备采取措施。调整投资策略，及时向公司领导小组汇报市场有关情况，以便修改有关投资计划。减少和规避市场风险。③根据实际情况设定止损点。当投资亏损达到投资资金一定比例时。应断然采取减仓、清仓等措施，以减少损失。④如遇市场突发性事件。负责证券业务的主要人员有相机决策权，但事后应及时向公司领导小组汇报。⑤操盘人员应严守秘密。禁止向其他单位和个人泄跰公司交易情况。包括证券账户持仓量、资金运营等有关情况。

第九章 收益决策与分配

第一节 收益与分配概述

分配理论是微观经济学的重要组成部分，它是指分配主体按照一定分配原则对分配客体在分配参与者之间进行分割的过程。它由一系列相互联系、相互作用的要素有机组成，包括分配主体、分配客体、分配原则、分配方式以及分配结果等。就企业分配模式看，收益分配主体有宏观和微观之分，宏观主体指国家、企业集团，微观主体指家庭和个人，包括企业管理者和雇员等。分配客体就是社会生产出的物质财富。分配原则是分配所依据的内在标准和尺度。研究分配理论就是要解决效率和公平问题，既要提高生产效率，又要兼顾社会公平，从而保证社会的稳定发展。本文拟对中小企业的收益分配问题进行剖析，以期找出中小企业收益分配中存在的主要问题，并提出改进意见。

一、现代企业的收益分配模式

从企业收益分配实践看，现代企业采用的分配制度主要有三种，即按要素分配、按劳分配和混合分配。按要素分配是私有制企业采用的一种分配制度，也是资本主义社会最传统的分配方式。不管是萨伊的劳动产生工资、资本产生利息以及土地产生地租的"三位一体"公式，还是马歇尔的土地—地租、资本—利息、劳动—工资、组织—利润的"四位一体"公式，都是按要素进行分配的。按劳分配是马克思主义分配理论的主要思想，它是公有制占主体的社会主义社会所采用的主要分配方式。按劳分配与公共财产制度相联系，劳动成为分配的唯一依据，不劳动者不得食同时劳动量与报酬量建立了对应关系，劳动成了分配的尺度，即多劳多得。在我国实行计划经济的时期，由于公有制占主要地位，排斥私有制，因此，按劳分配成为最重要的甚至是唯一的分配方式。混合型分配制度就是将按劳分配与按要素分配同时纳入收入分配体系之中。在这种分配制度下，主要按照生产要素对收一人进行分配，同时，考虑到人力资源、技术等因素的重要作用，确定多元化的分配基础。就我国的情况看，由于企业产权形式的多元化，决定了收益分配形式的多元化。在私有制企业，收益分配主要以要素分配为主，企业的所有者拥有企业剩余的索取权在国有企业，一方面强调按劳分配，另一方面还要考虑到技术、知识、能力等因素在分配中的作用等等。

二、资本收益含义

企业资本收益是企业内部的剩余价值量。依照企业收益限定的范围，对企业收益标准进行资本分析，确定权益分配标准份额，以企业的利润税收为标准，确定企业的主体利益分配量。企业对生产范围的综合利润进行总额分析，保证企业内部利益分配关系。企业广义分配的主体是对企业综合知识条件下，企业经济水平逐步分配的行为。企业依照财务资本所得，确定企业收益分配量，分析企业收益分配程序的改变原则，提升企业资本收益。

三、资本分配收益基本原则

（一）依法分配的收益原则

按照法律法规标准，对企业财务法规程序进行利润分配，通过企业收益的有效分配，确定企业规范分配过程。有效提高企业收益分配比例之间的关系，加强企业内部的发展水平，提高企业收益的分配效果，实现企业并重分配作用。企业通过收益分配，确定程序比重。企业认真执行法律法规标准，确保企业依法收益。

（二）积累与分配共同发展的原则

依照企业积累分配标准，逐步增加企业发展积累量，依照企业分配原则，对企业进行有效发展。企业按照收益分配原则，完成并重的分配和积累过程，逐步提高企业的经济收益标准，保证企业的再生产持续发展。加强企业积累的财力资源，确保企业资本积累和分配量标准，为企业提供合理的财务风险抵抗能力，提高企业经营的稳定性，确保企业的安全性。

（三）兼顾利益，提高分配原则标准

依照企业投资、经营、生产标准，确保企业投资量，保证企业的经济收益，确保企业的经营利益，为企业提供合理的经营分配份额，提高企业的发挥积极作用。通过兼顾利益的经营收益分配标准，提高企业的收益分配效果。

（四）兼顾投资、提高收益对等标准原则

依照企业投资标准，对企业进行投资收益分配。按照企业综合经营收益分配量，确定企业的收益分配大小，与企业投资进行对等原则分析，制定合理的投资利益分配管理关系。企业通过投资收益，实现投资与收益的对等一致性作用，改善企业投资份额，确保企业收益分配标准。从企业收益分配的根本利益出发，加强企业投资的公正合理作用，确保企业经济投资的有效发展。

四、资本分配的问题

（一）资本分配比例问题

资本分配过程中，需要注意企业资本积累和分配的比例，依照企业收益标准，分析分配与企业效率之间的关系，认识资本分配的，会直接影响企业资本运作。如果企业没有合理的分配，企业资本受损，分配效率降低，分配标准下降，分配原则没有合理的限定，长期发展会造成企业收益收到严重的影响。

（二）资本分配超出经济效益效率的问题

企业在分配过程中，依照企业经济发展效率，通过合理资源分配，确定最大限度地企业发展标准。依照企业经营效率对企业收益进行分配分析，在现有的收益分配中提高企业最大分配标准，贯彻企业的综合收益效果。要求企业按照收益分配量进行调动，分析企业在经营生存发展过程中的各个方面，确定企业的经营发展策略，提升企业的综合投资标准。依照企业资本投资效用，对企业的资本结构进行价格评价分析，确定企业收益标准。通过对企业经营者的状态分析，确定企业的风险价值标注，通过评价分析确定企业的收益分配量。依照企业长远发展，对企业的财产进行全面保护，提高企业收益分配量。企业发展效率是企业经济发展的主要组成标准，依照公平公正基本原则，确定企业收益标准。

五、我国中小企业收益分配的特点

对中小企业来讲，收益分配有其一定的特殊性。首先，从分配主体之间的主要矛盾看，中小企业的分配主体与大型企业是相同的，包括国家、业主经理、非业主经理、雇员、管理者等，但收益分配的主要矛盾是不同的。在大型企业，由于所有权与经营权的分离，企业收益在所有者与管理者之间的分配成为影响企业能否实现经营目标的重要因素。在中小企业，不同的企业组织形式造成利润分配的侧重点不同，体现出不同的利润分配特点。在独资企业，基本上不存在业主与经理之间的代理关系，收益分配是在业主与国家、业主与雇员之间进行的。在合伙企业，业主经理与非经理业主之间、业主与雇员之间的收益分配关系较为重要。上述两种企业组织形式中，由于所有权与经营权合而为一，基本上不存在所有者与经理之间的分配矛盾，但由于中小企业资源有限导致收益有限，国家作为企业收益的分配参与者与企业业主的利益冲突，这一矛盾成为中小企业收益分配中的主要矛盾。在有限责任公司，一般也不存在业主与经理之间的收益分配关系，至少可以说这种矛盾并不突出。而它的主要分配关系存在于业主与国家、业主与雇员之间。

其次，从中小企业本身的特点看，中小企业收益分配有较大的灵活性，与产品寿命周期有很大相关性。一般来讲，中小企业在上缴税金后，剩余的分配由企业自行决定。在独资和合伙经营企业，收益分配的时间和形式可以十分灵活。在独资企业，所有权完全归个人和家庭所有，在创立初期和成长期，由于企业需要发展，企业业主和投资者往往很少分配利润，而将盈余继续用于扩大再生产。到了成熟期和衰退期，因为产品已经在市场上占有一定份额，收入较为稳定，也不需要再扩大投资，此时企业的利润分配比重较大。中小企业大多处于初创和生存期，因此，其利润分配的比例较小。

再次，中小企业利润分配的特点还体现在股份合作制企业的利润分配上，也就是按劳分配与按资分配并存。股份合作制是一种以合作制为基础，吸取了股份制若干因素的企业制度。股份合作制企业是兼有合作制和股份制特点，实行劳动合作与资本合作相结合的新型集体所有制经济。它是我国人民在探索企业改革过程中的一个创造，是劳动群众自发行为的产物。目前，股份合作制是国有小型企业、乡镇集体企业和城镇集体企业改制的一种主要形式。从现有的股份合作制企业看，企业股本分为集体股、法人股和职工股，主要以集体股和职工股为主，职工股差别不大，多数是以原有企业集体财产入股和职工个人入股从财产占有关系看，既有按份共有，又有共同共有，在决策方式上有一人一票，也有一股一票。基于以上特点，在收益分配形式上，股份合作制企业采用的是按劳分配与按股分配相结合的方式。一方面，股份合作制企业职工作为企业的劳动者，根据劳动取得工资另一方面，由于职工拥有企业的股份，成为企业的股东，因此，有权利参与企业剩余收益的分配。股份合作制企业的这种分配形式与职工持股计划的分配方式很相似，但在持股比例、参与分配的程度上有一定差别。

六、目前中小企业收益分配应注意的问题

（一）减轻中小企业的税费负担

税收减免是发达国家刺激中小企业发展的一项重要政策。我国的纳税体制对中小企业十分不利。在税收政策上，国有企业尤其是大型企业可以先缴后退，非国有企业没有此项优惠，而中小企业大多又集中在非国有企业。在缴纳增值税时，小型企业往往不是一般纳税人，增值税发票难以抵扣，造成实际税负增加。在采用有限公司制的小型企业往往存在双重纳税，增加了他们的税收负担。还有一些国有企业的众多税收优惠，中小企业不能享受。另外，目前针对各种乱收费进行清理，各种收费项目比以前年份有所减轻，但各种收费项目仍然是困扰企业发展的主要因素。尤其是一些执法机关在执行国家规定时存在不规范现象，造成中小企业负担的各种收费仍然较为沉重。根据对上海 480 家小企业样本分析，在回答"企业对政府的希望"是什么时，选择得分最高的依次是减轻企业负担、减少税收和解决融资问题。因此，就目前我国的实际情况看，首要问题是要解决中小企业税费负担过重问题，通过制定一系列针对中小企业的减免税政策和法规，清费正税，使中小企业纳税时有法可依，切实降低中小企业负担。具体来讲，笔者认为可以主要从以下几个方面实行税收优惠：①税种上优惠，主要是对所得税的优惠，应该制定包括投资优惠等方面的税收优惠法规。另外应该尽量避免中小企业重复纳税；②时间上的优惠，在企业开业若干年内给予免税与减税优惠；③对特殊类型的中小企业的税收优惠，例如，对科技创新型中小企业以特别的税收优惠；④允许中小企业采用加速折旧和采取有利于减少中小企业税负的会计处理方法等。对中小企业的税收扶持应该是全面的，没有歧视性的。其次，必须清费正税，减少收费项目，杜绝各种不合理的收费项目，为中小企业创造一个宽松的经营环境。

（二）正确处理股份合作制企业的内部分配关系

股份合作制企业的内部分配是否公平合理直接影响到企业效率的提高以至于企业的成败。因此，在收益分配上应该处理好以下关系第一，企业发展与职工分红的关系。主要应该建立一种能够体现企业长远发展的利润分配制度，防止出现吃光分净的现象，在企业章程中应该严格规定企业的分红比例。第二，职工股东参与企业管理与参与剩余分配问题。一些股份合作制企业仅仅把职工入股作为筹集资本金、降低企业负债比率的手段，这是极其错误的。职工参与管理决策是股份合作制的一个重要原则。如何既能激励管理者又能

让职工真正参与到企业的经营管理中，做到同股同权，不仅是一个理论问题，也是一个实践问题股份合作制企业的职工不同于一般私有制企业职工，也不同于传统国有和集体企业的职工。

在一般国有和集体企业，虽然也强调职工参与管理，但从本质上看，职工与企业在相当程度上仍将其相互关系视为劳动雇佣关系。股份合作制企业则不同，职工以劳动者和股东的双重身份出现，这一特点决定了劳动合作是其建立的基础和核心。股份合作制企业职工作为企业的劳动者，除了劳动能力大小、劳动贡献多少从而造成劳动报酬有一定差别之外，职工相互间在权利和地位上是完全平等的。因此，应该强调的是，资本合作只是劳动的条件而不是决定因素，股份合作制经济劳动方式的特征是在劳动和生产资料的结合基础上，由劳动支配资本，而不是资本支配劳动，这是股份合作制与股份制的重大区别，也是股份合作制的基本特征。为了能够保障职工参与管理，做到按劳分配和按股分配相结合，应该做好以下工作第一，限制职工入股的最高和最低份额，防止职工股份向个人集中，从而造成职工的实际权力与地位过度不平等。一些企业将股份向管理者或某些个人集中，使其达到控股地位，这样将改变企业的股份合作制性质，违背了股份合作制的初衷。第二，保证广大参股职工充分享有参与民主管理的权利。股份合作制的发展动力来自广大职工的积极参与，因此，必须进一步加强宣传，让广大参股职工了解职工股东的权利和义务，懂得如何利用股东大会和职工代表大会维护自身利益。这不仅使股份合作制发展有良好的群众基础，也使利润分配置于广大参股职工的监督之下。第三，合理解决股利分配及职工福利和社会保障问题。职工福利和社会保障也是企业收益分配的主要问题。长期以来，集体企业职工福利明显低于国有企业，因此，股份合作制企业应该建立和健全职工福利和社会保障规范，通过企业建章建制，保障职工的合法利益。

七、中小企业人力资本参与收益分配的现实意义

（一）推动我国知识经济的发展

进入 21 世纪后，各发达资本主义国家已迈入了知识经济社会，知识经济从而也成为世界经济发展的趋势，知识、技术在生产力和经济增长中的作用越来越显著。在我国，中小企业往往是技术发展与变革的先锋，如果中小企业成功地由传统型企业转变为知识型企业，使人力资本处于其核心地位，且人力资本的有效配置与企业收益分配相联系起来，从而形成一个有利于人力资本的公平定价环境，这必将推动我国知识经济的发展。

（二）推动我国企业制度的改革

中小企业作为经济运行的微观主体，与大型企业比较起来，更为灵活，发展更为迅速，制度建设方面的弹性也更强。在中小企业里推行劳动资本化，建立劳动和资本的联合产权制度，给人力资本以合理的收益权，从而形成规范的激励机制，有效地减少委托—代理关系中的成本，使得中小企业增加效益、充满活力，使之在全社会成为制度建设的范本，从而使我国企业制度改革得到进一步深化，以适应我国经济的发展。

八、完善我国中小企业人力资本参与收益分配的几点对策

（一）明确中小企业人力资本所有权，加强人力资本产权激励

人力资本产权是指市场交易过程中人力资本所有权及其派生的使用权、支配权和收益权等一系列权力的总称。制约人们行使这些权力的规则，本质上是人们社会经济关系的反映。人力资本的特征在很大程度上决定了人力资本产权的特征，人力资本与其天然不可分，离开了人力资本所有者本身，知识、技能、经验、健康无从谈起。因此，只有人力资本所有者才可能拥有其产权。

把产权归属于人力资本所有者将是一种有效的激励方式。如果不充分重视人力资本所有者的经济利益，人力资本就不可能发挥其应有的作用。当人力资本受到限制或侵害时，所有者可以使它的经济利用价值顿时一落千丈，同时，人力资本难以准确度量，会导致"逆向选择"行为。所以必须将人力资本产权赋予人力资本所有者，与货币资本所有者一样，人力资本也必须分享企业的剩余，实现人力资本的产权激励。为此，我们必须从制度上保证人力资本所有者的人力资本产权地位：一是在法律上确认人力资本产权属于人力资本所有者；二是完善人力资本流动、人力资本使用方面的制度；三是在《公司法》《劳动法》等中约定公司的整体行为，建立交易主体的约束机制，减少交易双方损害对方权益的行为；四是提高人力资本产权的法律地位，使人力资本所有者与货币资本所有者享有同样的权力，形成人力资本所有者与货币资本所有者均衡的谈判力。

（二）选择合适的收益分配形式

中小企业人力资本应该以市价作为其计价属性，让市场定价机制发挥作用，相应地，中小企业人力资本参与收益分配应该是合约收入与剩余收益的统一。中小企业人力资本定价制度应该是货币定价和权利定价的统一；中小

企业人力资本参与企业收益分配的过程是人力资本与货币资本博弈的过程，中小企业人力资本参与收益分配的方式和程度是双方博弈的直接产物；中小企业人力资本的谈判力是人力资本收益分配的主要权变因素。中小企业参与收益分配的权力包括：股权、期权和机会；参与收益分配的经济利益包括：工资、奖金、津贴、红利和福利等。依中小企业所具有的不同特点，可参考实行的薪酬结构有：（1）公务员型模式：基薪＋津贴＋养老金计划；（2）一揽子模式：单一固定数量年薪；（3）非持股多元化型模式：基薪＋津贴＋风险收入（效益收入和奖金）＋养老金计划；（4）持股多元化型模式：基薪＋津贴＋含股权、股票期权等形式的风险收入＋养老金计划；（5）分配权型模式：基薪＋津贴＋以"分配权"期权形式体现的风险收入＋养老金计划。

除以上种模式外，中小企业还可建立"二元制"收益分配模式，即中小企业对技术人才进行激励的同时，也应考虑科技研发的自身不确定性而导致的创新风险。在激励与风险之间取得平衡的有效办法是在技术人才的报酬体系中引入"保底不封顶"的"二元"结构。第一元是指不论有关科技研发成功与否，均给予人才基本生活、消费所需费用（基薪）；第二元是指有关科技研发成功后，从企业利润里获得一定的利润分享，分享的比例由事先企业与科技人员签订的合同约定。这种二元结构激励（包括采用股权激励形式），不仅可使人才解除后顾之忧，同时可通过对技术人才投入预期的稳定化，形成有效激励，从而最大限度地调动人力资本的潜能。

第二节 收入管理

企业收入通常是在企业日常活动当中形成的，是企业生存并得以发展的根本基础。高质量的企业收入对于企业长期的创造现金流能力和企业持续增长的能力都非常的重要，对于企业长期的创造现金流能力与企业持续增长的能力起着决定性的作用，同时也决定了企业在市场行业中竞争地位的高低。因此，对企业收入进行合理有效的管理，对于企业生存与发展都很重要。

一、企业的收入管理内容

企业收入是指国有企业所上交的国家财政收入，也就是国家作为所有者的身份从我国国有企业所获得的收入。整体来说，企业的收入管理主要包括质量提高和收入的数量增长两个方面。收入管理的工作改善可以更好地促进企业发展，然而由于行业差别和企业个体差异的影响，不同的企业所面对收入管理的问题也各不相同。企业管理者除了关注收入数量问题之外，还应当关注收入的质量问题。收入质量高低主要体现在企业收入形成的应收账款比例与创造的净利润能力方面，首先应收账款所占收入比例越高的话，说明其收回风险越大、收入质量也越差。虽然企业经营环境会影响到收入质量，然而企业管理阶层的重视程度则对收入质量起决定性的作用。此外，净利润和收入比例会说明企业收入所创造的净利润能力。由此可见强化企业的收入数量持续增加与质量不断改善仍然是当前我国企业所要面临的重要任务，需要相关企业人员努力去做。

二、我国企业收入管理的现状

企业的收入是企业生存和发展的基础，企业的收入管理主要包括质量提高和收入的数量增长两个方面。而不同的企业在收入管理上遇到的问题也是不尽相同的。同时这也与企业管理层的重视与否有较大的关系，企业的重视程度对企业的收入质量起着决定性的作用。因此，强化我国企业的收入管理工作仍是我国企业面临的艰巨任务。

三、我国企业收入管理存在的问题

（一）没有稳定的定价，影响了收入增长的持续性

价格是维系企业和客户之间的关系的一根纽带，也是客户衡量和评价商品的一项最重要的指标，鉴于价格的重要性，我们的企业在平时一定要想方设法地努力形成一种稳定的价格体系，并以此来维持和扩张客户群。一件产品的定价，通常都要受到诸多方面的因素的影响，如果不重视某些因素，不能在短时间内形成统一定价的思想，客户就会因价格方面出现的较大的变动产生较为强烈的情绪和排斥感，会影响到我们的客户群的稳定，就会对企业的未来的收入前景造成不可预知的因素，那么收入的增长就无法维持。

（二）管理层管理失位使得收入增长空间受限

目前我国的很多的企业的管理层只看重眼前的利益，不重视其他的一些同样能够影响企业发展因素的潜在条件，诸如广告的投入问题、客户关系维护问题等等，不重视广告的投入和怎么维持好和客户的长久良好的关系问题，就会使我们企业的产品在同行业的产品竞争中处于劣势，长此以往下去就会影响企业的发展能力，进而也就影响了企业的收入质量。因此这种只注重眼前利益的行为，如若不得到及时的改正，就会严重威胁到企业的发展。

（三）竞争机制的不合理导致了收入质量的下降

当前，更多的企业纷纷加入到了市场的竞争中来，使得经营环境和市场的竞争更加的日趋激烈化和白热化，在这种竞争的环境下，我们的一些企业就失了方寸，试图通过价格战来缩小利润空间，同时还有一些的企业采用了赊销策略，以此来拉拢客户，虽然这种激进的策略在短时间内确实为企业提升了收入水平，但同时也就意味着面临着较高的坏账风险。

（四）企业资源配置不合理制约收入增长的能力

如果我们从企业的资产调配的角度来看的话，所谓的企业的运作，指的就是企业从原材料的采购开始，到投入生产，再到产出存货，然后到商品的销售、配送款项的收回以及最终形成收入等各个环节所组成的一个完整的体系。目前，我国的一些企业在资源的配置方面还不是很合理，资产利用率还比较的低下，还存在着库存物质周转慢、生产周期过长及固定资产利用不充分等现象。企业的资源配置如果不合理的话，会严重制约企业收入的增加。从资产的调配角度来看，企业运作是从原料采购、投入生产、产出存货与仓储管理到商品的销售、货物发出和配送等环节组成的完整体系，企业资产的每一个调配环节都会为企业获取收入贡献出自己的力量。现今情况下，我国有很多企业资源配置还不合理，企业的资产利用率比较低，像应收账款的回收期长、库存物资的周转慢、生产的周期过长等等。资源配置倘若不合理的话，就算短时间内会获得收入的增加，但长期增长能力是无法维系的。对于所有企业而言，资源的合理配置都是一项比较重要的问题。企业资源管理部门应当针对企业自身的情况制定一系列合理的资源分配形式，保证各个部门正常、高效运转，真正地促进企业发展，使企业长久的立于不败之地。

四、企业的收入管理中出现问题的原因

相关调查表明，导致收入管理方面出现各种问题的根本原因是企业自身因素。管理层人员如果没有远见的话，往往使得企业收入的增长空间会受限。当前我国的很多企业管理人员都只是着眼于眼前的经营，而广告投入、研发投入等是影响企业发展的关键因素。定价思想如果不稳定的话，会影响企业收入的增长持续性。作为连接客户与企业之间的桥梁，价格是客户对商品进行评价的重要依据，所以企业最好是形成稳定、长期的一种定价模式用来维护或者扩张客户的群体。产品的定价会受到多种因素的影响，如行业状况、产品质量、客户需求等。当前有一些企业为了增加交易量而频繁地调整产品价格，忽略了其他因素，这种价格波动没有统一的定价思想，不利于企业收

入的持续增长。

五、企业收入增长受限的因素

企业的资源配置如果不合理的话，会严重制约企业收入的增加。从资产的调配角度来看，企业运作是从原料采购、投入生产、产出存货与仓储管理到商品的销售、货物发出和配送等环节组成的完整体系，企业资产的每一个调配环节都会为企业获取收入贡献出自己的力量。现今情况下，我国有很多企业资源配置还不合理，企业的资产利用率比较低，像应收账款的回收期长、库存物资的周转慢、生产的周期过长等等。资源配置倘若不合理的话，就算短时间内会获得收入的增加，但长期增长能力是无法维系的。对于所有企业而言，资源的合理配置都是一项比较重要的问题。企业资源管理部门应当针对企业自身的情况制定一系列合理的资源分配形式，保证各个部门正常、高效运转，真正地促进企业发展，使企业长久的立于不败之地。

六、企业的经营收入和利润之间的关系

收入和利润对于企业好坏及发展潜力起着重要的衡量作用。与收入相关的指标当中，资产的周转率是衡量一个企业资金的周转快慢的重要指标，销售收入的总额对企业是否真正具备运行规模起着一定的衡量作用。在和利润有关系的指标当中，净资产的收益率，每股的收益是反映企业盈利的能力高低，衡量企业是否有发展潜力与持续性经营能力的关键指标。与利润和收入都有关的指标，例如毛利率，销售收入的利润率等则反映了一个企业的经营商品盈利能力与整个企业的主营业务盈利能力，所以这两个指标具有相互独立性和相互联系性，它们共同构成一个重要的评价企业的体系。单纯地就企业成立与经营目的而言，企业主要就是想获得更多利润，无论利润是现实的又或者是未来的。所以追求利润的最大化成了诸多企业的最终追求目标，同时也是企业进行财务管理最终的目标。当然企业收入与企业利润又密不可分。假如一个企业想要增加自身收入，那就需要投入一定成本，这就需要一定资金支持。然而商品价格如果过高的话，会影响到收入增加与市场份额扩大，价格过低的话，则会对企业盈利水平产生影响。所以，企业的收入及利润既要保持相互独立性，又要相互依存，这就需要企业经营者使两者结合达到有机的统一。

当前我国各个企业或多或少都存着收入管理上的一些问题，这些问题影响了企业的正常发展。企业的收入管理受多种因素影响，企业应当认清利润同收入等多个方面的关系，解决公司内部所存在的问题，以便获得更高的企

业收入。

七、加强我国企业收入管理的措施

（一）企业要制定完善的定价政策

完善的定价政策能为企业在收入的增长方面及其质量方面打下良好的基础，要根据市场和客户群体的变化来适时的调整定价政策，不能使我们的定价政策永远保持不变。稳定的定价政策在给我们的客户传递相对较为明确的预期的同时也能为客户制定良好的购买政策提供有益的帮助。所以，我们的企业一定要立足于实际，结合自身的实际情况，制定一套真正符合企业自身实际情况的，且也符合行业特征的定价政策。

（二）完善管理层的营销策略

首先，我们的管理层应该彻底地摒弃过去过分的注重短视效益的行为，要在产品的研发上、广告的投入上和维持客户关系方面加大投入，努力提高产品的质量，要做出高标准、高质量的广告，以此来吸引我们的客户。同时，我们的管理层要注重对市场的调研和考察工作，要能做到及时、准确地掌握市场环境和客户的需求变化，以这些变化为市场的导向，提供优质的服务，使企业形成具有核心竞争优势的产品，进而促成企业收入更好、更快的增长。

（三）注重加强对客户关系的管理

赊销策略虽然短时间内有助于帮助企业与客户建立良好的合作关系，也能增加企业的销售收入，但是这种关系是建立在随时都有可能会给企业带来致命一击的强大的应收账款的风险之上的，加强对客户关系的管理，可以有效地降低应收账款变为坏账的可能性，提高收入的质量，同时也有助于缓解企业与客户之间的矛盾，以此来提高客户对企业的满意度，保证客户群体不流失，增强收入的稳定性。

（四）提高对产品的利用率

我们的企业要注意加强对产品的利用率，因为只有充分的利用好了企业的资产，才有可能降低我们产品的成本，才可以加快资金的周转，进而提高我们企业的创利能力，才能拉动增长能力和盈利能力的提高。

（五）加强企业的经营收入和利润的有机结合

收入和利润对于企业好坏及发展潜力起着重要的衡量作用。与收入相关的指标当中，资产的周转率是衡量一个企业资金的周转快慢的重要指标，销售收入的总额对企业是否真正具备运行规模起着一定的衡量作用。在和利润有关系的指标当中，净资产的收益率，每股的收益是反映企业盈利的能力高低，衡量企业是否有发展潜力与持续性经营能力的关键指标。与利润和收入都有关的指标，例如毛利率，销售收入的利润率等则反映了一个企业的经营商品盈利能力与整个企业的主营业务盈利能力，所以这两个指标具有相互独立性和相互联系性，它们共同构成一个重要的评价企业的体系。单纯地就企业成立与经营目的而言，企业主要就是想获得更多利润，无论利润是现实的又或者是未来的。所以追求利润的最大化成了诸多企业的最终追求目标，同时也是企业进行财务管理最终的目标。当然企业收入与企业利润又密不可分。假如一个企业想要增加自身收入，那就需要投入一定成本，这就需要一定资金支持。然而商品价格如果过高的话，会影响到收入增加与市场份额扩大，价格过低的话，则会对企业盈利水平产生影响。所以，企业的收入及利润既要保持相互独立性，又要相互依存，这就需要企业经营者使两者结合达到有机的统一。

当前我国各个企业或多或少都存着收入管理上的一些问题，这些问题影响了企业的正常发展。要想真正的提高企业的收入管理的水平，企业应当认清利润同收入等多个方面的关系，解决公司内部所存在的问题，同时必须要求企业的管理层和工作人员首先从思想上予以重视，要不断地加快和提高资产的利用率，加快资金的周转，不断地优化各项生产经营活动，全面的促进企业的收入数量的增长和收入质量方面的保证，加大措施，多企业实施全面的收入方面的管理，制定科学而又严格的措施，并将这些落到实处，不断努力增强企业的盈利水平，增强企业的市场竞争力，巩固企业在同行业中的领跑地位，实现企业的长久健康的可持续发展。

第三节 成本费用管理

我国中小企业数量众多，在国民经济中发挥着重要作用。与大型企业相比，中小企业由于生产规模偏小，难以形成规模效益，在生产效益、资金筹措等诸多方面无法与大型企业相提并论。以至于长期以来，我国中小企业的高速发展都是以资源的大量消耗为代价，在财务上表现为成本高、赢利少。因此，中小企业应该强化成本管理意识，对中小企业成本管理问题进行深入研究，分析目前我国中小企业成本管理存在的问题，在此基础上，提出加强成本管理的相关措施。

一、中小企业成本管理概述

（一）企业成本费用管理相关概念的分析与介绍

1. 企业成本费用管理的含义

成本主要是指企业在实际生产和经营过程中，为了达成经营目标，不得不投入的必要花费；而成本费用管理，则是针对这一部分花费所进行的正常管理活动。要想对企业成本费用进行全面管理，必须通过成本会计计算、财务管理、内部把控等相关方式，针对企业的实际成本投入及运营资本进行宏观控制，以使企业的经营活动更加符合成本管理的目标。

2. 企业成本费用管理的作用

第一，企业在发展过程中，针对自身的成本费用进行科学管理，可以使企业的经济效益得到有效提升。尤其对于一些微小型企业而言，在激烈的市场竞争中，要想更好地适应竞争环境，必须尽可能地降低或节约成本费用，这也是增加企业经济收益的关键手段。科学的成本管理方式，既可以提升产品质量，还可以优化产品价格，使企业在增强市场占有率的同时，得到更多客户的认可。因此，从口碑积淀角度来看，成本费用管理对企业而言具有较大帮助。第二，科学的成本管理手段，可以有效帮助企业规避经营风险。企业在发展过程中，会面临不可规避的内外部风险，如常见的外部风险包括企业与同类企业之间的激烈竞争、如何占据大部分市场份额等；内部风险则表现为企业员工是否团结一心、薪资待遇问题等。而科学的成本管理方式，不仅可以有效控制企业成本，还有利于企业在激烈的竞争环境中，不断突破自我，实现自我超越。

（二）中小企业适用的成本管理方法

传统的成本管理只重视产品制造环节的控制，忽视非生产领域的管理，很少考虑企业外部环境变化的分析，缺乏成本管理的战略性。过分强调"精确定量"和标准化管理，忽视人的因素，导致对影响成本高低因素分析的不全面性。现代成本管理方法是一个系统整体，所以在设计时要综合运用，不可断章取义，一定要注意综合性、全面性、持久性。在成本管理这个系统过程中，人是具有主观能动性的，企业如何设计适当的激励机制以调动全体员工的能动性是管理者运用现代成本管理方法首先要考虑的问题，一定要注意以人为本。由于生产方式的转变与高科技的发展，传统的成本管理方法已难以提供管理者所需的成本信息。所以应采取现代成本管理分析方法，优化企业成本管理，使企业持续发展。现代成本管理方法有很多，如作业成本法、目标成本法、责任成本法、持续提高法、价值链分析和全面质量管理等。

二、我国企业在成本费用管理过程中存在的问题

（一）管理人员缺乏管理和控制意识

从当前我国大多数企业成本费用的管理来看，存在的主要问题是企业相关管理者对成本费用缺乏管理和控制意识。作为企业管理阶层，没有形成成本节约的理念，这对企业发展而言是极其不利的。这种现象在中小企业尤为严重，由于中小企业相关管理人员的综合素质较低，管理观念相对落后，对成本费用的控制缺乏应有的意识，导致企业的财务管理观念仍停留在事后进行成本核算的阶段，忽视了事前的成本预算与事中的成本控制。

（二）成本费用管理制度不健全

成本费用管理必须要有相应的制度体系来约束和保障，但目前，许多企业的管理制度还不够完善。例如，某企业成本管理制度中提道：企业的成本和费用管理工作是企业生产经营管理的核心内容，必须贯穿到生产经营活动的全过程，基本任务包括通过预测、计划、控制、核算、分析、考核来反映企业生产经营成果，挖掘降低生产成本的潜力。但该企业的成本管理制度只是落到实处了总体纲领，没有详细的实施办法，导致企业的生产成本费用无法根据实际生产与市场要求进行控制，使得在材料成本、管理成本上出现成本超支、管理不明、责任不清等问题。

（三）成本费用管理控制手段落后

成本费用管理必须要有相应的技术手段和方法作为支撑，但目前，我国许多企业选择的成本费用管理核算方法存在一定的滞后性，导致企业成本费用核算不够准确。虽然计算机技术与信息化技术已成为现代企业管理中重要的技术手段，但许多企业在进行成本费用计算时，仍然以人工核算为主，导致企业成本费用管理的质量和水平受到严重制约。

（四）相关财务失误造成的决策性影响

在财务管理过程中，失误也是影响成本管理的关键性因素。企业成本管理的主要失误因素包括两方面，即人为和非人为两种。人为因素表现为企业财务管理人员的整体素质偏低，甚至存在较为严重的思想道德问题，导致企业存在假账、坏账等现象；非人为原因则表现为操作失误等不可控失误，其会造成企业成本费用核算存在偏差。

三、中小企业成本费用控制存在的问题

（一）中小企业成本费用控制观念较为落后，控制环境基础薄弱

目前，我国中小企业成本费用控制模式主要体现为家族模式管理，在这样的情况下，中小企业缺乏成本控制的意识主要表现在无法恰当的迎合市场需要，在成本费用控制方面存在着职责不分，越权行事和缺乏有效地财务监督。中小企业的管理者一般素质不高，企业领导者管理观念落后，对新的成本费用控制理论方法缺乏应有的了解，缺乏新的财务管理观念，对于成本费用控制的理解只停留在事后的成本核算和控制方面，忽视了对于企业而言更为关键的设计开发阶段和生产阶段过程中的成本费用控制，以及忽略了企业内部各职能部门、班组甚至个体员工的作用，企业管理者成本控制意识滞后加之整个企业的控制环境薄弱使成本控制不能起到应有的作用，这严重制约了企业的发展。

（二）成本费用核算、预算管理不到位

中小企业的产品一般数量不多，生产工艺并不复杂，所以大多数中小企业在成本核算方面并没有指派专人完成，一般由财务人员代为核算，这样的体制导致了成本费用并没有按照产品设计要求、零部件工艺流程的成本形成核算，也不是自上而下的填报汇总，而是按产品成本切成工时、材料消耗、管理费用等大块分摊，这导致了中小企业成本费用核算出现了众多问题，责任不清，内部控制难以执行到位。同时，中小企业普遍对于预算不够重视，其编制缺乏科学性，大多流于形式。许多中小企业没有制定完善的成本控制标准，导致制造费用的分配不够合理。这使得公司的预算没有对成本性态进行分析，内部管理水平不高导致了投资效益低下。中小企业预算编制制度的不健全造成了企业产品定价不准，成本费用控制不严，某种程度上削弱了其市场竞争。

（三）成本费用控制的执行与监督、检查、考核体制不健全

成本费用控制体系和组织机构以及制度基础的不健全，使得没有足够的完善有效的制度来明确相关人员的权利、责任和义务，导致员工执行无据，监督无力，也没有严格的激励考核制度，员工执行起来没后劲。如财务监控方面，财务部门常在生产经营中处于被动地位，预算方面还是受制于该企业的销售龙头所作的决定性意见，及技术部门的设计、开发大项目投入为主要意见，未能按照公司全局良性发展提供良好的建议，还只是保持在事后稽核、

分析状态，不合理费用的发生未能进行很好的事前预算和事中控制。物资采购方面没有建立严格的审批制度和供应商的选择和决策审批制度，导致物资采购的混乱造成物资的积压和浪费，以及所购买的物资质量低劣和价钱昂贵的问题，甚至出现采购人员拿供应商回扣的腐败现象。

（四）企业缺乏高素质的专业成本费用核算人员

因为成本和企业规模等诸多因素，中小企业往往缺乏高素质的专业成本费用核算人才，成本核算和费用管理客观上需要专门化的人才，而中小企业领导往往认为财务人员可以代为实施成本费用工作，不愿意在人力资源上花费更多的支出，这种思想意识是中小企业管理水平不高的体现。只有对企业的成本费用进行科学专业的核算控制，才能制定准确的目标成本、计划成本、定额成本等。因此需要建立有效的成本约束激励机制，吸引优秀的人才，全面提高企业的管理水平。

四、中小企业成本费用控制存在问题的成因

随着管理水平的提高，中小企业逐渐认识到成本费用控制对提高企业市场竞争力的重要性，但在成本控制过程中传统的成本管理过分依赖现有的成本会计系统，缺乏对人、财、物全面性的管理与控制，不能满足企业实行全面成本管理的需要。

（一）单纯节约人工成本，缺乏激励约束机制

由于中小企业自身的局限性，大多属于劳动密集型企业，这类企业往往认为成本管理与控制是财务人员或者管理人员的专利，没有意识到企业职工对于成本管理的重要性，特别是东南沿海城市中小企业，大多通过节约人工成本来降低成本，极力压低员工工资，缩减对职工的技能培训费用，同时各项劳动保障投入也非常少。这导致了中小企业只在劳动力资源方面有数量优势而非质量优势，企业只是单纯地节约人工成本，缺乏战略目光，没有合适的激励约束机制，中小企业很难留住高端人才，不利于企业的长远发展。

（二）重视事后控制，忽视成本的事中控制

成本管理的范畴过窄，即成本控制就是计算实际成本支出，或者简单地与计划指标进行对比，这种仅仅根据成本计算的结果而做的事后控制活动往往成效有限。对于过去已经发生的成本费用无法控制，顶多影响下期的生产经营活动，不能有效地降低当期的成本费用，这与成本控制的事中控制理念是背道而驰的。只有做好成本的事中控制才能保证成本信息提供的及时性、

全面性和准确性，直接影响企业当期成本费用控制进而更好地预测未来成本费用规模。

（三）成本费用控制方法较随意，控制有限

中小企业自身规模有限，技术水平一般不高，管理水平有限，与大型企业相比其所采取的成本费用控制方法随意性较大，缺乏系统性，难以形成科学有效的成本费用控制方法，这阻碍了企业的未来发展。中小企业的成本费用控制内容与大型企业并无二异，也是包括经营活动的各个环节及直接材料费、直接人工费、间接费用等，但是在控制过程中，往往缺乏战略性，拘泥于问题本身，"头痛医头，脚痛医脚"，这样的控制效果存在较大的局限性。

五、完善我国中小企业成本管理的对策

我们可以看出，现实中中小企业存在的一些问题警示我们：面对目前激烈的市场竞争状况，中小企业要想获取竞争优势，提高竞争能力，就必须进行更科学、更严格和更精细的成本管理。因此完善和发展传统成本管理体制，从自身生产经营的全局和长远发展出发，制定出适合本企业实际发展的成本管理战略是目前中小企业进行成本管理的首要任务。

（一）树立现代成本管理观念

1. 树立成本效益观念

随着市场经济的发展，企业不能再将成本管理简单地等同于降低成本，企业的成本管理应与企业的整体经济效益相联系。企业的一切成本管理活动应以成本效益观念作为支配思想，实现由传统的"节约"观念向现代"效益"观念转变。树立一种新的成本管理观念——成本效益观。成本效益观念体现了财务管理思想中的净增效益原则，该原则认为某些成本的支出是为了获取更大的收益。在该原则的指导下，企业不仅要关注产品的生产成本，而且还要关注其产品在市场上实现的效益，从生产成本与经济效益的对比分析中来论证成本支出的必要性与合理性，力图做到以尽可能少的成本投入，为企业创造出尽可能多的经济效益，从而达到企业的财务管理目标。

2. 树立战略成本管理思想

随着经济全球化，信息网络化的发展，国内外市场竞争激烈。在这种大的经济环境背景下，要求我国中小企业需要对企业的成本管理进行长期性和战略性的思考，将成本管理与企业战略相结合，站在战略的高度上考虑成本问题，以使企业在竞争中长期生存和发展。战略成本管理，即在战略思想指

导下，从战略的高度研究企业的成本问题，根据自身客观条件和环境，联系企业经营目的，正确分析和判定企业的费用成本在市场竞争对手中的水平，并通过物流技术、资源配置及作业管理等一系列方法，制定成本目标，以及达到这一目标的实施方案，以保证企业的可持续发展，取得竞争优势。

（二）选择先进的成本管理方法和手段

1. 引进先进的成本管理方法

科学的成本管理制度需要科学的成本管理方法做基础，因此中小企业应结合自身的实际情况，充分借鉴和吸收世界范围内一切先进的成本管理方法，并将其应用到实际的成本管理工作之中，以适应竞争性的市场环境和实现企业成本管理目标。比如可以采用：作业成本法、成本企划法、责任成本法和目标成本法。

2. 建立现代化的成本管理信息系统

随着电子计算机和互联网的应用与普及，中小企业应建立以电子计算机和国际互联网为中心的高效现代化成本管理信息系统。在这个系统中，一方面企业可以充分利用电子计算机储存信息量大、运算速度快、使用方便这些特点，替代一些繁重的事务性劳动；在数据的处理上，实现批处理和实时处理，从而加快信息的处理和反馈速度，提高成本管理人员的业务处理水平和决策的效率。另一方面企业可以充分利用互联网收集企业全部生产经营活动所需的各类市场信息，使企业及时、全面、准确地掌握市场的变化，及时开发适销对路的产品，抢占市场份额；帮助企业及时停止过时产品的生产，减少无形损失，从而使中小企业在激烈的市场竞争中做大做强，立于不败之地。

六、中小企业成本管理模式的创新与发展

我国中小企业要想日益激烈的市场经济中获取稳定的市场份额，实现自己的经营效益，就必须不断研究新情况，完善内部的成本管理模式，走创新发展之路。

（一）全员参与成本管理模式

由于中小企业规模较小，因此可以在完善企业文化建设的同时，提升全员成本意识。企业成本费用的管理与控制不是一个单独进行的活动，而是一个系统的工程，在这个过程中不仅需要各个部门之间的合作，更需要每个员工通力合作。企业应加强对员工的教育，加大成本费用控制的宣传和培训力度，使他们形成控制成本的意识并直接参与其中。使员工知道，他们的行为

也会对企业的成本水平产生影响。在建立全员参与成本管理模式之前应做好以下基础工作：

其一，在推动全员参与成本管理的同时，要预先建立与健全全员成本费用控制体系，明确岗位权责，建立一套适合自身需要的成本费用控制体系，以加强对成本费用的管理和控制。首先应成立成本控制机构。可以由企业的主要管理者以及各部门的负责人组成一个成本费用管理机构，同时可以在机构当中成立多个小组，以分别管理企业经营的各个环节，以达到全面控制企业成本的目的。其次在机构和小组成立时也要制定相应的运作和管理制度，以制约和指导自身的工作。可根据现行的会计法以及其他相关法规并结合企业自身的情况，建立一套适合自身的管理制度，并通行于各个部门，同时要严格执行以发挥出其应有的效用。

其二，强化成本费用预算管理，在实现成本费用控制的过程中应按照自身的实际目标，令各部门制定符合实际需要的费用预算，经管理层审核后严格执行。同时可以根据"零基预算"原理重新独立分析各支出项目的必要性，从而避免各种不合理情况的存在，使其具有可行性、先进性与完整性，进而实现企业成本费用管理的有效开展，并取得良好的效果。

其三，加强成本费用控制与核算的结合，因为成本是衡量企业经营效果的标准之一，因此在对其进行核算过程中也应根据时代的变化，不断更新核算的方法，以达到科学合理核算的目的。

（二）两权分离的管理模式

我国大多数中小企业规模小、业务量不大，企业的所有者往往也是企业的管理者。但企业没有一个完善的管理体系，加上家族式的管理方式，导致企业的财务管理较为混乱，这也是我国中小企业"短命"的重要原因。因此，要改变这一局面，中小企业必须进行改革，实行两权分离的管理模式。笔者认为具体可以从以下几个方面来实现：

其一，提高中小企业领导者的管理意识。当前我国许多中小企业领导者对企业的财务管理、成本管理不够重视，管理重点放在了生产经营上。在竞争更加激烈的环境下要想实现中小企业的健康有序发展，企业领导者必须提高对财务管理与成本管理的重视程度，丰富自身的财务管理知识，增强财务管理意识，充分认识到财务管理对企业发展的重要性，把财务管理和企业的市场经营活动中的每一个环节有效地衔接起来，发挥其应有的功效，以增强企业的抗风险能力和核心竞争力，保障企业预期经营目标顺利实现。

其二，建立独立的内部管理组织与管理制度，在企业当中首先要明确的就是管理组织的具体结构和人员的工作规范与工作职责。

随着我国改革开放的不断深入，经济快速发展，为我国中小企业的成长创造了良好的发展时机。但是随着我国市场经济体制的不断完善，中小企业面临的市场竞争也将更加激烈。在这个经济转型的新时期，中小企业怎样才能抓住机遇，参与到更广阔的国际市场竞争中，这对中小企业自身的成本管理提出了更高的要求。因此，我国中小企业应该树立和强化成本管理意识，不断地完善自己，促进自身的发展，为我国社会主义市场经济的发展作出更大的贡献。

第四节 利润分配管理

利润是收入弥补成本费用后的余额。由于成本费用包括的内容与表现的形式不同，利润所包含的内容与形式也有一定的区别。

一、企业利润分配管理理论探讨

（一）利润分配的制约因素

企业的利润分配涉及企业相关各方的切身利益，受众多不确定因素的影响，在确定分配政策时，应当考虑各种相关因素的影响，主要包括法律、公司、股东及其他因素。

1. 法律因素

为了保护债权人和股东的利益，法律规定就公司的利润分配作出如下规定：

（1）资本保全约束

规定公司不能用资本包括实收资本或股本和资本公积发放股利，目的在于维持企业资本的完整性，保护企业完整的产权基础，保障债权人的利益。

（2）资本积累约束

规定公司必须按照一定的比例和基数提取各种公积金，股利只能从企业的可供分配利润中支付。此处可供分配利润包含公司当期的净利润按照规定提取各种公积金后的余额和以前累积的未分配利润。另外，在进行利润分配时，一般应当贯彻"无利不分"的原则，即当企业出现年度亏损时，一般不进行利润分配。超额累积利润约束。由于资本利得与股利收入的税率不一致，如果公司为了避税而使得盈余的保留大大超过了公司目前及未来的投资需要时，将被加征额外的税款。偿债能力约束。要求公司考虑现金股利分配对偿债能力的影响，确定在分配后仍能保持较强的偿债能力，以维持公司的信誉和借贷能力，从而保证公司的正常资金周转。

2. 公司因素

公司基于短期经营和长期发展的考虑，在确定利润分配政策时，需要关注以下因素：

（1）现金流量

由于会计规范的要求和核算方法的选择，公司盈余与现金流量并非完全同步，净收益的增加不一定意味着可供分配的现金流量的增加。公司在进行利润分配时，要保证正常的经营活动对现金的需求，以维持资金的正常周转，使生产经营得以有序进行。

（2）资产的流动性

企业现金股利的支付会减少其现金持有量，降低资产的流动性，而保持一定的资产流动性是企业正常运转的必备条件。

（3）盈余的稳定性

一般来讲，公司的盈余越稳定，其股利支付水平也就越高。

（4）投资机会

如果公司的投资机会多，对资金的需求量大，那么它就很可能会考虑采用低股利支付水平的分配政策相反，如果公司的投资机会少，对资金的需求量小，那么它就很可能倾向于采用较高的股利支付水平。此外，如果公司将留存收益用于再投资所得报酬低于股东个人单独将股利收入投资于其他投资机会所得的报酬时，公司就不应多留存收益，而应多发股利，这样有利于股东价值的最大化。

（5）筹资因素

如果公司具有较强的筹资能力，随时能筹集到所需资金，那么它会具有较强的股利支付能力。另外，留存收益是企业内部筹资的一种重要方式，它同发行新股或举债相比，不需花费筹资费用，同时增加了公司权益资本的比重，降低了财务风险，便于低成本取得债务资本。其他因素。由于股利的信号传递作用，公司不宜经常改变其利润分配政策，应保持一定的连续性和稳定性。此外，利润分配政策还会受到其他公司的影响，比如不同发展阶段、不同行业的公司股利支付比例会有差异，这就要求公司在进行政策选择时要考虑发展阶段以及所处行业状况。

3. 股东因素

股东在控制权、收入和税赋方面的考虑也会对公司的利润分配政策产生影响。

（1）控制权

现有股东往往将股利政策作为维持其控制地位的工具。企业支付较高的股利导致留存收益的减少，当企业为有利可图的投资机会筹集所需资金时，发行新股的可能性增大，新股东的加入必然稀释公司的控制权。所以，股东会倾向于较低的股利支付水平，以便从内部的留存收益中取得所需资金。

（2）稳定的收入

如果股东以现金股利维持生活，他们往往要求企业能够支付稳定的股利，而反对过多的留存。

（3）避税

由于股利收入的税率要高于资本利得的税率，一些高股利收入的股东处于避税的考虑而往往倾向于较低的股利支付水平。

4. 其他因素

（1）债务契约

一般来说，股利支付水平越高，留存收益越少，企业的破产风险加大，就越有可能损害到债权人的利益。因此，为了保证自己的利益不受侵害，债权人通常都会在债务契约、租赁合同中加入关于借款企业股利政策的限制条款。

（2）通货膨胀

通货膨胀会带来货币购买力水平下降，导致固定资产重置资金不足，此时，企业往往不得不考虑留用一定的利润，以便弥补由于购买力下降而造成的固定资产重置资金缺口。因此，在通货膨胀时期，企业一般会采取偏紧的利润分配政策。

（二）股利支付形式与程序

1. 股利支付形式

股利支付形式可以分为不同的种类，主要有以下四种：（1）现金股利。是以现金支付的股利，它是股利支付最常见的方式。公司选择发放现金股利除了要有足够的留存收益外，还要有足够的现金，而现金充足与否往往会成为公司发放现金股利的主要制约因素。（2）财产股利。是以现金以外的其他资产支付的股利，主要是以公司所拥有的其他公司的有价证券，如债券、股票等，作为股利支付给股东。（3）负债股利。是以负债方式支付的股利，通常以公司的应付票据支付给股东，有时也以发放公司债券的方式支付股利。财产股利和负债股利实际上是现金股利的替代，但这两种股利支付形式在我国公司实务中很少使用。（4）股票权利。是公司以增发股票的方式所支付的股利，我国实务中通常也称其为"红股"。股票股利对公司来说，并没有现金流出企业也不会导致公司的财产减少，而只是将公司的留存收益转化为股本。但股票权利会增加流通在外的股票数量，同时降低股票的每股价值。它不改变公司股东权益总额，但会改变股东权益的构成。

发放股票股利虽不直接增加股东的财富，也不增加公司的价值，但对股东和公司都有特殊意义。对股东来讲，股票股利的优点主要有：（1）派发股票股利后，理论上每股市价会成比例下降，但实务中这并非必然结果。因为市场和投资者普遍认为，发放股票股利往往预示着公司会有较大的发展和成长，这样的信息传递会稳定股价或使股价下降比例减少甚至不降反升，股东便可以获得股票价值相对上升的好处。（2）由于股利收入和资本利得税率的差异，如果股东把股票股利出售，还会给他带来资本利得纳税上的好处。对公司来讲，股票股利的优点主要有：（1）发放股票股利不需要向股东支付现金，在再投资机会较多的情况下，公司就可以为再投资提供成本较低的资金，从而有助于公司的发展。（2）发放股票股利可以降低公司股票的市场价格，既有利于促进股票的交易和流通，又有利于吸引更多的投资者成为公司股东，进而使股权更为分散，有效地防止公司被恶意控制。（3）股票股利的发放可以传递公司未来发展前景良好的信息，从而增强投资者的信心，在一定程度上稳定股票价格。

2. 股利支付程序

公司股利的发放必须遵守相关的要求，按照日程安排来进行。一般情况下，先由董事会提出分配预案，然后提交股东大会决议通过才能进行分配。股东大会决议通过分配预案后，要向股东宣布发放股利的方案，并确定股权登记日、除息日和股利发放日。

（1）股利宣告日，即股东大会决议通过并由董事会将股利支付情况予以公告的日期。公告中将宣布每股应支付的股利、股权登记日、除息日以及股利支付日。

（2）股权登记日，即有权领取本期股利的股东资格登记截止日期。凡是在此指定日期收盘之前取得公司股票，成为公司在册股东的投资者都可以作为股东享受公司分派的股利。在这一天之后取得股票的股东则无权领取本次分派的股利。

（3）除息日，即领取股利的权利与股票分离的日期。在除息日之前购买的股票才能领取本次股利，而在除息日当天或是以后购买的股票，则不能领取本次股利。由于失去了"付息"的权利，除息日的股票价格会下跌。

（4）股利发放日，即公司按照公布的分红方案向股权登记日在册的股东实际支付股利的日期。

二、企业经济利润分配管理的作用

企业进行利润分配管理是现阶段企业管理中必不可少的部分，是企业管理的重要内容，反之利润分配管理对企业也有着重要的作用。笔者在此将企业进行利润分配管理的作用以及意义分为了以下几点：

1. 利润分配管理工作能够调动员工的积极性，从实际上来看，员工辛劳的进行工作就是为了获得相应的回报，如果员工付出的劳动与回报是成正比的，员工将更加积极地工作，为企业创造更多的价值；反之将不利于企业的发展。所以，科学合理地进行利润分配的管理能够最大限度地调动员工的积极性，对企业的发展有着积极的作用。

2. 利润分配能够促进企业的发展，对于企业形成和谐的企业文化有着巨大的帮助作用。政府呼吁建设和谐社会，和谐的企业也是和谐社会的一部分，建立和谐的企业是对于国家政策的支持，与建立和谐社会的意义是一样的。企业的和谐体现在员工之间相处和谐、互相帮助、企业健康发展等等方面，这些和谐的现象都可以通过利润分配管理得以实现。企业拥有和谐的文化之后，势必朝着更加健康的方向发展，才能实现企业的可持续发展。

三、如何做好企业经济利润的分配理工作

利润分配管理与对企业如此重要，如何做好企业的利润分配管理成了讨论的热点，也成了企业发展的重点问题之一。笔者在此按照企业发展的不同阶段、经济发展的不同类型提出了不同的利润分配管理方法，具体如下所示：

1. 企业起步阶段

企业起步阶段应该采用适量股利分配的政策。企业发展的起步阶段面临着较多的问题，对于市场风险的掌握能力较低，无法准确地防御风险。例如企业无法预测市场需求量，产生了产品销路出现问题的现象等等，这就是由于企业不能实际的预算收益造成的。这个阶段的企业就应该采用适量股利分配的政策，运用这种政策进行利润分配管理能够帮助企业渡过这个难关。例如，起步阶段企业获得的利润较少，可以将大部分的利润进行分红，而剩下的小部分利润可以进行投资，寻求发展的机会。这种利润分配方法强调的是小部分利润的投资，这种利润分配方法最适合企业起步阶段的实际情形，既能够保证员工的福利又能够适当的促进企业的发展，相对来说是比较完善的利润分配管理方法。

2. 企业发展阶段

企业发展阶段应该在适量股利分配政策的基础上，稍微加大员工的利润分配力度。企业在发展阶段面临着扩大规模、扩大经营范围的问题，相对来说需要大量的资金来支撑这些经济活动，这样企业才能迅速、健康的成长。另外，企业在发展阶段经营能力得到了提升，利润会有所增加，这也是企业发展阶段的表现。面对企业的实际情况这一阶段企业财务部门应该将利润进行集中管理，帮助企业收集资金，做到"低成本高收入"。一般来说发展阶段的企业股票价格相对较高，很多人认为这种现象不利于企业进行利润分配管理，但实际上却不是这样的。实际上现阶段的企业在高速发展的过程中，股利与股价之间是一种相对和谐的关系，因为国家实行了"重发展，兼顾股利"的政策，企业的发展成了重点，发展与股利之间的关系相对和谐了许多。前面落到实处了发展阶段企业能够获得更多的利润，企业必须提高保留利润的比例，这样才能阻止利润流失的现象。发展阶段的企业实现大部分利润保留的政策能够加大资金对外投资的力度，随之就能优化资本结构。发展阶段的利润分配政策虽然是剩余股利政策，但是这样的低股息不会影响股票价格，不会造成股价较大的变动。但是这样并不意味着股息对于股价完全没有影响，而是股息不能直接影响股利，影响的力度相对减小了。在企业的高速发展阶段，许多因素会导致利润分配政策的改变，比如企业之间的竞争、货币汇率的改变等等，这些因素都会导致企业不能采用适量股利分配政策的时候，采用其他的政策也应该考虑股利的分配，因为股利是企业的固有资产，任何时候都关系着企业的发展。

3. 平稳发展阶段

平稳发展阶段的企业应该采用稳定的股利分配政策。平稳发展阶段的企业相对来说比较成熟，拥有了相对成熟的经营技术，有能力把握股利的发放额度。除此之外，平稳发展阶段的企业更多的是注重现有产品的推广服务，在此基础上会一定程度的研发新产品，以此来改善经营结构，所以平稳发展阶段的企业必须保证有一笔资金来支撑各项产品研究工作。这一阶段的企业不仅仅要有充裕的资金来满足股利政策的需求，还要有充裕的资金来支持科学研究。所以，这一阶段的利润分配政策相对比较稳定，利润分配相对均匀，企业领导者应该清晰的了解利润分配的策略，实现平稳的股利分配政策。

4. 企业发展滞后阶段

企业发展滞后阶段应该采用高现金的股利分配政策。企业发展滞后时期的特点主要表现在实现了财务收缩政策。这是因为企业失去了竞争中的各项优势，利润大幅降低，企业处于举步维艰的状态，面临着随时退出的危险。

这一时期企业的利润迅速降低，各项利润越来越少，风险逐步增加，面对这些问题企业不得不采取高现金的分配政策。这一时期企业资金流通比较困难，股票价格持续走低，只有现金较多，采用高现金的分配方法是唯一的选择。同时，也只有通过这种方法才能挽救企业的发展。

四、我国中小企业利润分配及税务筹划分析

利润分配是企业财务管理活动的最后一个环节，既受其他财务管理活动的影响，又对企业的筹资、投资活动及未来发展产生一定的影响。在企业利润分配过程中，税收是选择股利支付方式、制定股利政策的重要影响因素。如企业所得税的征收直接影响着企业税后利润的分配水平，也客观地影响着股利政策的制定；个人所得税的征收由于影响投资者的实际投资收益水平，也间接地影响企业股利分配的方式与支付水平。因此，对于中小企业来说，应结合企业实际经营情况和发展需要，考虑税收对中小企业利润分配的影响，科学开展利润分配的税务筹划。

（一）中小企业利润分配活动的特点及筹划原则

1. 中小企业利润分配活动的特点

（1）股利分配形式多样化，现金股利较为常见

对我国上市公司来说，股利支付形式主要包括现金股利、股票股利、现金股利＋股票股利、现金股利＋转增股本、股票股利＋转增股本、现金股利＋股票股利＋转增股本、不分配等七种，其中现金股利和股票股利是最常见的两种股利支付形式。从股利分配的形式来看，中小企业上市公司的股利分配方式仍然呈现多样化的特点，现金股利、股票股利、转增股本和混合分配等多种形式并存。现金股利是多数中小企业采用的股利支付形式。

（2）股利支付率较低

中小企业上市公司的平均股利支付率处于一个较低的利润分配水平，很多中小上市公司连续数期不分配也不转增。中小企业股利支付率较低的原因：一是一部分中小企业的收益水平较低，从而影响利润分配水平；二是处于发展时期的中小企业对资金的需求十分迫切，因此，利润较大程度上都转化为保留盈余，并用于企业投资。由于股利支付率偏低，严重影响了一些中小企业在社会公众心目中的形象，降低了公众的投资热情，也不利于中小企业的长远发展。

（3）股利分配政策变动较大，缺乏连续性和稳定性

股利分配政策的制定受公司经营收益水平、未来投资机会、资本结构要

求等多种因素的影响，因此公司每年的股利分配政策客观上会存在差异，这与股利分配政策相对稳定和适度连续性的要求并不矛盾。具有相对稳定性和适度连续性的股利政策，既是公司可持续发展的重要标志，又是公司可持续发展的重要条件。但是，大部分中小企业上市公司的股利分配政策缺乏连续性和稳定性，股利分配政策的制定存在一定程度的短期行为和随意性。从证券市场角度看，不稳定的股利政策加剧了证券市场的信息不对称，有损于股东合法权益的保护和中国资本市场的健康发展。因此，需要中小企业上市公司从自身经营、权益保护和市场发展的角度理性制定股利分配政策。

2. 中小企业利润分配活动的税务筹划原则

（1）中小企业在选择利润分配方式时应综合考虑税收影响、发展阶段、发展机会、公司形象等多方面因素进行理性选择。

（2）中小企业应通过调整经营策略，在提高企业经济效益水平的同时，合理制定利润分配方案与政策，以获得投资者对企业的投资信心和发展支持。

（3）中小企业应着眼于企业长远发展的视角，制定并保持股利分配政策的适度连续性与相对稳定性。

（二）中小企业利润分配活动的税务筹划

1. 税前利润获取的税务筹划

企业在一定期间实现的利润总额，按照税法规定弥补以前年度亏损并进行相应的纳税调整后，应依法缴纳所得税，此为财务成果分配的第一阶段。税后利润的多少直接关系到中小企业的生存和发展，也影响到企业价值最大化财务目标的实现。因此，在一定的条件及环境下，通过对税前利润的获取进行税务筹划，以使得企业所获税后利润较多，是中小企业财务管理极为重要的环节。

（1）企业所得税优惠税率的税务筹划

中小企业要注意税前利润获取的筹划。由于起征点和免税额的存在，中小企业有必要对处于临界点处的利润（即新企业所得税规定适用税率25%与20%的30万元利润临界点）略作控制，以取得较多的税后利润。新企业所得税的基本税率为25%，同时对满足条件的小型微利企业实行20%的优惠税率，即对年应税所得额不超过30万元，从业人数不超过100人，资产总额不超过3000万元的工业企业或年应税所得额不超过30万元，从业人数不超过80人，资产总额不超过1000万元的其他企业减按20%的税率征收企业所得税。因此，对于年应税所得额在30万以下并符合税收优惠其他条件的中小企业，若企业增加利润导致应税所得额超过30万元，使得企业适用税率提高至25%，并且增加的利润不能弥补多缴纳的税款时，应设法采用取消合同、低价销售等方法降低当期利润，以降低适用税率、减轻税负、增加企业的现金流量。

（2）亏损弥补的税务筹划

我国企业所得税法规定，企业纳税年度发生的亏损，准予向以后年度结转，用下一纳税年度的所得弥补；下一纳税年度所得不足以弥补的，可以逐年延续弥补，但延续弥补期最长不得超过5年。5年内不论纳税人是盈利还是亏损，都作为实际弥补年限计算。企业争取用税前利润弥补以前年度亏损的常用方法有：兼并亏损企业，以盈补亏；利用资产计价和摊销方法以及费用列支范围和标准的可选择性，在税法允许的范围内，在税前利润弥补亏损的5年期限到期前，继续造成企业亏损，从而延长税前利润补亏优惠政策的期限。

2. 税后利润分配的税务筹划

企业实现的利润按照税法规定依法缴纳所得税后，对税后利润还要在企业和股东之间进行分配，此为财务成果分配的第二阶段。分配给股东的税后利润称为股利，对公司向股东所分配的股利，股东为企业的，免征收企业所得税，但对个人股东、合伙人及合伙企业分得的盈余要征收个人所得税。中小企业在这一环节进行税务筹划的主要目标是尽量降低企业、股东或合伙人的税收负担，协调好企业与股东等各方面的利益关系。

股利分配环节降低税负的策略：

（1）保留盈余提升股票价值

股份制中小企业可以少分配或不分配股息，通过追加投资、扩大经营规模来促进股票增值的方法使投资者获利。与发放股息这种常规做法相比，这种做法的好处很多：一方面，股东的个人所得税（股息部分）无须再交；另一方面，中小企业将所获利润投入企业，既满足了投资需要，有利于企业发展，又能够降低财务风险，节约筹资费用。同时，由于新增投资能使投资者对公司未来有较好的预期，公司股票的价格一般都会上升，股东财富增加，并且企业价值也会增加。

（2）在低税区设立持股公司

这种方法是针对股东而言的，如果某一公司想对某一股份公司投资可采取此办法，即在低税区建立持股公司。低税区是指税法允许享受免税或减税的税收优惠待遇的地区或行业。母公司将资金投入持股公司，不仅能获得低税区的税收优惠利益，享受税负降低的好处，而且从持股公司分得的税后利润也可免税。新企业所得税法规定居民企业直接投资于其他居民企业取得的投资收益免税，这一规定使得持股公司实现的税后利润可以自由流向母公司，而不受补税的限制。这样，母公司的所得税整体税负必然降低。但是，如果个人股东投资某一设在低税区的股份公司，分回的利润不能享受税收抵免待遇，而要缴纳个人所得税，双重征税无法避免，在这种情况下，可将股利直接转增投资，以增加股东所持股票价值或延期支付股息便可给股东带来不缴股息个人所得税或缓缴个人所得税的利益。

在中小企业初创期，有投资机会的中小企业可以采用剩余股利分配政策。剩余股利分配政策是在公司有良好的投资机会或公司正处于成长阶段时，根据一定的目标资本结构测算出投资所需追加的权益资本，先从当年的净利润中留存，以满足投资所需追加权益资本的需要，然后将剩余的利润作为股利分配。

中小企业投资者可以充分利用上述政策差异进行税务筹划。对于被投资企业而言，由于不分配可以减少现金流出，而且这部分资金无须支付利息，等于是增加了一笔无息贷款，因而可以获得资金的货币时间价值，有利于被投资企业的经营与发展。但是，如果投资方企业打算将拥有的被投资企业的全部或部分股权对外转让，则会造成股息所得转化为股权转让所得，使得免税的股息所得额转化为应全额并入所得额征税的股权转让所得。因此，在股权转让之前，投资者应该先将被投资企业的税后盈余分配完毕再进行转让股权，避免股息性所得转化为资本利得，从而消除重复纳税，以获得税务筹划的好处。

参考文献

[1] 董薰. 浅谈如何做好企业财务分析 [J]. 现代商业，2012（15）：271-272.

[2] 薛苇. 武汉市零售业上市公司的财务分析和综合评价 [D]. 中南民族大学，2011.

[3] 高英明. 论企业财务报告的理性分析 [J]. 经济研究导刊，2012（21）：82-83.

[4] 赵冬梅. 企业财务分析现状及完善 [J]. 企业研究，2012（14）：112-113.

[5] 徐妍. 化工企业财务分析与评价的意义及作用 [J]. 经济技术协作信息，2011（33）：67-67.

[6] 常雪青. 财务分析与核算工作在车间经营生产中的重要性 [J]. 时代金融，2013（27）：45.

[7] 王素芳. 企业财务分析的作用及完善途径 [J]. 山西财经大学学报，2012：53.

[8] 潘雪琴. 浅议医院的财务分析 [J]. 现代医院，2009（01）：151-152.

[9] 孙清媛. 浅谈现代企业的财务分析 [J]. 内蒙古科技与经济，2008（22）：146-147.

[10] 王晓娟，季英波. 谈企业财务分析的误区 [J]. 经济技术协作信息，2005（8）：16-16.

[11] 郑良浩. 基于管理控制的企业财务分析体系 [J]. 财经界（学术版），2011（05）：167.

[12] 段悦兰. 计划利润为负值利润完成率与增长率的计算方法 [J]. 黄冈职业技术学院学报，2012（05）：81-83.

[13] 高艳荣. 浅谈财务分析的内容、方法与措施 [J]. 长三角，2010，04（7）：17-18.

[14] 王秀红. 烟草商业企业财务分析 [J]. 中国管理信息化，2014：12-14.

[15] 王涛. 风险导向的财务分析程序研究 [D]. 中国海洋大学，2010.

[16] 李首岩. 高新技术企业激励机制下财务效应分析的核心类指标 [J]. 商业经

济，2011（21）：107-108.

[17] 阙斯洋 . 基于 ARIMA 的商业银行信贷风险预警研究 [D]. 哈尔滨工程大学，2012.

[18] 李振宇 .G 公司财务诊断 [D]. 华南理工大学，2011.

[19] 王洪峰 . 四川长虹公司财务报表的实证分析及相应经营策略的制定 [D]. 辽宁师范大学，2009.

[20] 吴振良 .TZ 公司 2010 年利润下降的原因研究 [D]. 华南理工大学，2013.

[21] 黄子龑 . 双鹭药业价值评估 [D]. 华南理工大学，2012.

[22] 邵希娟，曾海花 . 我国上市公司财务困境的预警模型研究 [J]. 经济管理，2009（09）：131-136.

[23] 陈瑶 . 横店东磁公司财务诊断 [D]. 华南理工大学，2010.

[24] 侯世霞 .S 股份公司财务诊断及发展建议 [D]. 兰州大学，2011.[11] 刘丽松 . 大连圣海纺织公司财务战略研究 [D]. 大连理工大学，2013.

[25] 邵希娟，罗箫娜 . 谈财务分析指标的运用 [J]. 财会月刊，2008（31）：19-20.

[26] 牛成喆，张翠华 . 企业风险管理框架的思考 [J]. 甘肃社会科学，2005（02）：201-203.

[27] 施国柱 . 论上市公司财务分析指标综合运用之要义 [J]. 华东经济管理，2008（03）：95-97.

[28] 寇朝阳 . 现行财务分析指标体系的不足及完善 [J]. 决策与信息（财经观察），2008（08）：59-60.

[29] 张文平 . 对建立财务分析系统的构想 [J]. 经济视角（下），2008（11）：73-76.

[30] 童丽珍，曹阳，郭峰 . 债务约束下的财务风险规避 [J]. 商业时代，2007（02）：86-87.

[31] 章立军 . 管理层舞弊、审计失败与现代风险导向审计 [J]. 广东商学院学报，2006（06）：80-82.

[32] 张琦 . 关于构建现代企业财务分析指标体系的思考 [J]. 河南商业高等专科学校学报，2006（04）：79-81.

[33] 刘新华 . 企业财务分析指标体系的缺陷及对策 [J]. 财会研究，2001（08）：20-22.

[34] 毛敏 . 风险管理框架下内部审计职业化的发展策略 [J]. 财会通讯（学术版），2004（12）：58-60.

[35] 李瑛，李阳 . 新环境下的企业风险管理与风险导向内部审计 [J]. 会计之友

（下旬刊），2008（03）：72-73.

[36] 陈毓圭. 以审计风险准则为重点进一步完善中国独立审计准则 [J]. 商业会计，2005（01）：11-13.

[37] 李正. 论风险管理综合框架对我国的借鉴意义 [J]. 财会通讯（学术版），2005（10）：123-125+114.

[38] 叶陈刚，孔慧平. 现代风险导向审计应用探析 [J]. 中国注册会计师，2008（05）：76-78.

[39] 邹晶. 风险导向审计模式下的舞弊审计程序 [J]. 财会通讯，2006（11）：62.

[40] 王红梅. 现行财务分析指标体系思考 [J]. 合作经济与科技，2006（C2）：65-66.

[41] 王征淼，张瑞稳. 传统财务分析指标体系的不足及改进探讨 [J]. 技术经济，2002（09）：65-66.

[42] 张文煜. 浅谈财务分析指标及其运用 [J]. 会计之友，2006（07）：17-18.

[43] 高建京. 试论企业财务风险的防范与控制 [J]. 商业经济，2008（09）：58-60.

[44] 杨爱群. 风险导向内部审计在企业风险管理中的应用探讨 [J]. 商场现代化，2007（04）：170-172.

[45] 程永泉，冯义秀. 风险导向内部审计及其在企业构建风险管理框架中的应用 [J]. 北京工商大学学报（社会科学版），2009（02）：65-69.

[46] 陈俊. 企业现行财务指标分析的改进构想 [J]. 会计之友（中旬刊），2006（05）：30-31.

[47] 肖家喜，张和平. 浅谈如何完善企业财务分析指标体系 [J]. 中国总会计师，2006（08）：82-83.

[48] 王涵. 完善现行财务分析指标体系之我见 [J]. 当代经理人，2006（21）：1500.

[49] 陈毓圭. 对风险导向审计方法的由来及其发展的认识 [J]. 会计研究，2004（02）：60-65.

[50] 谢荣，吴建友. 现代风险导向审计理论研究与实务发展 [J]. 会计研究，2004（04）：46-50.

[51] 何烛竹. 企业营运能力评价指标分析 [J]. 商业时代，2007（33）：58+82.

[52] 赵淑芹，杨振东. 财务比率分析方法的局限性及改进措施 [J]. 现代商业，2008（29）：246-248.

[53] 毛金芬. 浅谈财务分析指标在中小企业中的运用 [J]. 价值工程，2009

（09）：134-136.

[54] 钟镭．完善我国现行财务分析指标体系 [J]. 中国新技术新产品，2009（22）：216.

[55] 蒋茂．公司财务指标分析及对策研究 [J]. 中小企业管理与科技（下旬刊），2013（04）：52-53.

[56] 宋永生．中小企业成长性的财务分析 [J]. 当代经济，2013（24）：134-135.

[57] 何娟．基于现金流的财务分析指标体系的构建和实证研究 [D]. 西安科技大学，2010.

[58] 黄妍妍．我国上市公司财务报表分析研究 [D]. 哈尔滨工程大学，2006.

[59] 蒋佳．我国企业财务报表表内信息列报改进的思考 [D]. 江西财经大学，2010.

[60] 李莉．现行企业财务评价指标的缺陷及改进研究 [D]. 兰州商学院，2014.